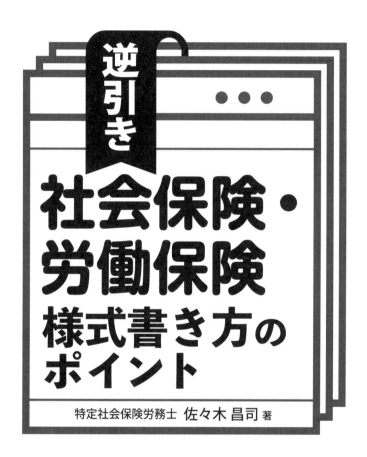

逆引き

社会保険・労働保険

様式書き方のポイント

特定社会保険労務士 佐々木 昌司 著

清文社

はじめに

　会社では、従業員の雇い入れから退職までの間に、社会保険・労働保険にかかる手続をたくさん行っています。実際提出すべき、届出書、申請（請求）書の種類はそう多くありません。しかし、従業員それぞれに人生があると同じく、同じ届や申請であってもその背景が異なります。その背景にあった事情を届出書にして提出しなければなりません。

　実際に仕事をしていると、「こういうシーンでは、どうするのですか？」という質問が投げかけられます。それに対し「保険者は『ここ』と『ここ』を見て判断しますから、そこに注意して書けば問題はありません」と説明しています。このような「ニーズに合った書籍があるといいな」を実現させたのが、本書です。そのため、頻繁に行う手続に限定して説明しています。

　また、今後は電子申請が主流になります。しかし、本書では、従来からの紙の様式を用いて説明しているのは、前述の「『ここ』と『ここ』」を俯瞰して見ていただきたいと考えたからです。紙であっても電子申請であっても、記入すべきことは同じなのです。電子申請の無機質な画面で説明するより理解が進むと考えました。

　1つの届出・手続にも色々なケースによって記入方法が異なります。目次からは、届出等のケースごとにたどり着けますが、本書の特徴としての"逆引き"とは、様式からそのシーンの記入方法に至るように展開しています。それぞれのシーンの最初には、「Guidance」で手続や保険給付などの流れを説明し、また、一連の手続の考え方や必要な情報は、それぞれの中にある「Point」で詳しく解説しています。

　このため、急に手続をすることになったような場合はもとより、総務部・人事の実務担当者にとっても、役に立つものと確信しています。本書が常に、実務担当者のお手元にあり、大いに活用されることを願っています。

　2023 年 6 月

特定社会保険労務士

佐々木 昌司

目　次

2．健康保険・厚生年金保険の報酬月額・標準賞与額の届出

第3章 入社時の手続

1．健康保険・厚生年金保険の資格取得

2. 雇用保険の資格取得

第4章　在職時の手続

第5章	退職時の手続

1．健康保険・厚生年金保険の資格喪失

2．雇用保険の資格喪失

第6章	出産・育児休業の手続と保険給付

1．出産

2．育児休業

第7章 従業員の負傷・疾病に対する保険給付

1．健康保険の保険給付

2．労災保険の保険給付

※　本書の内容は、令和5年6月1日現在の法令等によっています。

各手続の共通ルール

　保険関係とは、一般的には保険契約の成立を前提として存在する、保険者（管掌者）と保険契約者、被保険者及び保険給付を受ける人との間にある関係のことをいいます。簡単に言えば、被保険者には保険給付受ける権利があり、そのためには保険料を納付する義務負います。他方、保険者（保険の管掌者）には保険給付を行う義務を負い、保険料を徴収する権利が存在しています。

　社会保険、労働保険ではこの保険関係が、それぞれの事業所の場所（住所）を基準に適用されることになります。ただし、その事業の規模が小さく、その営業所などで労務管理を行い得ないときなどは、直近上位にある、本支店に含めて取り扱うことになります。

　そのため、本店は本店所在地の、支店や工場はそれぞれ所在地を管轄する労働基準監督署（都道府県労働局）、ハローワーク、年金事務所へ届け出て、保険関係を成立させます。

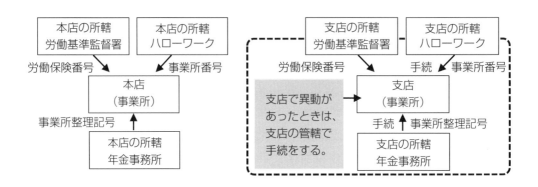

　そして、従業員に資格の得喪・保険事故などがあれば、その従業員が所属する事業所を管轄（本店なら本店の所轄、支店や工場ならその支店や工場の所轄）する労働基準監督署、ハローワーク、年金事務所、協会けんぽ又は健保組合へ届け出ます。その際は、労働保険番号、事業所番号、事業所整理記号は、保険関係成立届、雇用保険適用事業所設置届、健康保険・厚生年金保険新規適用届の提出の際に、変更があれば、変更後に払いだされた住所、名称、整理記号・番号等を用います。

　なお、健康保険・厚生年金保険の手続で厚生労働大臣の承認を受け、一括適用された場合には、すべての被保険者は、一括事業所に所属する扱いになりますので、届け出には一括事業所の情報（住所、名称、整理記号・番号等）を記入することになります。

　労働保険（継続事業の一括）の場合は、指定事業のみで一括して労働保険の申告と納付事務を行います。しかし、従業員の適用関係の届け出、労災保険の保険給付の請求はそれぞれ事業所の所在地を管轄するハローワーク、労働基準監督署に対して行います。

様式：健康保険・厚生年金保険 被保険者資格取得届／厚生年金保険 70歳以上被用者該当届

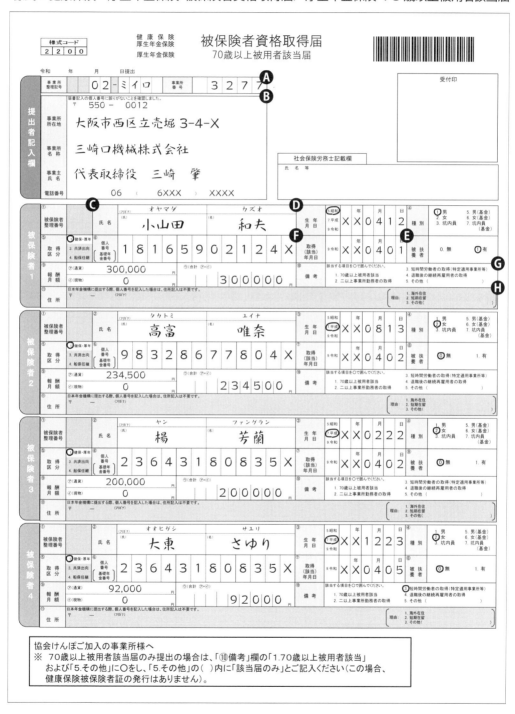

協会けんぽご加入の事業所様へ
※ 70歳以上被用者該当届のみ提出の場合は、「⑩備考」欄の「1.70歳以上被用者該当」
および「5.その他」に〇をし、「5.その他」の（ ）内に「該当届のみ」とご記入ください（この場合、
健康保険被保険者証の発行はありません）。

●記入方法

【Ⓐ】　従業員の異動があった事業所の事業所整理記号・事業所番号を記入します。これら記号・番号は、新規適用届又は名称・所在地変更届を提出した際に付されたものを使用します。本来の事業所整理記号は、「漢字-カナ（例：西-ミイロ）」で構成されています。そのため、漢字コードを使用することも可能です。

事業所整理記号			西	-	ミ	イ	ロ	事業所番号		3	2	7	7

　その後の確認通知は、漢字コードを数字のコード（例：4102-ミイロ）に置き換えられて年金機構から送らてきます。一般的には、この数字コードの下2桁とカナコードを用います。

事業所整理記号		0	2	-	ミ	イ	ロ	事業所番号		3	2	7	7

【Ⓑ】　事業所所在地、名称、事業主氏名、電話番号は、新規適用届又は名称・所在地変更届で届け出たものを使用します。

（注）　代理人を選任している場合は、「代表取締役　三崎　肇」の箇所に、代理人の氏名を記入します。

● 被保険者記入欄

【Ⓒ】　被保険者整理番号は、被保険者資格取得届を提出する際は記入不要(*)ですが、資格取得後の届出には、必ず記入します。

＊　被保険者資格取得届の提出を受け、日本年金機構で被保険者整理番号を払い出します。通常は、その事業所で先に資格取得したものから連続する番号になります。

【Ⓓ】　氏名は、住民票に登録されているものと同じものを記入します。例えば、「吉」と「𠮷」は区別されますから、注意してください。

【Ⓔ】　年月日を記入する際の元号(*)は該当する番号を○で囲みます。年月日の欄が1桁のときは、十の位の部分に「0」をを付加して2桁で記入します。

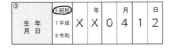

＊　元号コードは、昭和:5　平成:7　令和:9　例えば　昭和XX年4月12日生まれを「5-XX0412」と表示することがあります（健康保険・厚生年金保険　被保険者算定基礎届ほか）。

【Ⓕ】　マイナンバーは、必ず番号確認と身元確認の本人確認を行った上で、マイナンバーを記入します。なお、基礎年金番号を記入しても問題ありません（基礎年金番号を記入した場合は、原則として住所欄の記入を省略できない）。

【Ⓖ】　備考欄は、該当する番号を○で囲みます。なお、この届出の記入欄にない特別の事情があるときは、その旨を記入し、事情を保険者に対して説明を行います。

【Ⓗ】　住民票の住所を記入します。個人番号欄にマイナンバーを記入したときは、省略することができます。なお、被扶養者（異動）届（国民年金第3号被保険者関係届）の被扶養者欄の

住所は、マイナンバーを記入したとしても省略はできません。

　日本国内に住民票（マイナンバー）を有していないなど、住民票住所を記入できない場合は、居所等を記入し、「1.海外在住」「2.短期在留」「3.その他」のいずれか該当する理由を○で囲みます。「3 その他」に該当したときは、その理由も記入します。

届出書の提出先

　届出書の提出先について、全国健康保険協会（協会けんぽ）管掌の事業所と、健康保険組合管掌の事業所では、提出先が異なります。

① 　協会けんぽ管掌事業所は、その事業所の所在地を管轄する日本年金機構の事務センター（広域務センター）です。

（注）　健康保険の保険給付に係る申請は、協会けんぽ都道府県支部になります。

② 　健康保険組合管掌の事業所で、厚生年金保険関係の提出について委託契約をしている事業所は、当該健康保険組合に提出します。

③ 　健康保険組合管掌の事業所で、厚生年金保険関係の提出について委託契約をしていない事業所は、健康保険組合と日本年金機構（事務センター・広域事務センター）へ、それぞれ提出することになります。

● 被保険者の氏名・住所変更

① 　氏名変更

　協会けんぽ管掌事業所では、基礎年金番号とマイナンバーが紐づけされている被保険者であれば、日本年金機構がマイナンバーを活用して、地方公共団体システム機構に変更情報の照会を行い、協会けんぽに情報提供を行います。協会けんぽでは日本年金機構から提供を受けた変更情報を元に氏名変更による新しい保険証の発行を行います（届出省略）。そして、氏名変更後の被保険者証が届くと、旧被保険者証と交換のうえ日本年金機構へ返送します。

　しかし、被扶養者は届出省略とはなっていないため、従来どおり、健康保険 被扶養者（異動）届を用いて変更の届出をします（3章）。

② 　住所変更

　基礎年金番号とマイナンバーが紐づけされている被保険者であれば、住所変更の届け出は不要です。ただし、被保険者のうち、健康保険のみに加入している人、海外居住者、短期在留外国人の住所の変更の場合、住民票住所以外の居所を登録する場合は住所変更届が必要です。

　住民票上の住所以外の居所へ、協会けんぽや日本年金機構からの通知を希望する際は、「健康保険・厚生年金保険被保険者住所変更届」を提出することで、郵送先（居所）を登録することが可能です。

（注）　健康保険組合管掌事業所は、加入している健康保険組合へ確認してください。

様式：雇用保険　被保険者資格取得届

様式第2号（第6条関係）

雇用保険被保険者資格取得届

標準字体 0 1 2 3 4 5 6 7 8 9
（必ず第2面の注意事項を読んでから記載してください。）

（この用紙は、このまま機械で処理しますので、汚さないようにしてください。）

帳票種別 1 9 1 0 1

1.個人番号 1 8 1 6 5 9 0 2 1 2 4 X **A**

2.被保険者番号 5 9 8 9 - 4 9 4 4 9 X - 6 **B**

3.取得区分 2 （1 新規／2 再取得）

4.被保険者氏名 小山田　和夫　フリガナ（カタカナ）オヤマダ　カズオ **C**

5.変更後の氏名　フリガナ（カタカナ） **C**

6.性別 1 （1 男／2 女）

7.生年月日 3 - X X 0 4 1 2 **D**（2 大正 3 昭和 4 平成 5 令和）

8.事業所番号 2 7 0 3 - 1 2 3 4 5 X - 7

9.被保険者となったことの原因 2
（1 新規／新規雇用（学卒）／2 新規（その他）雇用／3 日雇からの切替／4 その他／8 出向元への復帰等（65歳以上））

10.賃金（支払の態様－賃金月額：単位千円）1 - 3 0 0 百万 十万 万 千円 （1 月給 2 週給 3 日給 4 時間給 5 その他）

11.資格取得年月日 5 - X X 0 4 0 1 **D**（4 平成 5 令和）

12.雇用形態 7 （1 日雇／2 パートタイム／3 派遣／4 有期契約労働者／5 季節的雇用／6 船員／7 その他）

13.職種 0 3 （01〜11）第2面参照

14.就職経路 4 （1 安定所紹介／2 自己就職／3 民間紹介／4 把握していない）

15.1週間の所定労働時間 4 0 0 0 時間 分

16.契約期間の定め 2
1 有 — 契約期間 — から — まで 元号 年 月 日 元号 年 月 日（4 平成 5 令和）
契約更新条項の有無（1 有／2 無）
2 無 **E**

備考

事業所名 大坂機械株式会社

17欄から23欄までは、被保険者が外国人の場合のみ記入してください。

17.被保険者氏名（ローマ字）（アルファベット大文字で記入してください。）

被保険者氏名〔続き（ローマ字）〕

18.在留カードの番号（在留カードの右上に記載されている12桁の英数字）

19.在留期間 まで 西暦 年 月 日

20.資格外活動の許可の有無（1 有／2 無）

21.派遣・請負就労区分（1 派遣・請負労働者として主として当該事業所以外で就労する場合／2 1に該当しない場合）

22.国籍・地域

23.在留資格

※公安記載欄 共定載 職業所欄

24.取得時被保険者種類（1 一般／2 短期常態／3 季節／11 高年齢被保険者（65歳以上））

25.番号複数取得チェック不要（チェック・リストが出力されたが、調査の結果、同一人でなかった場合に「1」を記入。）

26.国籍・地域コード（22欄に対応するコードを記入）

27.在留資格コード（23欄に対応するコードを記入）

雇用保険法施行規則第6条第1項の規定により上記のとおり届けます。

住所 大阪市西区立売堀 3-4-X **F**
事業主 氏名 三崎口機械株式会社 代表取締役 三崎 肇
電話番号 06-6XXX-XXXX

令和 年 月 日

公共職業安定所長 殿

※備考 確認通知 令和 年 月 日

社会保険労務士記載欄 作成年月日・提出代行者・事務代理者の表示 氏名 電話番号

※所長 次長 課長 係長 係 操作者

2021. 9

6

　記載すべき事項のない欄又は記入枠は空欄のままにします。また、事項を選択する場合には該当する番号を記入します（※印のついた欄又は記入枠はハローワークでの処理をする箇所ですから記載は不要）。

【Ⓐ】　マイナンバーは、必ず番号確認と身元確認の本人確認を行った上で記入します。

【Ⓑ】　被保険者番号欄は、被保険者証に記載されている番号を記載します。ただし、被保険者番号が16桁（上下2段で表示されている）で構成されている場合は、下段の10桁のみを記入します。

（例：| 4 | 6 | 0 | 1 | 1 | 8 | * | * | * | * |
| 5 | 3 | 0 | 1 | 5 | 4 | 3 | 2 | 1 | 0 |　→　| 5 | 3 | 0 | 1 | - | 5 | 4 | 3 | 2 | 1 | 0 | - | | ）

　この場合、最初の4桁を最初の4つの枠内に、残りの6桁を「-」に続く6つの枠内に記載し、最後の枠は空枠にします。

【Ⓒ】　氏名欄の横のフリガナ欄には、被保険者証の交付を受けている人は、その被保険者証に記載されているとおりカタカナで記入します。

　なお、氏名変更があった場合には、次ページを参照してください。

　記入枠の部分は、枠からはみださないように大きめのカタカナ及びアラビア数字の標準字体で記入します。このとき、フリガナ（カタカナ）の濁点及び半濁点は、1文字として取り扱い（例：ガ→ | カ |゛| 、パ→ | ハ |゜| ）ます。また、「ヰ」及び「ヱ」は使用しないで「イ」及び「エ」で記入します。

（注）　電子申請などは、半角で入力する箇所と全角で入力する箇所が混在していますので、注意しなければなりません。

【Ⓓ】　生年月日欄の元号は該当する番号を、年月日の欄が1桁のときは、十の位の部分に「0」を付加して2桁で記入します。

例：令和XX年4月1日は→　| 5 | - | X | X | 0 | 4 | 0 | 1 |

（注）　元号コードは、昭和：3　平成：4　令和：5　です。

【Ⓔ】　事業所名・事業所番号欄は、届け出をする被保険者が実際に働いている（働いていた）事業所の名称、事業所番号(*)を記入します。

＊　事業所名は「雇用保険 適用事業所設置届」を提出した際に記入した事業所の名称、事業所番号を用います。

（注）　本店と支店ないし工場があるような場合は、【Ⓕ】の事業主欄に記入する名称所在地と異なることがあります。なお、事業所番号が連続した10桁の構成である場合は、最初の4桁を最初の4つの枠内に、残りの6桁を「-」に続く6つの枠内にそれぞれ記載し、最後の枠は空枠にします。

　　例：1301400001 →　| 1 | 3 | 0 | 1 | - | 4 | 0 | 0 | 0 | 1 | - | |

【Ⓕ】　事業主の住所及び氏名欄には、事業主が法人の場合は、その主たる事務所の所在地及び法人の名称を記載するとともに、代表者の氏名を付記します。また、個人経営の場合は経営者本人になります。

● 被保険者の氏名変更に係る記入方法

　雇用保険では「雇用保険 被保険者氏名変更届」が廃止され、被保険者の氏名変更の届出は、雇用保険 被保険者資格取得届、被保険者資格喪失届、被保険者転勤届等の届出の際、又は雇用継続給付（高年齢雇用継続給付・介護休業給付）・育児休業給付、出産時育児休業給付の支給申請時に、氏名変更を併せて行うことになっています。

例示：被保険者資格取得届

2. 被保険者番号
| 5 | 9 | 8 | 9 | − | 4 | 9 | 4 | 4 | 9 | X | − | 6 |

3. 取得区分
| 2 | (1 新規 / 2 再取得) |

4. 被保険者氏名
藤田　和夫

フリガナ（カタカナ）
| フ | シ | ダ | | カ | ス | ゛ | オ | | | 旧姓 | | | | | | |

5. 変更後の氏名
小山田　和夫

フリガナ（カタカナ）
| オ | ヤ | マ | ダ | | カ | ス | ゛ | オ | | 新姓 | | | | | | |

例示：育児休業給付金支給申請書

3. 被保険者氏名
島田　遥香

フリガナ（カタカナ）
| シ | マ | ダ | | ハ | ル | カ | | | 新姓 | | | | | | |

【氏名変更の記入欄】　被保険者資格取得届は旧姓と新姓を記入する欄があります。その他の届出書の【被保険者氏名】は、前回の届出、申請以後に氏名変更があった場合にのみ記入することになっています。

様式：健康保険 傷病手当金支給申請書

健康保険 傷病手当金 支給申請書

1 **2 3 4** ページ

被保険者記入用 傷

被保険者が病気やケガのため仕事に就くことができず、給与が受けられない場合の生活保障として、給付金を受ける場合にご使用ください。
なお、記入方法および添付書類等については「記入の手引き」をご確認ください。

被保険者証	記号（左づめ） 4 6 1 2 0 2 0 1 4 8	番号（左づめ） ⒶⒶ	生年月日 2 1.昭和 2.平成 3.令和 XX 年 09 月 18 日 Ⓑ

被保険者（申請者）情報

氏名（カタカナ）	ニシダ　レン

姓と名の間は1マス空けてご記入ください。濁点（゛）、半濁点（゜）は1字としてご記入ください。

氏名	西田　蓮	※申請者はお勤めされている（いた）被保険者です。被保険者がお亡くなりになっている場合は、相続人よりご申請ください。

郵便番号（ハイフン除く）	5470027	電話番号（左づめハイフン除く）	068XXXXXXX

住所	大阪 都道府県 大阪市淀川区新高4-16-X-201

Ⓒ

振込先指定口座

振込先指定口座は、上記申請者氏名と同じ名義の口座をご指定ください。

金融機関名称	水都	銀行　金庫　信組 農協　漁協 その他（　）	支店名	淀川	本店　支店 代理店　出張所　本店営業部 本所　支所

預金種別	1 普通預金	口座番号（左づめ）	53432X

Ⓓ

ゆうちょ銀行の口座へお振り込みを希望される場合、支店名は3桁の漢数字を、口座番号は振込専用の口座番号（7桁）をご記入ください。
ゆうちょ銀行口座番号（記号・番号）ではお振込できません。

2ページ目に続きます。 ≫≫

被保険者証の記号番号が不明の場合は、被保険者のマイナンバーをご記入ください。
（記入した場合は、本人確認書類等の添付が必要となります。） ▶ Ⓔ

社会保険労務士の提出代行者名記入欄	

――― 以下は、協会使用欄のため、記入しないでください。 ―――

MN確認（被保険者）	1. 記入有（添付あり） 2. 記入有（添付なし） 3. 記入無（添付あり）					受付日付印

添付書類	職歴		1. 添付 2. 不備	年金		1. 添付 2. 不備	労災		1. 添付 2. 不備

	戸籍（法定代理）		1. 添付	口座証明		添付

（2022.10）

6 0 1 1 1 1 0 1	その他		1. その他	（理由）	枚数	

全国健康保険協会
協会けんぽ

（ 1 / 4 ）

● 記入方法

被保険者情報欄

【Ⓐ】　被保険者証の記号・番号は、健康保険 被保険者証に記載されています（「記号」は事業所固有の番号で、「番号」はその事業所で被保険者資格取得した順番に割り振られます）。

【Ⓑ】　生年月日欄の元号は該当する番号を、年月日の欄が1桁のときは、十の位の部分に「0」を付加して2桁で記入します。

【Ⓒ】　被保険者の氏名、住所、電話番号を記入します。

　氏名（カタカナ）は、姓と名の間を1ます空けます。濁点（゛）や半濁点（゜）は1字として記入します（振込手続時に使用される）。

　郵便番号、電話番号は、左詰めで記入し、ハイフン（−）は不要です。なお、なお、電話番号は日中に連絡する番号を記入してください。

> **POINT**　相続人が申請を行う場合は、申請する相続人の、氏名、住所、電話番号、振込先を記入します。ただし、「生年月日」は被保険者の生年月日を記入してください。そして、相続人と被保険者との続柄がわかる戸籍謄本の写しを添付します。

振込先指定口座

　保険給付金を受け入れる被保険者名義の口座を指定します。

　ゆうちょ銀行へ振り込みを希望する場合は、従来の口座番号（記号・13桁の番号）ではなく振込専用の店名（漢数字3文字）・口座番号で記入します。

振込先指定口座	振込先指定口座は、上記申請者氏名と同じ名義の口座をご指定ください。				
	金融機関名称	ゆうちょ　（銀行）金庫　信組　農協　漁協　その他（　　）	支店名	五四七	本店　（支店）代理店　出張所　本店営業部　本所　支所
	預金種別	☐1 普通預金	口座番号（左づめ）	6 5 4 3 2 1 X	

マイナンバー記載欄

（注）　被保険者証の記号・番号を記入したときは、記入不要です。

　被保険者証の記号番号が不明な場合は、【Ⓔ】に被保険者のマイナンバーを記入します。マイナンバーを記入したときは、番号確認を行うための書類と身元確認を行うための書類（いずれも、コピー）を「本人確認書類 貼付台紙 マイナンバーによる課税情報等の確認申出書」に貼付し添付します。なお、貼付台紙の被保険者情報は氏名【Ⓕ】のみ記入します。

① マイナンバーカードを持っていれば、その両面のコピー

② マイナンバーカードを所持していない場合

　番号確認書類…マイナンバーの記載のある住民票又は住民票記載事項証明書

　身元確認書類…運転免許証など、官公署が発行する顔写真付き身分証明書のコピー

様式：本人確認書類貼付台紙

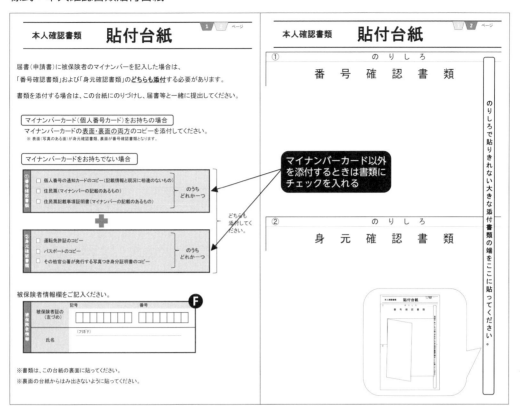

マイナンバーは、行政手続における特定の個人を識別するための番号の利用等に関する法律（マイナンバー法）において、限定的に定められた事務の範囲内で、具体的な利用目的を特定することで利用することができます。

社会保障関係では、被保険者資格の取得・喪失時、国民年金 第3号被保険者関係届（健康保険 被扶養者（異動）届）、雇用保険の雇用継続給付・育児休業給付、年金の裁定請求の申請などの際に、マイナンバーを記載して届け出（申請）します。

このときに、必ず番号確認と身元確認の本人確認を行った上で、マイナンバーを記入します。

本人確認にあたっては、マイナンバーが正しい番号であることの確認（番号確認）と、マイナンバーを提出する者がマイナンバーの正しい持ち主であることの確認（身元確認）が必要です。なお、個人番号通知書は、マイナンバーを証明する書類や身分証明として利用することはできません。

マイナンバーを証明する書類	身元（実在）確認
① マイナンバーカード（個人番号カード） ② 通知カード(*)（住所・氏名等が変更されていない場合に限る） ③ マイナンバーが記載された、住民票（写し又は住民票記載事項証明書）	①の場合 提示確認、コピーであれば両面のコピーで確認します。 ②又は③の場合、次のいずれかで確認します。 運転免許証 / 運転経歴証明書、パスポート、身体障害者手帳、精神障害者保健福祉手帳、療育手帳、在留カード、特別永住者証明書等顔写真付の公的な証明書 （注） 上記の方法で確認が困難な場合は、年金手帳、児童扶養手当証書、特別児童扶養手当証書等のいずれか2つ以上により確認します。

* マイナンバーの通知カードは、デジタル手続法の改正により、令和2年5月25日付で廃止されたため、マイナンバーを申請書に記入する際の番号確認書類として使用できなくなりました。ただし、令和2年5月24日までに発行された通知カードは、記載事項（氏名・住所等）に変更がない場合に限り、引き続き使用することができます。

個人番号関係事務実施者（事業主）とマイナンバーの提出の際の注意点

事業主が個人番号関係事務実施者として、法令や条例に基づき、行政機関など（個人番号利用事務実施者）にマイナンバーを記載した書面の提出を行う際の留意点は、前述のマイナンバーの番号確認と身元確認を行います。

具体的には、健康保険、厚生年金保険、雇用保険の適用関係の届出書、雇用保険の雇用継続給付、育児休業給付の申請書は、事業主が個人番号関係事務実施者になっていますから、事業主は、被保険者から提出されたマイナンバーの番号確認と本人確認を行い、届出書又は申請書にマイナンバー記入することになります（原則としてマイナンバーの送付不要）。

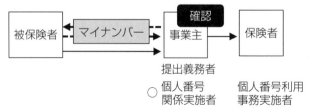

健康保険の被扶養者に係る届出（健康保険 被扶養者異動届）も、被保険者が届出義務者で、事業主は個人番号関係事務実施者になっていますから、事業主は、被保険者から提出された被扶養者のマイナンバーの番号確認と身元確認の本人確認をします。

被扶養者の届出

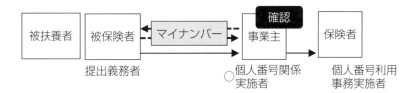

　ところが、「国民年金第3号被保険者関係届（健康保険 被扶養者（異動）届の配偶者欄）」に関しては、第3号被保険者自身が届出義務者で配偶者の会社を通じて国（年金機構）に提出することになっており、このときは、事業主は個人番号関係事務実施者ではないため、当該届出書に個人番号を添付して提出することになります（郵送する際は、マイナンバーカードのコピー（表面・裏面）又は、マイナンバーが確認できる書類と身元（実在）確認書類のコピーを添付）。

国民年金第3号被保険者の届出

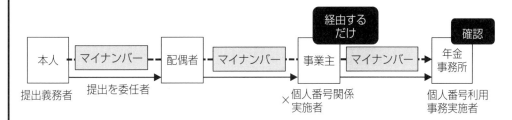

　実際にマイナンバーの写しを行政機関などに提出する際には、特定個人情報が外部に漏れるのを防ぐため、封筒などに入れ封をし、表書きに氏名と「個人番号在中」と明記して提出します。また、マイナンバーを記載した届出書を郵送する場合は、到着の確認ができる方法（レターパック、特定記録、書留等）で発送します。
　健康保険組合管掌の事業所では、それぞれの健康保険組合の規約によりますから、必要に応じて提出してください。
（注1）　国民年金第3号被保険者とは、日本国内に住所を有する20歳以上60歳未満の、厚生年金保険の被保険者の被扶養配偶者で、自身が国民年金第1号被保険者、厚生年金保険の被保険者でない人をいいます。
（注2）　個人番号関係事務実施者とは、法令や条例に基づき、マイナンバーに係る行政事務を処理する行政機関等（個人番号利用事務実施者）にマイナンバーを記載した書面の提出などを行う者のことをいいます。

第2章

定時の手続

提出先等

1．労働保険の年度更新
【共通の事項】

労働保険 概算・確定保険料申告書（継続事業（事務所労災・雇用保険を含む）/一括有期事業）	
いつまでに	年度更新の際（毎年6月1日～7月10日まで） （注）7月10日が土曜日、祝日等で銀行等の金融機関が休みの場合は、翌営業日まで
提出先	労働基準監督署 / 都道府県労働局 / 日本銀行（代理店、歳入代理店。ただし、納付がある場合のみ）

【詳細】

1　確定保険料・一般拠出金算定基礎賃金集計表	
注意事項	提出の必要はありませんが、労働保険 概算・確定保険料申告書の控えと一緒に保存しておきます。
4　労働保険 一括有期事業報告書 / 労働保険等一括有期事業総括表	
注意事項	一括有期事業に係る労働保険 概算・確定保険料申告書を提出する際に添付します。ただし、保険年度内に元請工事がない場合は提出する必要ありません。

2．健康保険・厚生年金保険の報酬月額・標準賞与額の届出

【共通の事項】

提出先	健康保険組合 ／ 日本年金機構 事務センター（広域事務センター）

【詳細】

1 定時決定（健康保険・厚生年金保険 被保険者報酬月額算定基礎届）	
いつまでに	毎年7月1日から10日まで
注意事項	7月に随時改定をする人は、健康保険・厚生年金保険被保険者報酬月額変更届添付します。8月又は9月に随時改定が予定されている人は、添付書類はありませんが、随時改定に該当したら「健康保険・厚生年金保険 被保険者報酬月額算定基礎届」を、改定しないことが確定したら、改めて「健康保険・厚生年金保険被保険者報酬月額算定基礎届」を速やかに提出します。

2 年間報酬の平均で算定することの申立書	
どんなときに	「4、5、6月の給与の平均額から算出した標準報酬月額」と「前年の7月から当年の6月までの給与の平均額から算出した標準報酬月額」に2等級以上の差が生じ、その差が業務の性質上例年発生することが見込まれるときに、年間の報酬を平均額から算出した標準報酬月額で決定することを申し出ることができます。
添付書類	健康保険・厚生年金保険 被保険者報酬月額算定基礎届に添付します。 （様式1）年間報酬の平均で算定することの申立書 （様式2）保険者算定申立に係る例年の状況、標準報酬月額の比較、被保険者の同意等

3 随時改定（健康保険・厚生年金保険 被保険者報酬月額変更）	
いつまでに	要件に該当したら速やかに
注意事項	固定的賃金の変動又は賃金体系の変更があり、報酬月額に著しい変動があったときに、届け出ます。

5 賞与を支払ったとき（健康保険・厚生年金保険 賞与支払届）	
いつまでに	賞与を支払った日から5日以内
注意事項	・毎年4月1日から翌年3月31日までの1年間に、標準賞与額の累計額が573万円を超えたときは、賞与支払の都度健康保険 標準賞与額累計申出書を添付します。 ・産前産後休業・育児休業中で保険料免除されていても、賞与が支払われた際には、標準賞与額の届出が必要です（保険料は免除されるが、累計額にはカウントされるため）。

　労働保険料は、保険年度（毎年 4 月 1 日から翌年 3 月 31 日までの期間）の初めに、その年度の賃金総額の見込額で概算保険料を算定し納付します。そして、年度が終了した時点で支払額が確定した賃金総額により確定保険料を算定し、年度の最初に納めた概算保険料を精算する仕組みになっていて、この作業を、毎年 6 月 1 日から 7 月 10 日の間に行います。つまり、この期間に、前年度の確定保険料の精算と今年度の概算保険料の申告納付を一度に行うので年度更新と呼ばれています。

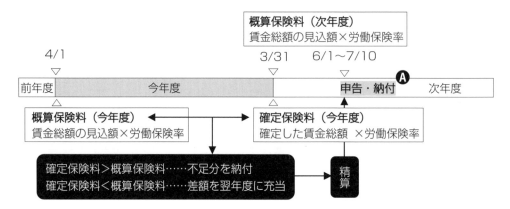

【Ⓐ】　今年度の確定保険料の生産と、次年度の概算保険料の納付を同時に行う。

　労働保険における賃金総額とは、事業主がその事業に使用する労働者（年度途中の退職者を含む）に対して賃金、手当、賞与、その他名称のいかんを問わず労働の対償として支払うすべてのもので、税金その他社会保険料等を控除する前の支払総額をいいます。そのため、慶弔見舞金、勤続報奨金、退職金等の臨時支払われるものや出張旅費等の実費弁済的なものは、ここでいう賃金には含まれません。

　保険年度における賃金の総額を計算する際に毎年 3 月 31 日現在、まだ支払われていないが支払が確定しているものは算入します。そのため、通常の賃金であれば、前年 4 月支払分から当年の 3 月支払分が、確定保険料の算定に用いる賃金になるのですが、例えば、賃金締切日が毎月 25 日、支払日が翌月 5 日のような会社の場合は、3 月 25 日締め切りの分までが算入（前年 5 月 5 日支払分〜当年 4 月 5 日支払い分）されることになります。

　また、建設業の労災保険は、下請け労働者の分まで元請け事業者が担当するため、賃金総額の正確な算定が困難な場合があります。このようなときには、特例で、請負金額×労務比率で計算し、賃金総額を算定することになります。

1　確定保険料・一般拠出金算定基礎賃金集計表／労働保険 概算・確定保険料申告書

令和XX年度 確定保険料・一般拠出金算定基礎賃金集計表／令和YY年度 概算保険料（雇用保険分）算定内訳
（算定期間 令和XX年4月～令和YY年3月）　　（算定期間 令和YY年4月～令和22年3月）

※概算・確定保険料・一般拠出金申告書（事業主控）と一緒に保管してください

労働保険番号	府県	所掌	管轄	基幹番号	枝番号			出向者の有無		事 業 の 名 称	三崎口機械株式会社	電話	06-6XXXXXX	具体的な業務又は作業の内容
	2 7 1 0 2 2			2 4 6 8 X	0 0 0		受 入	0 名				郵便番号	550 － 0012	その他各種事業
							出 向	0 名		事 業 の 所 在 地	大阪市西区立売堀3－4－X			

区分 月	労災保険および一般拠出金（対象者数及び賃金）								雇 用 保 険 （ 対 象 者 数 及 び 賃 金 ）						
	(1) 常用労働者 常用労働者のほか、パート、アルバイトで雇用保険の資格のある人を含めます。		(2) 役員で労働者扱いの人 常勤の役員報酬分を除きます。		(3) 臨時労働者 (1)(2)以外の全ての労働者（パート、アルバイトで雇用保険の資格のない人）を記入してください。		(4) 合 計 ((1)+(2)+(3))		(5) 常用労働者・パート・アルバイト （パート雇用保険の資格のある人（日雇労働被保険者を除く）の全員を含む）		(6) 役員で雇用保険の資格のある人 （実質的な役員報酬分を除きます）		(7) 合 計 ((5)+(6))		
令和XX年4月	20	5,695,131	0	0	5	459,747	25	6,154,878	20	5,695,131	0	0	20	5,695,131	
5月	20	5,678,840	0	0	5	495,101	25	6,173,941	20	5,678,840	0	0	20	5,678,840	
6月	19	5,394,820	0	0	5	511,287	24	5,906,107	19	5,394,820	0	0	19	5,394,820	
7月	19	5,392,910	0	0	5	522,287	24	5,915,197	19	5,392,910	0	0	19	5,392,910	
8月	20	5,654,939	0	0	5	452,843	25	6,107,782	20	5,654,939	0	0	20	5,654,939	
9月	20	5,651,868	0	0	5	483,375	25	6,135,243	20	5,651,868	0	0	20	5,651,868	
10月	20	5,642,039	0	0	5	533,551	25	6,175,509	20	5,642,039	0	0	20	5,642,039	
11月	20	5,634,362	0	0	5	535,428	25	6,169,790	20	5,634,362	0	0	20	5,634,362	
12月	20	5,612,931	0	0	5	485,073	25	6,098,004	20	5,612,931	0	0	20	5,612,931	
令和YY年1月	20	5,683,657	0	0	5	491,354	25	6,175,011	20	5,683,657	0	0	20	5,683,657	
2月	20	5,605,120	0	0	4	515,256	24	6,120,376	20	5,605,120	0	0	20	5,605,120	
3月	20	5,695,911	0	0	4	499,782	24	6,195,693	20	5,695,911	0	0	20	5,695,911	
賞与 年 月		11,200,000		0				11,200,000		11,200,000		0		11,200,000	
賞与 年 月		11,200,000		0				11,200,000		11,200,000		0		11,200,000	
賞与 年 月															
合 計	238	89,742,528			58	5,985,084	296	95,727,612	238	89,742,528			238	89,742,528	

(9) ... (10) ... (11) ... (12) ...

確定保険料・一般拠出金算定基礎賃金集計表に入力（記入）して確定賃金総額を算出します。なお、この集計表は提出義務はありませんが、労働保険申告書の控えと共に保管しておきます。

確定保険料・一般拠出金算定基礎賃金集計表で算出した【B】～【F】を、「労働保険 概算・確定保険料申告書」に書き写します（【D】は、雇用保険の被保険者でない者がいるか否かで転記する欄が異なります）。

各月の支払われた賃金（*）及び賞与の額をそれぞれの欄に記入し、賃金総額を算定します。

* 　各月に支払われた賃金とは、その月の賃金締切日に支払いが確定した金額をいいます。

(注1) 「確定保険料・一般拠出金算定基礎賃金集計表」は、厚生労働省の「労働保険関係各種様式」のページで、Excel 版が提供されています。各月の賃金額を入力すれば、賃金総額が自動計算されます（毎年5月頃に、提供される）。

(注2) 労働保険事務組合に事務処理委託をしている事業所は、算定基礎賃金等報告書（確定保険料・一般拠出金算定基礎賃金集計表と同じ内容のもの）を、労働保険事務組合に提出すれば年度更新作業は完了します。

(注3) 賃金総額とは、毎年4月1日から翌年の3月31日までに支払われた、全従業員の給与（所得税法上の非課税交通費も含む）、賞与の合計額をいいます。ただし、毎年3月31日の終了時点で賃金の支払いが確定しているものは今年度に算入します（月々の給与であれば、3月の賃金締切日の額までを支払確定の賃金として取り扱う）。

19

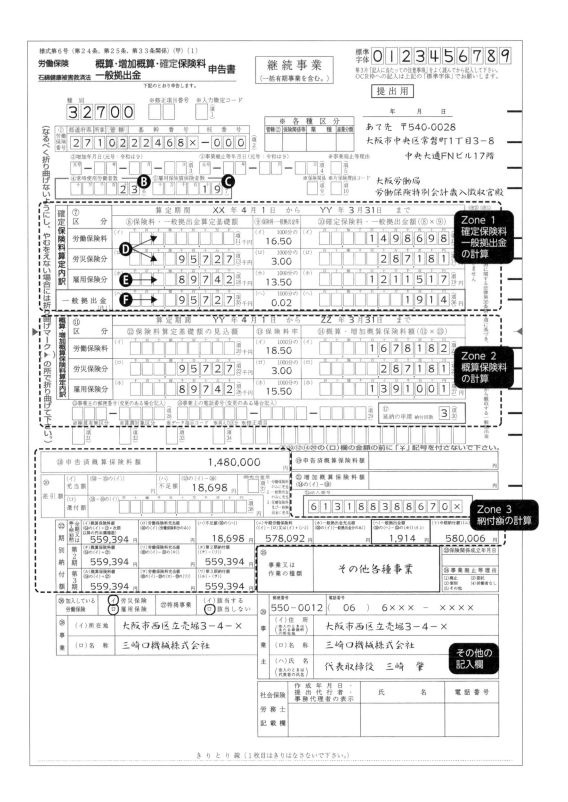

様式第6号 (第24条、第25条、第33条関係) (甲) (1)

労働保険 概算・増加概算・確定保険料 **申告書**
石綿健康被害救済法 一般拠出金

継続事業
(一括有期事業を含む。)

標準字体 **0 1 2 3 4 5 6 7 8 9**
第3片「記入に当たっての注意事項」をよく読んでから記入して下さい。
OCR枠への記入は上記の「標準字体」でお願いします。

提出用

下記のとおり申告します。

種別 **3 2 7 0 0**　　※修正項目番号　　※入力徴定コード 項1

※各種区分
| 管轄(2) | 保険関係等 | 業　種 | 産業分類 |

年　月　日

あて先　〒540-0028
大阪市中央区常磐町1丁目3-8
中央大通FNビル17階

大阪労働局
労働保険特別会計歳入徴収官殿

①労働保険番号
都道府県 所掌 管轄 基幹番号 枝番号
2 7 1 0 2 2 2 4 6 8 × - 0 0 0 項2

②増加年月日 (元号:令和は9)　③事業廃止等年月日 (元号:令和は9)　※事業廃止等理由

④常時使用労働者数 B **2 3**　⑤雇用保険被保険者数 C **1 9**　※保険関係 項9　※片保険理由コード 項10

⑦確定保険料算定内訳

区　分	算定期間　XX 年 4 月 1 日 から　YY 年 3 月 31 日　まで
	⑧保険料・一般拠出金算定基礎額	⑨保険料・一般拠出金率	⑩確定保険料・一般拠出金額 (⑧×⑨)
労働保険料	(イ) 項11千円	(イ) 1000分の 16.50	(イ) **1 4 9 8 6 9 8** 項12
労災保険分 D	(ロ) **9 5 7 2 7** 項13千円	(ロ) 1000分の 3.00	(ロ) **2 8 7 1 8 1** 項14
雇用保険分 E	(ホ) **8 9 7 4 2** 項18千円	(ホ) 1000分の 13.50	(ホ) **1 2 1 1 5 1** 項19
一般拠出金 F	(チ) **9 5 7 2 7** 項35千円	(チ) 1000分の 0.02	(ヘ) **1 9 1 4** 項36

Zone 1
確定保険料
一般拠出金
の計算

⑪概算・増加概算保険料算定内訳

区　分	算定期間　YY 年 4 月 1 日 から　ZZ 年 3 月 31 日　まで
	⑫保険料算定基礎額の見込額	⑬保険料率	⑭概算・増加概算保険料額 (⑫×⑬)
労働保険料	(イ) 項20千円	(イ) 1000分の 18.50	(イ) **1 6 7 8 1 8 2** 項21
労災保険分	(ロ) **9 5 7 2 7** 項22千円	(ロ) 1000分の 3.00	(ロ) **2 8 7 1 8 1** 項23
雇用保険分	(ホ) **8 9 7 4 2** 項26千円	(ホ) 1000分の 15.50	(ホ) **1 3 9 1 0 0 1** 項27

Zone 2
概算保険料
の計算

⑮事業主の郵便番号 (変更のある場合記入)　⑯事業主の電話番号 (変更のある場合記入)　　⑰延納の申請 納付回数 **3** 項30

郵便番号有無記号 項31　⑯算定内訳記号 項32　※データ指示コード 項33　※再入力区分 項34　※修正項目 項35

★⑩⑫⑭⑳の (ロ) 欄の金額の前に「¥」記号を付さないで下さい。

⑱申告済概算保険料額	1,480,000	⑲申告済概算保険料額	円

| ⑳差引額 | (イ)充当額 (⑱-⑩のイ) | | (ハ)不足額 (⑩のイ-⑱) 18,698 円 | ㉞充当意思 項37 | ㉕増加概算保険料額 (⑭のイ-⑲) 円 |
| | (ロ)還付額 (⑱-⑩のイ) 項38 | | | ㊱充当の種類 1.労働保険料のみに充当 2.一般拠出金のみに充当 3.労働保険料及び一般拠出金に充当 | ㉖のか入番号 **6 1 3 1 8 8 3 8 8 6 7 0 ×** |

Zone 3
納付額の計算

㉒期別納付額	⑯概算保険料額 (⑭のイ÷⑰又は⑰以降の円を調整した額)	(ロ)労働保険料充当額 (⑳のイ) (労働保険分のみ)	(ハ)不足額 (⑳のハ)	(ニ)今期労働保険料 (イ)-(ロ)又は(イ)+(ハ)	(ホ)一般拠出金充当額 (⑳のイ) (一般拠出金分のみ)	(ヘ)一般拠出金額 (⑩のヘ-ホ)	(ト)今期納付額 (ニ)+(ヘ)
第1期 (初期)	559,394 円		18,698	578,092		1,914	580,006
第2期	559,394 円		559,394				
第3期	559,394 円		559,394				

事業又は作業の種類　その他各種事業

㉓保険関係成立年月日

㉔事業廃止等理由書
(1)廃止 (2)委託
(3)個別 (4)労働者なし
(5)その他

㉚加入している労働保険　(イ)労災保険　(ロ)雇用保険　㉗特掲事業　(イ)該当する　(ロ)該当しない

郵便番号 550-0012　電話番号 (06) 6×××-××××

| ㉘事業 | (イ)所在地 | 大阪市西区立売堀3-4-× |
| | (ロ)名称 | 三崎口機械株式会社 |

事業主	(イ)住所 (法人のときは主たる事務所の所在地)	大阪市西区立売堀3-4-×
	(ロ)名称	三崎口機械株式会社
	(ハ)氏名 (法人のときは代表者の氏名)	代表取締役　三崎　肇

その他の記入欄

社会保険労務士記載欄	作成年月日・提出代行者・事務代理者の表示	氏　　名	電話番号

きりとり線 (1枚目はきりはなさないで下さい。)

20

● 確定保険料・一般拠出金算定基礎賃金集計表の記入方法

【Ⓐ】　出向労働者欄の「受」には出向元から受け入れた労働者の数、「出」には他の事業場へ出向させている労働者の数を記入します。

POINT

出向労働者の賃金

A．労災保険及び一般拠出金の賃金…労災保険は出向を受け入れている事務所に算入する

出向を受け入れている事業所の場合は出向元から支払われる賃金額も含めて計上し、出向元の事業所は出向者の賃金額は控除して計上します（後日、出向元が、出向先に当該賃金額に相当する労災保険料相当額の支払い、精算する）。

B．雇用保険の賃金…雇用保険に被保険者になっている事業所で算入する

出向従業員の雇用保険の取り扱いは、主たる賃金を受ける事業所の被保険者とし、他方の事業所は被保険者としません。そのため、賃金を多く払う事業所の被保険者になりますから、多く支払う側の事業所の賃金額に計上します。

【(1)常用労働者】　常用労働者のほか、パート、アルバイトで雇用保険の被保険者資格のある人（日雇労働被保険者を含む)の、各月の人数、支払った賃金額の合計、賞与支払月と賞与額の合計を記入していきます。

同居の親族は、原則として労働者として取り扱いません。ただし、雇用実態証明書を提出し、労働者性がみとめられ雇用保険の被保険者となったときは算入します。

（注）　労働者を通年雇用しない場合であっても、1 年間に 100 日以上労働者を使用している場合には、常時労働者を使用しているものとして取り扱われますので、労働保険関係が成立していない事業所では、保険関係成立届を提出し、年度更新手続を行うことになります。

POINT

同居の親族

同居の親族は、労働基準法の適用除外（原則として、事業主と同居している親族は、労働者として認められない）になりますから労働者として取り扱わないため、雇用保険の被保険者にはなれません。ただし、次の条件を満たしていれば雇用保険の被保険者になれますが、雇用保険の被保険者資格の認定のためハローワークに「同居の親族雇用実態証明書」の提出が必要です。

a．業務を行うにつき、事業主の指揮命令に従っていることが明確であること。

b．就労の実態が当該事業場における他の労働者と同様であり、賃金もこれに応じて支払われていること。具体的には、始業及び終業の時刻、休憩時間、休日、休暇等、また賃金の決定、計算及び支払方法、賃金の締切、及び支払の時期等について就業規則その他これに準ずるものに定めるところにより、その管理が他の労働者と同様になされていること。

c．事業主と利益を一にする地位にないこと

【(2) 役員で労働者扱いの人、(6) 役員で雇用保険の資格のある人】　役員で労働者扱いの人とは、法人の業務執行権や代表権のある役員以外の役員で、事実上業務執行権を有する人の指揮命令を受け労働に従事し、その対償として賃金を受けている人は、兼務役員雇用実態証明書を提出し、雇用関係があると認められると被保険者（労働者扱い）なれます。この人達に支払った人数、賃金・賞与（ただし、役員報酬は含めない）の合計額を記入します。【Ⓐ】の出向者がいなければ、原則として(2)と(6)は、同じ金額になります。

役員で労働者扱いの人

　いわゆる、兼務役員（取締役・部長や取締役・工場長など）といわれる人です。本来役員は、法人と利益を一にするため、労働者ではないので雇用保険の被保険者になれないのですが、労働実態を総合的に判断して、労働者性があると認められればその部分で雇用保険の被保険者になれます。被保険者になるために、次の要件を満たしたうえで、ハローワークに兼務役員雇用実態証明書や定款など取締役会議事録・組織図・就業規則・賃金台帳等の雇用の実態が確認できる書類等を提出しなければなりません。

① 業務執行権又は代表権を持たない役員や取締役であること

② 役員報酬と賃金を比べて、賃金の方が多く支払われていること

（注）　労働者として支払われている賃金と役員報酬を比べて、賃金額のほうが多くなければ労働者性は認められません。

③ 退勤時刻、休憩時間、休日等の勤怠を管理されていて、業務遂行において拘束性が認められること

④ 就業規則等が一般の労働者と同様に適用されていること

（注）　労災保険では、この点が明確ではないのですが、保険事故が発生した際に、特別加入をしていなければ、これらの要件を鑑みて保険給付がなされるかの判断が行われます。

【(3)臨時労働者】　パート、アルバイト等名称を問わず、(1)(2)以外の労働者で、雇用保険の被保険者とならない人達の、人数、賃金、賞与の合計額を各月記入します。

【(5)常用労働者、パート、アルバイトで雇用保険の資格のある人】　雇用保険の被保険者である人（日雇労働被保険者に支払った賃金額も含める^(*)）の各月の人数、支払った賃金額の合計、賞与支払月と賞与額の合計を記入していきます。【Ⓐ】の出向者が0人であれば、原則として(1)の金額と同じ金額になります。

＊　日雇労働被保険者は、賃金を支払う都度、賃金額に雇用保険率（被保険者負担分）を乗じた一般保険料と印紙保険料の被保険者負担分を控除します。印紙保険料は消印を押して納付しますが、一般保険料は確定保険料で納付します。

【(4)合計、(7)合計】　(4)欄は(1)＋(2)＋(3)、(7)欄は(5)＋(6)と横へ集計します。

【合計】　(9)欄、(10)欄、(11)欄、(12)欄は、縦に集計します。

　「確定保険料・一般拠出金算定基礎賃金集計表」の計算結果の【Ⓑ】～【Ⓕ】を、「労働保険概算・増加概算・確定保険申告書」の④欄、⑤欄、⑧欄(イ)～(ヘ)の欄に書き写します。なお、【Ⓓ】の金額は、従業員が全員雇用保険の被保険者である場合（(10)の金額と(12)の金額が同じとき）は⑧欄(イ)へ、被保険者でない人がいるときは⑧欄(ロ)へ記入します。

（注）　以下の記入方法は「2　労働保険 概算・確定保険料申告書（従業員に雇用保険の被保険者でない人がいる場合）」「3　労働保険概算・確定保険料申告書（事業所の従業員全員が、雇用保険の被保険者である場合）」で説明します。

常時使用労働者数と雇用保険の被保険者数

　各月の賃金締切日の従業員数の合計（(9)、(11)）を12で割り、小数点以下を切り捨てた平均人数を算出し、労働保険申告書の④欄（Ⓑ）、⑤欄（Ⓒ）に記入します。ただし、切り捨てた結果、0人となる場合は1人とします。また、年度途中で保険関係が成立した事業では、保険関係成立以後の月数で割ることになります。

　船渠、船舶、岸壁、波止場、停車場又は倉庫における貨物の取扱いの事業及び一括有期事業については、当該直前の保険年度における1日平均使用労働者数（延使用労働者数を当該直前の保険

年度中の所定労働日数で除した数）を記入します。

賃金総額の計算方法

　労災保険対象者分は、労働保険および一般拠出金（対象者数及び賃金）の総計（(10)）の1,000円未満の端数を切り捨てた額を、右下の表の「労災保険対象者分（**D**）」と「一般拠出金（**E**）」へ記入します。同様に、雇用保険（対象者数及び賃金）の総計（(12)）の1,000円未満の端数を切り捨てた額を、「雇用保険対象者分（**E**）」へ記入します。そして、労働保険料は次のように計算します。

労働保険料 ＝ 95,727（千円）× $\dfrac{16.5}{1000}$

「千円」と「1000分」は相殺できるので、実際には次のように計算します。

労働保険料 ＝ 95,727 × 16.5 ＝ 1,579,495円50銭 ＝ 1,579,495円

保険料の計算の際の1円未満の端数は切り捨てます。

（注）　1000分の16.5は労働保険率（労災保険率＋雇用保険率）。ただし、仮の数字です。

【備考欄】　役員のうち、労働者として取り扱われ、労災保険又は雇用保険に算入している人の名、役職、雇用保険の資格の有無を記入します。

（注）　翌年度の賃金総額の見込み額が、ここで算出した確定賃金総額の50％以上200％以下と見込まれる場合は、この確定賃金総額を翌年度の賃金総額の見込み額として用いることができます（確定賃金総額の50％未満あるいは200％を超える見込みがあれば、翌年度の賃金総額の見込み額は、改めて計算することになる）。

● 労働保険 概算・確定保険料申告書（その他の記入欄）の記入方法

【㉕事業又は作業の種類】　労働保険 保険関係成立届（労働保険 名称・所在地変更届）を提出した際の記入した事業の種類を記入します。

【㉖加入している労働保険】　該当するものを○で囲みます。

【㉗特掲事業】　農林水産・清酒製造の事業及び建設の事業が該当します（雇用保険率表の「一般の事業」に該当すれば「(ロ)該当しない」をその他は「(イ)該当する」を選択する）。

【㉘事業】　①労働保険番号が払い出された事業の名称と住所を、㉙の事業主は、法人であればその主たる事務所（本社など）の所在地及び法人の名称を記載するとともに、代表者の氏名を記入します。また、個人経営の場合は、経営者本人になります（第1章参照）。

POINT　労災保険率 ／ 雇用保険率

　労災保険率（労務比率）は、3年に一度改正されます。次は令和5年4月から改正される予定です。

　雇用保険率は、保険料と給付費の収支を検討して毎年4月から改正されます。

令和５年の年度更新手続

POINT

【令和４年度確定保険料額】

　令和４年度は、雇用保険率が年度の途中で変更されたため、前期と後期の賃金総額を基に労災保険分と雇用保険分それぞれ計算し、その合計をもって確定保険料とします。具体的には次のように計算します。

令和4年度 確定保険料・一般拠出金算定基礎賃金集計表／令和4年度 確定保険料算定内訳
（算定期間 令和4年4月1日～令和5年3月31日）　　※前期＝令和4年4月1日～同年9月30日 後期＝令和4年10月1日～令和5年3月31日　　※概算・確定保険料・一般拠出金申告書（事業主控）と一緒に保管してください。

労働保険番号	都道府県	所掌	管轄	基幹番号	枝番号					
	2 7	1	0	2 2 2	4 6 8 X	0 0 0				

事業の名称　三崎㈱機械株式会社　電話 06－6XXX－XXXX
事業の所在地　大阪市西区立売堀3-4-X　郵便番号 550－0012
具体的な業種又は作業の内容　その他各種事業

区分	労災保険および一般拠出金（対象者数及び賃金）							雇用保険（対象者数及び賃金）					
月	(1)常用労働者		(2)役員で労働者扱いの人		(3)臨時労働者		(4)合計((1)+(2)+(3))	(5)常用労働者、パート、アルバイトで雇用保険の資格のある人（被保険者の資格のある役員を含む）		(6)役員で雇用保険の資格のある人（実質的な役員報酬分を除きます）		(7)合計((5)+(6))	
	(人)	(円)	(人)	(円)	(人)	(円)	(円)	(人)	(円)	(人)	(円)	(人)	(円)
令和4年 4月	20	5,695,131	0	0	5	459,747	6,154,878	20	5,695,131	0	0	20	5,695,131
5月	20	5,678,840	0	0	5	495,101	6,173,941	20	5,678,840	0	0	20	5,678,840
6月	19	5,394,820	0	0	5	511,287	5,906,107	19	5,394,820	0	0	19	5,394,820
7月	19	5,392,910	0	0	4	522,287	5,915,197	19	5,392,910	0	0	19	5,392,910
8月	20	5,654,939	0	0	5	452,843	6,107,782	20	5,654,939	0	0	20	5,654,939
9月	20	5,651,868	0	0	5	483,375	6,135,243	20	5,651,868	0	0	20	5,651,868
賞与 年間		11,200,000					11,200,000		11,200,000				11,200,000
賞与 年間							0						0
令和4年度前期計		44,668,508				2,924,640	47,593,148		44,668,508		0		44,668,508
10月	20	5,642,039	0	0	5	533,551	6,175,590	20	5,642,039	0	0	20	5,642,039
11月	20	5,634,362	0	0	5	535,428	6,169,790	20	5,634,362	0	0	20	5,634,362
12月	20	5,612,931	0	0	5	485,073	6,098,004	20	5,612,931	0	0	20	5,612,931
令和5年 1月	20	5,683,657	0	0	5	491,354	6,175,011	20	5,683,657	0	0	20	5,683,657
2月	20	5,605,120	0	0	4	515,256	6,120,376	20	5,605,120	0	0	20	5,605,120
3月	20	5,695,911	0	0	4	499,782	6,195,693	20	5,695,911	0	0	20	5,695,911
賞与 年間		11,200,000					11,200,000		11,200,000				11,200,000
賞与 年間							0						0
令和4年度後期計		45,074,020				3,060,444	48,134,464		45,074,020		0		45,074,020
合計	238	89,742,528	0	0	58	5,985,084	95,727,612		89,742,528		0	238	89,742,528

受　出向している者　0 名　出　0 名　出向している者　0 名

【備考】常用労働者、役員で労働者扱いの人の詳細

氏名	投業	雇用保険の資格

臨時使用労働者（労災保険対象者数）296 人　※12→　申告書⑪欄へ転記　24 人

各月賃金締切日等の労働者の合計（常時労働者数の場合は③の）、雇用保険被保険者数の場合は(12)112に転記

雇用保険被保険者数　238 人　※12→　申告書⑪欄へ転記　19 人

《 令和4年度 確定保険料算定内訳 》

(1)一元適用事業の場合は、次の確定保険料算定内訳により保険料算定基礎額及び保険料額を算定し、当該欄を申告書に転記してください。

労災保険料算定内訳	算定期間	①保険料算定基礎額	②1000分の	①×②（一元適用端数切捨後）確定保険料額(その1)		算定期間	①保険料算定基礎額	②1000分の	①×②（一元適用端数切捨後）確定保険料額(その2)
前期分（令和4年4月1日～令和4年9月30日）		47,593（千円）		142,779	雇用保険料算定内訳	前期分（令和4年4月1日～令和4年9月30日）	44,668（千円）	9.5	424,346
申告書⑱欄(イ)へ転記			3.00	申告書⑲欄(ヘ)へ転記		申告書⑱欄(ヘ)へ転記			
後期分（令和4年10月1日～令和5年3月31日）		48,134（千円）		144,402		後期分（令和4年10月1日～令和5年3月31日）	45,074（千円）	13.5	608,499
申告書⑱欄(ロ)へ転記						申告書⑱欄(ト)へ転記			
合計		95,727（千円）		287,181 ← 287,181　【ヲ】		合計	89,742（千円）		1,032,845 ← 1,032,845　【ワ】
申告書⑩欄(イ)に(=)(ロ)を乗じた額を転記						申告書⑩欄(ヘ)へ転記			

【㉜期間別確定保険料算定内訳】へ転記

(2)二元適用事業

(2)-1　労災保険分の算定基礎額（二元適用事業のみ記入）　⑩の合計額の千円未満を切り捨てた額　千円　申告書㉒欄(イ)へ転記

(3)一元適用事業及び二元適用事業が一般拠出金を申告する場合は、算定基礎額は次式により算定し、申告書に転記してください。

一般拠出金の算定基礎額（労災保険関係が成立しているすべての事業が記入）　⑩の合計額の千円未満を切り捨てた額　95,727 千円　申告書㉒欄(ヘ)へ転記

【記入上の注意】

①欄　⑦欄の額に⑥欄の率を乗じた額を記入し、一円未満の端数が生じた場合であってもその端数は切り捨てないでください。

②欄【労災保険分】⑩欄(イ)に一円未満の端数が生じる場合は、その端数を除いて端数を切り捨てる（2で割り、12で割り）、小数点以下を省略した額を得るため（それらの額の各々のものの以下で省略した額）の2分の1を記入してください。

⑩欄【雇用保険分】⑩欄(ヘ)に一円未満の端数が生じる場合は、その端数を切り捨てた額を(ワ)に記入してください。

【令和４年度確定保険料算定内訳の計算方法】

・労災保険料

前期（令和４年４月～９月）の労災保険対象者分の確定賃金総額（イ）×令和４年の労災保険率…（ニ）

後期（令和４年10月～令和５年３月）の労災保険対象者分の確定賃金総額（ロ）×令和４年の労災保険率…（ホ）

合計＝（ニ）＋（ホ）

【労働保険 概算・確定保険料申告書㉜欄（ニ）、（ホ）、（ニ）＋（ホ）】に転記するときは１円未満の端数は切り捨てない。

【労働保険 概算・確定保険料申告書⑩欄（ホ）】に転記するときは１円未満の端数は切り捨てる【ヲ】。

・雇用保険料

前期の雇用保険被保険者分の確定賃金総額（ヘ）× 9.5/1000 （*）…（ヌ）

後期の雇用保険被保険者分の確定賃金総額（ト）× 13.5/1000 （*）…（ル）

合計＝（ヌ）＋（ル）

【労働保険概算・確定保険料申告書㉜欄（ヌ）、（ル）、（ヌ）＋（ル）】に転記するときは１円未満の端数は切り捨てない。

【労働保険概算・確定保険料申告書⑩欄（ホ）】に転記するときは１円未満の端数は切り捨てる【ワ】。

＊　建設業の雇用保険率は、前期が 12.5/1000、後期が 16.5/1000 になります。

24

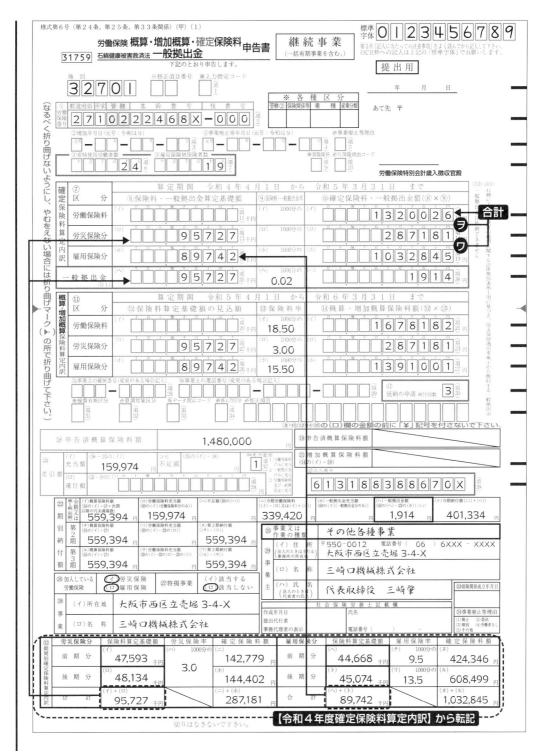

【㉜期間別確定保険料算定内訳・確定保険料算定内訳】

　令和４年度確定保険料算定内訳の労災保険分及び雇用保険分の①保険労算定基礎額、②保険料率、③確定保険料額（その１）をそれぞれの項目に転記します。このとき、計算の結果出た１円未満の端数は切り捨てません。

　令和４年度確定保険料算定内訳の労災保険分の④確定保険料（その２）は⑩欄（ロ）へ、雇用保険

分の④確定保険料（その 2）は⑩欄（ホ）へ転記します。この際に【合計＝（ニ）＋（ホ）】及び【合計＝（ヌ）＋（ル）】で算定した額の 1 円未満は切り捨てます。そして、⑩欄（ロ）＋⑩欄（ホ）の合計を⑩欄（イ）に記入して、令和 4 年度の確定保険料の算定が終わりました。

次に、労災保険分合計欄【（イ）＋（ロ）】の金額は⑧欄（ヘ）にも記入し、一般拠出金率（0.02）を乗じて、⑩欄（ヘ）に記入します。

【令和 5 年度概算保険料の算定及び期別の納付額の計算】

この語の記入方法は、従業員に雇用保険の被保険者でない人がいる場合、⑧欄（ロ）・（ホ）の金額を【⑫欄（ロ）・（ホ）】へ転記して、「2　労働保険 概算・確定保険料申告書」の記入方法を、従業員全員が雇用保険の被保険者である場合は、⑧欄（ロ）の金額を【⑫欄（イ）】へ転記して、「3　労働保険 概算・確定保険料申告書」の記入方法を参照してください。

（注）　労働保険料 概算・確定保険料申告書等で説明する際の、労災保険率（労務比率）、雇用保険率は仮の率を用いています。ご了承ください。

2 労働保険 概算・確定保険料申告書

事業所の従業員に雇用保険の被保険者でない人がいる場合

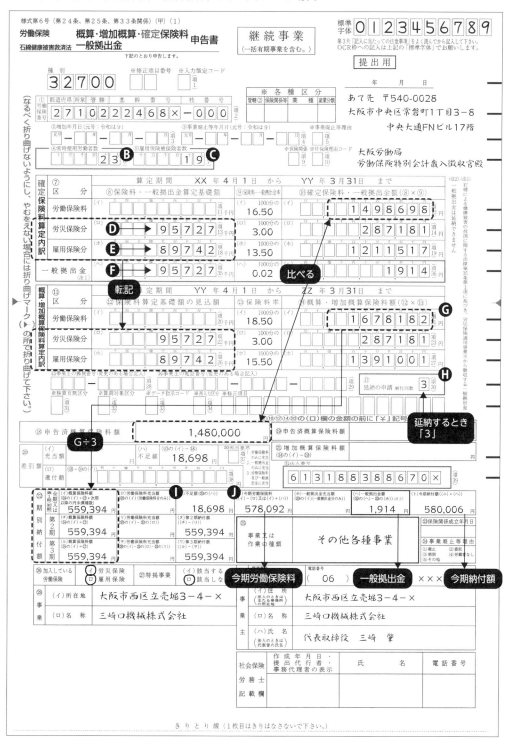

27

従業員に雇用保険の被保険者でない人がいる場合 ／ 不足額がある場合 ／ 延納する場合の記入例です。

● 記入方法

【④常時使用労働者数】 算定基礎賃金集計表（「1 確定保険料・一般拠出金算定基礎賃金集計表／労働保険 概算・確定保険料申告書」参照）の【**B**】の人数を転記します。

【⑤雇用保険被保険者数】 同じく【**C**】の人数を転記します。

労災保険 対象者分	(10)の合計額の千円未満 を切り捨てた額	95,727	**D** 申告書⑧欄（ロ）へ転記
雇用保険 対象者分	(12)の合計額の千円未満 を切り捨てた額	89,742	**E** 申告書⑧欄（ホ）へ転記
一般拠出金	(10)の合計額の千円未満 を切り捨てた額	95,727	**F** 申告書⑧欄（ヘ）へ転記

【確定保険料算定内訳】 従業員に雇用保険の被保険者でない人がいる場合（【**D**】と【**E**】の金額が異なるとき）は、【**D**】の金額を【⑧欄（ロ）労災保険分】、【**E**】の金額を【⑧欄（ハ）雇用保険分】、【**F**】の金額を【⑧欄（ヘ）一般拠出金】の欄へ記入します。このとき、千円未満の端数は切り捨てます。

● 今期確定保険料・一般拠出金の計算方法（Zone 1）

確定保険料及び一般拠出金を算定します（計算した結果、円未満の端数は切り捨て）。

- 労災保険料＝確定賃金総額【**D**】×労災保険率

  $95,727 \times 3.0 = 287,181$ 円^{00銭}＝ 287,181 円

- 雇用保険料＝確定賃金総額【**E**】×雇用保険率

  $89,742 \times 13.5 = 1,211,517$ 円^{00銭}＝ 1,211,517 円

- 確定保険料＝労災保険料＋雇用保険料

  287,181 円＋ 1,211,517 円＝ 1,498,698 円

  →⑱欄申告済概算保険料と比較

- 一般拠出金＝労災保険にかかる賃金総額【**F**】（【**D**】と同じ）×一般拠出金率

  $95,727 \times 0.02 = 1,914$ 円^{54銭}＝ 1,914 円

  →一般拠出金へ転記（㉒欄（ヘ））

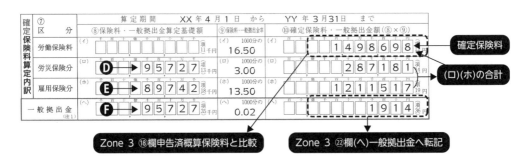

● 確定精算作業（Zone 3）

　確定保険料額（⑩欄（イ））が算定できたので、確定精算作業に入ります。年度初めに概算で申告・納付した概算保険料（⑱申告済概算保険料額）と確定保険料の額を比べ、概算保険料が多ければ次年度の概算保険料に充当でき、不足があれば納付することになります。

　この例では、申告済概算保険料が 1,480,000 円、確定保険料額が 1,498,698 円だったので、不足する場合の例です（次年度の概算保険料に充当する場合の例は「3　労働保険概算・確定保険料申告書」を参照）。

【⑳差引額（ハ）不足額】 　⑩確定保険料＞⑱申告済概算保険料額のときは、⑩（イ）の確定保険料額と⑱申告済概算保険料額の差額を記入します。

● 次年度の概算保険料の計算（Zone 1・2）

　次年度の賃金総額の見込額が、今期確定賃金総額の 50％以上 200％以内であると見込まれる場合(*)は、今期確定している賃金総額をそのまま使うことができるので、「確定保険料算定内訳（区分⑦）」で用いた賃金総額をそのまま「概算・増加概算保険料算定内訳（区分⑪）」へ転記します。そして、前述の「今期確定保険料の計算」と同様に計算して、概算保険料（⑭欄（イ））を算定します。

*　もし、今期確定賃金総額の 50％未満又は 200％を超える場合は、見込み額を算定し直します。ただし、ここでいう概算保険料に用いる賃金総額の見込み額は、「使用しなければならない」というものではなく、「使ってもいいよ」という位置づけなので、次年度の賃金総額の見込みが大きく変動する場合は、再計算した見込額を使用しても問題はありません。

- 労災保険料＝前年度の確定賃金総額【**D**】×労災保険率

  $95,727 \times 3.00 = 287,181$ 円^{00}銭 $= 287,181$ 円

- 雇用保険料＝前年度の確定賃金総額【**E**】×雇用保険率

  $89,742 \times 15.5 = 1,391,001$ 円^{00}銭 $= 1,391,001$ 円

- 概算保険料＝労災保険料＋雇用保険料

  $287,181$ 円 $+ 1,391,001$ 円 $= 1,678,182$ 円

● 延納の申請（延納するとき）と納付額の計算方法（Zone 2・3）

概算保険料額（⑭欄（イ））が 40 万円以上（労災保険か雇用保険かいずれかの保険関係が成立している事業の場合は 20 万円以上）であれば、延納（労働保険料を 3 回に分割して納付）することができます。また、労働保険事務組合に事務処理委託している場合は、金額に関係なく延納することができます。

この例では、概算保険料が 1,678,182 円ですから、延納の申請ができます。ここでは延納をする例で説明します（延納しない場合の例は「3 労働保険 概算・確定保険料申告書」を参照してください）。

【⑰延納の申請 納付回数】 延納するときは【**H**】に「3」を記入して、概算保険料（**G**）を 3 で割った額を、㉒期別納付額欄の で囲った「（イ）・（チ）・（ル）概算保険料」に記入します。もし、1 円未満の端数が出たときの各期の納付額は、第 2 期と第 3 期は端数を切り捨て、切り捨てた端数は第 1 期に加算します。

例示：概算保険料額を 3 で割ったときに端数が出た場合の端数処理

$1,678,183$ 円 $\div 3 = 599,394$ 円 33……

（イ）概算保険料額（第 1 期）は 559,395 円、（チ）概算保険料額（第 2 期）と（ル）概算保険料額（第 3 期）はそれぞれ 599,394 円になります。

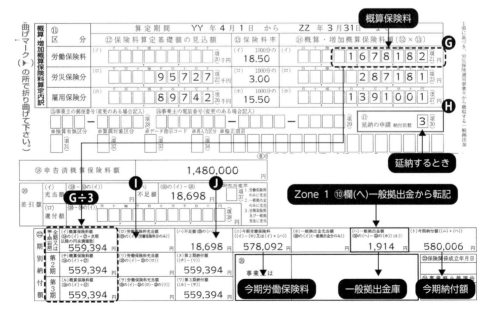

そして、納付額を計算します。

【㉒期別納付額(ロ)労働保険充当額】 ⑳差引額(イ)充当額の金額を記入します(**I**)。

【㉒期別納付額(ハ)労働保険不足額】 ⑳差引額(ハ)不足額の金額を記入します(**J**)。

【㉒期別納付額(ニ)今期保険料、(ヌ)第2期納付額、(ワ)第3期納付額】 今年度納付する労働保険料は、次式で計算します。

第1期(1行目)(イ)概算保険料額−(ロ)労働保険充当額+(ハ)不足額=(ニ)今期労働保険料

(イ)559,394円 + (ハ)18,698円 = (ニ)578,092円(今期労働保険料)

第2期(2行目)(チ)概算保険料額 − (リ)労働保険充当額^(*)= (ヌ)第2期納付額

(イ)559,394円 − (リ)0円 = (ヌ)559,394円(第2期納付額)

第2期(2行目)(ル)概算保険料額 − (ヲ)労働保険充当額^(*)= (ワ)第3期納付額

(イ)559,394円 − (リ)0円 = (ヌ)559,394円(第3期納付額)

そして、今期納付すべき額は、次のように計算します。

(ニ)今期労働保険料 + (ヘ)一般拠出金の額 = (ト)今期納付額

(ニ)578,092円 + (ヘ)1,914円 = (ト)580,006円

* (リ)労働保険料充当額欄は、⑳(イ)の充当額から(ロ)労働保険充当額に充当しても、なお残高が残るときに、その残高を記入します。第2期分充当してもなお残高が残るときは同様に(ヲ)労働保険料充当額欄に記入します。

● 納付書への記入方法(Zone 3・納付書)

「全期又は第1期(初回)」の納付額(**【K】** ~ **【M】**)を納付書に転記します。

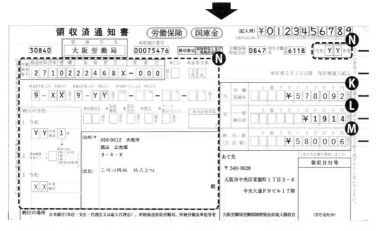

・ ¥記号は、「 ¥ 」と記入します(通常の「¥」を記入すると、誤記入したものとして判断されます)。

- 納付書に記入する金額は、国庫金の納入のため訂正ができません。書き間違えたときは、労働基準監督署又は労働局^{（＊）}で新たな納付書の交付を受けます。このときは労働保険番号、会計年度や納付の目的、住所、氏名も記入します（**Ⓝ**）。

＊　この納付書は取扱庁が限定されているので、書き損じた場合に他の都道府県労働局の納付書は使えません。そのため、他の都道府県の事業所の納付書を書き損じてしまうと、都道府県労働局で、取扱庁名、取扱行庁番号が記入されていない納付書をもらってくるか、取扱都道府県労働局から送ってもらうことになりますから、注意して間違いのないように記入してください。

労働保険 増加概算保険料申告書

POINT
　　賃金総額の見込額が概算保険として申告した額の 2 倍を超え増加し、かつ、申告済の保険料との差額が 13 万円以上となったときに提出します（具体例、事業所の統合や継続事業の一括があり指定事業となったときなど）。

　　この場合は、増加後の賃金総額で概算保険料を計算し直し、【⑱申告済概算保険料額】との差額を納付することになります。

労働保険 確定保険料申告書・還付請求書

POINT
　　労働保険に加入している事業が廃止又は終了したとき、又は、労働保険事務組合に事務処理を委託又は解除したときは、労働保険確定保険料申告書で確定精算をして、保険関係を終了させます。そして、還付する概算保険料が残っていれば、還付請求書で還付金の請求か、後の存続する労働保険番号に充当することができます。反対に不足額があれば、労働保険料を納付することになります。

事業所の従業員の全員が雇用保険の被保険者である場合

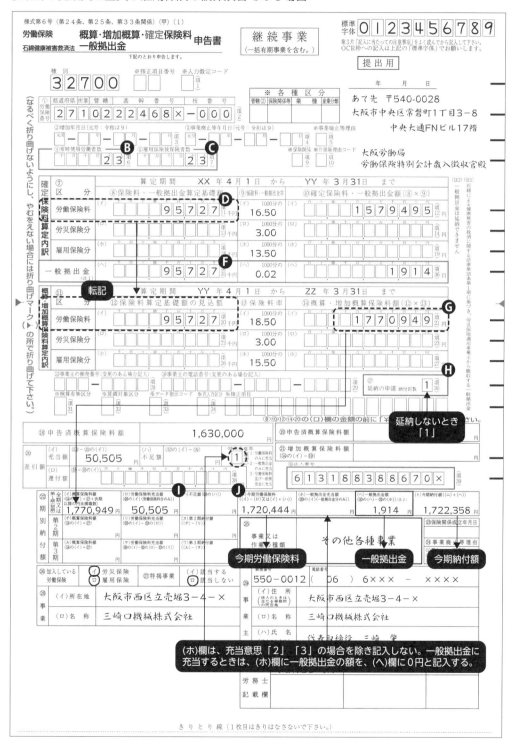

事業所の従業員全員が、雇用保険の被保険者である場合 / 充当できる場合 / 延納しない場合の記入例です。

● 記入方法

【④常時使用労働者数】 算定基礎賃金集計表（「1 確定保険料・一般拠出金算定基礎賃金集計表／労働保険 概算・確定保険料申告書（共通）」参照）の【**B**】の人数を転記します。

労災保険対象者分	(10)の合計額の千円未満を切り捨てた額	95,727	→ **D**
			申告書⑧欄（ロ）へ転記
雇用保険対象者分	(12)の合計額の千円未満を切り捨てた額	95,727	→ **E**
			申告書⑧欄（ホ）へ転記
一般拠出金	(10)の合計額の千円未満を切り捨てた額	95,727	→ **F**
			申告書⑧欄（ヘ）へ転記

【⑤雇用保険被保険者数】 同じく【**C**】の人数を転記します。

【確定保険料算定内訳】 従業員全員が雇用保険の被保険者である場合（【**D**】と【**E**】の金額が同じとき）は、【**D**】の金額を【**⑧欄（イ）労働保険分**】、【**F**】の金額を【**⑧欄（ヘ）一般拠出金**】の欄へ記入します。このとき、千円未満の端数は切り捨てます。

（注）【**D**】と【**E**】の額が同じときは、労働保険料の行（イの行）のみで計算するために⑧欄（ロ）（ホ）に記入することはありません。

労災保険適用者の賃金総額と雇用保険対象者分の賃金総額が同じとき（従業員全員が雇用保険の被保険者で、適用除外者がいない場合）は、⑧欄（イ）に転記します。これは、労働保険料は1円未満の端数が出た場合は、切り捨てることになっており、⑩欄（ロ）（ホ）、⑭欄で計算すると最大で1円の誤差が出るため、このようになっています。

● 今期確定保険料・一般拠出金の計算方法（Zone 1）

確定保険料及び一般拠出金を算定します（計算した結果、円未満の端数は切り捨て）。

・ 確定保険料＝確定賃金総額【**D**】×（労災保険率＋雇用保険率）

$$95{,}727 \times 16.5 = 1{,}579{,}495 \text{円}^{50銭} = 1{,}579{,}495 \text{円}$$

→ ⑱欄申告済概算保険料と比較

確定保険料算	⑦区　分	算定期間　XX 年 4 月 1 日　から　YY 年 3 月 31 日　まで		
		⑧保険料・一般拠出金算定基礎額	⑨保険料・一般拠出金率	⑩確定保険料・一般拠出金額（⑧×⑨）
	労働保険料	(イ) 95727 ⑪千円	(イ) 1000分の 16.50	(イ) 1579495 ⑫円
	労災保険分	(ロ) ⑬千円	(ロ) 1000分の	(ロ) ⑭円

・ 一般拠出金＝労災保険にかかる賃金総額【**F**】（【**D**】の額と同じ）×一般拠出金率

$$95{,}727 \times 0.02 = 1{,}914 \text{円}^{54銭} = 1{,}914 \text{円}$$

→ 一般拠出金へ転記（㉒欄（ヘ））

（注） 記入方法は「2 労働保険概算・確定保険料申告書（従業員に雇用保険の被保険者でない人がいる場合）」を参照してください。

● 確定精算作業（Zone 3）

確定保険料額（⑩欄（イ））が算定できたので、確定精算作業に入ります。確定保険料の額と

年度初めに概算で申告・納付した概算保険料（⑱申告済概算保険料額）を比べ、概算保険料のほうが多ければ次年度の概算保険料に充当でき、不足があれば納付することになります。

　この例では、申告済概算保険料が 1,630,000 円、確定保険料額が 1,579,495 円だったので、次年度の概算保険料に充当する場合の例です（不足の場合の例は「2　労働保険概算・確定保険料申告書」参照）。

【⑳差引額（イ）充当額】　⑱申告済概算保険料額＞⑩確定保険料のときは、⑱申告済概算保険料額と⑩（イ）の確定保険料額の差額を記入します。

　（注）　⑩確定保険料＞⑱申告済概算保険料のときは、差額を「（ロ）不足額」の欄へ記入します。

【㉚充当の意思表示】　一般的には「1」か「3」を選びます。

　1,630,000 円-1,579,495 円＝ 50,505 円　→　「（イ）充当額」の欄へ転記（❶）

　＊　「㉚充当意思」は、次年度の概算保険料に充当したいときは「1」、今期の一般拠出金に充当したいときは「2」を、その両方に充当したいときは「3」になります。一般的には「1」を、次年度の概算保険料に充当してもなおも残高が残るときには、一般拠出金に充当する「3」を選択するとよいでしょう。

　　なお、「2」ないし「3」を選択したときは、㉒欄（ホ）に一般拠出金の額（例示では 1,914 円）を記入し、（ヘ）の一般拠出金の欄には「0」を記入します。

　　還付請求をし、労働保険料が 0 円になると、労働保険関係が消滅します（事業所を廃止したときなどは、「申告済概算保険料 － 確定保険料 － 一般拠出金」の残額を還付請求します。

● 次年度の概算保険料の計算方法（Zone 1・2）

　次年度の賃金総額の見込額が、今期確定賃金総額の 50％以上 200％以内であると見込まれる場合(＊)は、今期確定した賃金総額をそのまま使うことができるので、「確定保険料算定内訳（区分⑦）」で用いた賃金総額をそのまま「概算・増加概算保険料算定内訳（区分⑪）」へ転記します。そして、前述の「今期確定保険料の計算」と同様に計算して、概算保険料（⑭欄（イ））を算定します。

　概算保険料＝前年度確定賃金総額（❹）×（労災保険率＋雇用保険率）

$$95,727 \times 18.5 = 1,770,949 \text{円}^{50銭} = 1,770,949 \text{円【❼】}$$

● 延納の申請（延納しないとき・Zone 2・3）

　概算保険料額（⑭欄（イ））が 40 万円（労災保険か雇用保険かいずれかの保険関係が成立している事業の場合は 20 万円）未満であれば、延納（労働保険料を 3 回に分割して納付）することはできません。ただし、労働保険事務組合に事務処理委託をしている事業所は金額に関係なく延納することができます。

　概算保険料が 1,770,494 円ですから、延納の申請ができるのですが、今回は延納をしない例で説明します（延納する際の例は「2 労働保険概算・確定保険料申告書」を参照）。

【⑰延納の申請 納付回数】　延納しない（できない）ときは【❽】に「1」を記入して、㉒期別納付額欄の「全期又は第 1 期（初期）欄」の（イ）概算保険料に概算保険額算保険料額（【❼】）を記入します。

そして、納付額を計算します。

【㉒期別納付額(ロ)労働保険充当額】　⑳差引額(イ)充当額の金額を記入します（**Ｉ**）。

【㉒期別納付額(ハ)労働保険不足額】　⑳差引額(ハ)不足額の金額を記入します（**Ｊ**）。

そして、今年度に納付する労働保険料を計算します。

● ㉚充当意思欄　「1」を選んだ際の記入方法

【㉒期別納付額(ロ)労働保険充当額】　【Ｉ】の額を記入します。

【㉒期別納付額(ニ)今期労働保険料】　今年度納付する労働保険料は、次式で計算します。

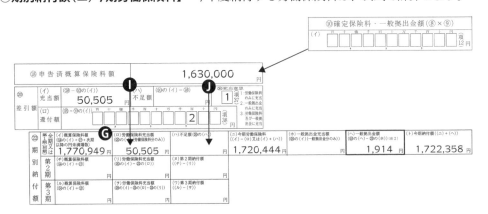

　　（イ）　概算保険料額　－（ロ)労働保険充当額　＋（ハ)不足額　＝（ニ)今期労働保険料

　　　　1,770,949 円－ 50,505 円＝ 1,720,444 円

　（注）　延納しないときは第 2 期以下の欄は空欄になります。

● ㉚充当意思欄　「2」ないし「3」を選んだ際の記入方法

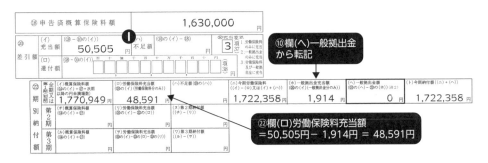

【㉒期別納付額(ロ)労働保険充当額】　【Ｉ】の額から⑩欄(ヘ)で算出した一般拠出金の範囲で充当を希望する額（例：1,914 円）を差し引いた残りの額を記入します。

50,505 円－ 1,914 円＝ 48,591 円

【㉒期別納付額(ホ)一般拠出金充当額】　一般拠出金の範囲で充当を希望する額を記入します。

太枠で囲まれた(ヘ)一般拠出金の額は、⑩欄(ヘ)－(ホ)で計算した額（例：0 円）です。

㉒欄(ホ)一般拠出金充当を希望する額 1,914 円

㉒欄(ヘ)一般拠出金＝ 1,914 円－ 1,914 円＝ 0 円

【㉒期別納付額（ニ）今期労働保険料】　今年度納付する労働保険料は、次式で計算します。

　全期又は第1期（イ）概算保険料額−（ロ）労働保険充当額＋（ハ）不足額

1,770,949 円− 48,591 円＝ 1,722,358 円（一般拠出金の全額を充当しているときは、（ト）今期納付額も同じ金額になる）

建設業の労働保険事務

（1）建設事業の労働保険事務

　建設業の労働保険事務がとかくややこしいと言われがちなのですが、これは、保険関係が複雑に絡み合うことにあります。次の①と②の労災は現場の労災、③は事務所の労災になります。

① 一括有期事業と単独有期事業（現場労災）

　建設現場では、1つの現場ごとに労災保険の成立と消滅することになります（単独有期事業）。しかし、比較的事業規模が小さいものまでそのルールを当てはめると事務手続が煩雑になるため、これらの工事を1つにまとめて、一括有期事業として毎年6月1日から7月10日の間に労働保険料の申告納付することになっています（一括有期事業）。

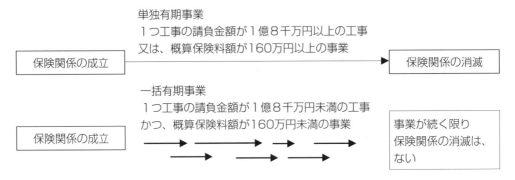

単独有期事業
1つ工事の請負金額が1億8千万円以上の工事
又は、概算保険料額が160万円以上の事業

保険関係の成立 → 保険関係の消滅

一括有期事業
1つ工事の請負金額が1億8千万円未満の工事
かつ、概算保険料額が160万円未満の事業

保険関係の成立　　事業が続く限り保険関係の消滅は、ない

② 元請事業と下請け事業（現場労災と雇用保険）

　労災保険は元請事業が下請け事業の分も含めて加入するため、下請事業はその工事については労災保険加入義務がありません。

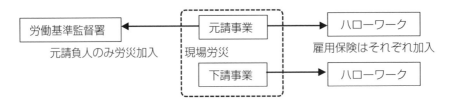

労働基準監督署 ← 元請事業 → ハローワーク
元請負人のみ労災加入　現場労災　雇用保険はそれぞれ加入
下請事業 → ハローワーク

　しかし、雇用保険はそれぞれの会社で加入しますから、元請事業では、単独有期事業又は一括有期事業の労災保険と、雇用保険の労働保険料の申告書が必要になります。下請事業で元請事業にならない事業所は、雇用保険のみ、労働保険料の申告納付をします。

③ 事務所労災

　事務所労災とは、建設現場（工事）以外の作業場や工場、資材置き場、営業先、事務所などの業務における労災保険のことをいいます。例えば、作業場で木材を加工したり道具の手入れをしたり、また営業や事務を行ったりという業務は、工事現場で行うものではないため、労災事故が起こっても現場労災の補償対象にはなりません。そこで、労働者の現場以外の事故に備

えて、事業所で加入するのが、事務所労災です。

　現場業務とそれ以外の業務のどちらも担当している労働者であれば、現場労災と事務所労災のどちらにも加入することになります。しかし、この人は、現場で作業をしているときは、事務所で仕事をしていませんから、事務所労災の賃金総額は、その労働者の賃金から現場作業している賃金控除します（実際には、現場と事務所の仕事の割合で按分します）。

　したがって、通常は現場労災である一括有期事業、継続事業の事務所労災、雇用保険の３つに加入することになります。

　それぞれの、ケースによって加入する保険が複数になり、一部重複することがややこしくしているのですが、それぞれのケースに合わせて、保険関係を成立させるという点を理解しておきましょう。

（2）　一括有期事業の要件

　次のいずれの要件も満たす事業が一括有期事業の対象となるため、保険関係を成立させたうえで、毎年申告納付（継続事業と同様）が必要となります。

① 　請工事　　　元請負により実施した工事
② 　請負金額　　１つ工事の請負金額が１億８千万円未満（消費税額を除く）の工事
（注）　平成27年3月31日以前に開始された工事については、1億9千万円未満（消費税額を含む）です。
③ 　概算保険料　　概算保険料額が160万円未満の事業
④ 　工事期間　　　毎年4月1日から翌年3月31日までの間に終了した工事

（3）　賃金総額

　保険料の算定方法には、「賃金」による場合と、「請負金額」による場合があります。

① 　支払賃金による算定

　準備作業、周辺作業を含めその工事における協力業者に雇われる者を含むすべての労働者の賃金を正確に把握し、かつ、作業日報、賃金台帳の原本等の帳簿書類を３年間保存している場合は、支払賃金に保険料率を乗じて保険料を算定します。

② 　請負金額による算定

　建設の事業において、賃金総額を正確に把握し得ない場合（①で計算できない場合）には請負金額に労務費率を乗じて得た額を賃金総額とし、これに保険料率を乗じて保険料を算定します。

請負金額

　請負金額とは、工事請負契約上の代金をいいますが、この請負代金に、注文者から支給される資材等の価格相当額や貸与された機械や資材の賃貸料及び損料相当額が含まれていない場合は、その金額を加算[*1]します。

　反対に、機械装置の組立て又は据付けの事業において、工事に機械の代金にが機械の代金[*2]が請負金額に含まれている場合は、この代金は請負金額から控除します。

```
┌──────────┐     ┌──────────────┐     ┌──────────────┐     ┌──────────┐
│ 請負代金  │     │ 請負代金に加算 │     │ 請負代金から控除 │     │          │
│（契約金額）│  +  │支給材の価格相当額、│  -  │ 機械装置の代金  │  =  │ 請負金額  │
│          │     │   賃貸料等    │     │              │     │          │
└──────────┘     └──────────────┘     └──────────────┘     └──────────┘
```

＊1　例えば、発注者から、コンクリートや建機の提供を行う代わりに請負金額を安くする契約であった場合でも、これらの工事要物（工事に必要なもの）は発注者から提供の有無にかかわりなく、工事完工に必要なものですから、請負代金に加算します。

＊2　機械の代金は、建設物の代金とは関係のないものですから、控除します。請負代金から控除する工事要物は、機械装置の組立て又は据付けの事業の機械装置のみです。

様式：労働保険 一括有期事業報告書（請負金額で算定する場合）

様式第7号(第34条関係)（甲）

労働保険
一括有期事業報告書（建設の事業）

提出用

| 労働保険番号 | 府県 27 | 所掌 1 | 管轄 01 | 基幹番号 601110 | 枝番号 ×000 | | | | 1 枚のうち 1 枚目 |

事業の名称	事業場の所在地	事業の期間	① 請 負 金 額 の 内 訳				② 労務費率	③ 賃金総額
			請負代金の額	請負代金に加算する額	請負代金から控除する額	請負金額		
オーシャンビル 内 工事	大阪市北区曽根崎×－×－×	××年 5 月 10 日から ××年 8 月 31 日まで	6,000,000 円	230,000 円	円	6,230,000	23	1,432,900 円
山中邸 内装工事 他30点	京都市伏見区今町×－×	××年 4 月 1 日から ××年 3 月 31 日まで	16,000,000			16,000,000	23	3,680,000
		年 月 日から 年 月 日まで						
		年 月 日から 年 月 日まで						
		年 月 日から 年 月 日まで						
事業の種類 38 既設建築物設備工事業		計	22,000,000	230,000		22,230,000		5,112,900

Ⓑ　Ⓐ　Ⓒ　Ⓓ

前年度中(保険関係が消滅した日まで)に廃止又は終了があったそれぞれの事業の明細を上記のとおり報告します。

× 年 7 月 10 日

労働局労働保険特別会計歳入徴収官 殿

郵便番号（ 530 － 0047 ）
電話番号（ 06 －4×××－××××）
住　所　大阪市北区西天満×－×－×
事業主
氏　名　株式会社北品川工務店
　　　　代表取締役 品川 大輔
（法人のときはその名称及び代表者の氏名）

社会保険労務士記載欄	作成年月日・提出代行者・事務代理者の表示	氏 名	電話番号

[注意]
社会保険労務士記載欄は、この報告書を社会保険労務士が作成した場合のみ記載すること。

　一括有期事業の取り扱いを受けているときは、年度更新の際に、一括有期事業報告書と一括有期事業総括表を提出します。ただし、保険年度内に元請工事がない場合、この一括有期事業報告書は提出の必要はありません。

● 労働保険 一括有期事業報告書の記入方法

（注）　様式第7号(甲)「一括有期事業報告書・総括表（建設の事業）」は、厚生労働省の「労働保険関係各種様式」のページで、Excel版が提供されています。事業の種類（Ⓐ）、事業の名称、請負金額など必要事項を入力すれば、一括有期事業総括表に自動出力されます（毎年5月頃に、提供されています）。

・　保険年度の末日（毎年3月31日）までに終了した一括有期対象事業（元請分）を、事業の種類（Ⓐ）(*)ごとに別葉にして、もれなく記入します。

　＊　労災保険率適用事業細目表の事業の種類ごとに、労務比率と労災保険率が異なりますからそれぞれ作成が必要です。

・　事業の名称、事業場の所在地（現場住所）、事業の期間（工事期間）を記入します。

　このとき、請負金額が500万円未満の工事は取りまとめて記入できます（Ⓑ）。

（注）　極端な例でいえば、請負代金の額（消費税抜）がすべて500万円未満の工事のみであれば、1行で完了してしまいます。

【請負代金の額の内訳】

（注）　毎年 3 月 31 日の時点で、工事が完了しているものを計上します。

① 　　　　　　請　負　金　額　の　内　訳				② 労務費率	③ 　　賃　金　総　額
請負代金の額 **ⓐ**	請負代金に加算する額 **ⓑ**	請負代金から控除する額 **ⓒ**	請負金額 **ⓓ**	**ⓔ**	**ⓕ**
6,000,000	230,000		6,230,000	23	1,432,900

【ⓐ】　請負代金の額は、当初の請負代金（設計変更で金額が変われば変更後）の金額を記入します。

【ⓑ】　発注者から、資材等の提供を受けた代わりに請負金額を安くする契約であったような場合は、これらの工事要物（工事に必要なもの）代金を「請負代金に加算する額」に記入し、**ⓐ** の金額に加算します。

【ⓒ】　請負金額から控除する額は、「36 機械装置（組立て又は据付け）」の事業に限り適用されます。請負金額に機械装置の代金が含まれている場合は、機械の代金は工事には関係ありませんから、その代金を記入した請負額から控除します。

【ⓓ】　賃金総額算定の基礎となる「請負金額」は次のように計算します。

　　請負金額 **ⓓ** ＝ **ⓐ** ＋ **ⓑ** － **ⓒ**

　　例示：請負金額＝ 6,000,000 円＋ 230,000 円＝ 6,230,000 円

【ⓔ】　②労務比率欄は、建設業の事業の種類ごとに労務比率（＊）が決まっています。その率を記入します。例示の「38 既設建築物設備工事業」が労務比率が 23％だった場合には、「23」と記入します。

＊　労務比率並びに労災保険率は 3 年に 1 回改正されています。なお、23％は仮の数字です。

【ⓕ】　③賃金総額は、「請負金額×労務比率（％）」式で計算します。

　　賃金総額 **ⓕ** ＝ **ⓓ** × **ⓔ**％

　　例示 1 行目：賃金総額＝ 6,230,000 円× 23％＝ 1,432,900 円

・　請負金額（**ⓓ**）の総計（**Ⓒ**）と賃金総額（**ⓕ**）の総計（**Ⓓ**）を算出して、「一括有期事業総括表」に転記します。

様式：労働保険等一括有期事業総括表（請負金額で算定する場合）

別添様式

労 働 保 険 等
×× 年度一括有期事業総括表 （建設の事業）

事業主控

労働保険番号	府県	所掌	管轄	基幹番号	枝番号
	2 7	1	0 1 6	0 1 1 0 ×	0 0 0

一括有期事業報告書　1　枚添付

業種番号	事業の種類	事業開始時期	請負金額	労務費率	賃金総額	保険料率 基準料率	保険料率 メリット料率	保険料額
31	水力発電施設，ずい道等新設事業	平成27年3月31日以前のもの	円	18	千円	1000分の 89	1000分の	円
		平成30年3月31日以前のもの				79		
		平成30年4月1日以降のもの		19				
32	道路新設事業	平成27年3月31日以前のもの		20		16		
		平成30年3月31日以前のもの				11		
		平成30年4月1日以降のもの		19				
33	舗装工事業	平成27年3月31日以前のもの		18		10		
		平成30年3月31日以前のもの				9		
		平成30年4月1日以降のもの		17				
34	鉄道又は軌道新設事業	平成27年3月31日以前のもの		23		17		
		平成30年3月31日以前のもの		25		9.5		
		平成30年4月1日以降のもの		24		9		
35	建築事業	平成27年3月31日以前のもの		21		13		
		平成30年3月31日以前のもの		23		11		
		平成30年4月1日以降のもの				9.5		
38	既設建築物設備工事業	平成27年3月31日以前のもの		22		15		
		平成30年3月31日以前のもの		23				
		平成30年4月1日以降のもの	22,230,000 ●C	23	5,112 ●D	12		61,344 ●E
36	機械装置の組立て又は据付けの事業 組立て又は取付けに関するもの	平成27年3月31日以前のもの		38		7.5		
		平成30年3月31日以前のもの		40		6.5		
		平成30年4月1日以降のもの		38				
	その他のもの	平成27年3月31日以前のもの		21		7.5		
		平成30年3月31日以前のもの		22		6.5		
		平成30年4月1日以降のもの		21				
37	その他の建設事業	平成27年3月31日以前のもの		23		19		
		平成30年3月31日以前のもの		22		17		
		平成30年4月1日以降のもの		24		15		
		平成19年3月31日以前のもの			①			
合　計			22,230,000		5,112 ●G			61,344 ●H ●F

（①を除いた合計）
5,112 ●I

一般拠出金率
1000分の
0.02

拠出金額 (②×③)
102 ●J

別添一括有期事業報告書の明細を上記のとおり総括して報告します。

×　年　7　月　10　日

労働局労働保険特別会計歳入徴収官　殿

郵便番号（　530　－　0047　）
電話番号（　06　-4×××-　××××　）

住　所　大阪市北区西天満×－×－×

事業主
氏　名　株式会社北品川工務店
代表取締役　品川　大輔

（法人のときはその名称及び代表者の氏名）

社会保険労務士記載欄	作成年月日・提出代行者・事務代理者の表示	氏　　名	電　話　番　号

注
1 事業報告書（様式第7号（甲一）に記入した事業（工事）を、事業の種類ごとに合算し、本表により確定保険料を計算すること。
2 前年度にメリット制が適用された事業については、メリット料率を記入のうえ確定保険料を計算すること。
3 一般拠出金とは、石綿による健康被害の救済に関する法律第35条第1項に基づき労災保険適用事業主から徴収する拠出金を指す。
4 一般拠出金は事業（工事）開始時期が平成19年4月1日以降のすべての工事（事業）を徴収対象とする。

43

● 労働保険 一括有期事業総括表の記入方法

・ 一括有期事業総括表に転記する際には、該当する「事業の種類」と「事業の開始期」の行に、一括有期事業報告書の請負金額の総計（**C**）と賃金総額の総計（**D**）の金額を転記します（**D** は千円未満の端数を切り捨てた額）。

【**E**保険料額】　次のように計算します。

保険料額（**E**）＝ 賃金総額（**D**）× 保険料率[*]

例示　：保険料額＝ 5,112 × 12 ＝ 61,344 円[00銭] ＝ 61,344 円

＊　メリット率が記載されている場合は、「賃金総額×メリット料率」で計算します。
（注）　ここで、事業の種類ごとに労災保険料を計算します。

【**F**】　それぞれの列を合計したものを、合計の行に記入します。

賃金総額の合計（**G**）を、同じく②欄（**I**）に転記して、一般拠出金（**J**）を算定します。賃金総額の合計額（賃金総額の合計額から平成 19 年 3 月 31 日以前の賃金総額がある場合は、その額を控除した額）を記入し、一般拠出金を算定します。

一般拠出金（**J**）＝ 賃金総額（**I**）× 一般拠出金率

例示：一般拠出金＝ 5,112 × 0.02＝102 円[24銭] ＝ 102 円

・ 【**G**】～【**J**】を労働保険 概算・確定保険料申告書に転記します。

様式：労働保険 概算・確定保険料申告書（一括有期事業）

様式第6号（第24条、第25条、第33条関係）（甲）（1）

労働保険
概算・増加概算・確定保険料 申告書
石綿健康被害救済法 **一般拠出金**
下記のとおり申告します。

継続事業
（一括有期事業を含む。）

第3片「記入に当たっての注意事項」をよく読んでから記入して下さい。
OCR枠への記入は上記の「標準字体」でお願いします。

提出用

種 別 **32700** ※修正項目番号 ※入力徴定コード 項1

年 月 日
あて先 〒540-0028
大阪市中央区常磐町1丁目3-8
中央大通FNビル17階

大阪労働局
労働保険特別会計歳入徴収官殿

①労働保険番号
都道府県 所掌 管轄 基幹番号 枝番号
2 7 1 0 1 6 0 1 1 0 × - 0 0 0 項2

※ 各 種 区 分
管轄(2) 保険関係 業 種 産業分類

②増加年月日（元号：令和は9）
③事業廃止等年月日（元号：令和は9）
※事業廃止等理由
※保険関係 ※片保険理由コード

④常時使用労働者数 **10** 項6
⑤雇用保険被保険者数 項7

⑦確定保険料算定内訳 区分
算定期間 XX 年 4 月 1 日 から YY 年 3 月31日 まで
⑧保険料・一般拠出金算定基礎額 ⑨保険料・一般拠出金率 ⑩確定保険料・一般拠出金額（⑧×⑨）

区分	⑧	⑨	⑩
労働保険料	(イ) 千円	(イ) 1000分の	(イ) 6 1 3 4 4 項11
労災保険分	(ロ) 5 1 1 2 千円 項13	(ロ) 1000分の ＊＊＊.＊＊	(ロ) 6 1 3 4 4 項14
雇用保険分	(ホ) 千円 項18	(ホ) 1000分の ＊＊＊.＊＊	(ホ) 項19
一般拠出金	(ヘ) 5 1 1 2 千円 項35	(ヘ) 1000分の 0.02	(ヘ) 1 0 2 円 項36

G→ 5112　H→ 61344　I→ 5112　J→ 102

⑪概算・増加概算保険料算定内訳 区分
算定期間 YY 年 4 月 1 日 から ZZ 年 3 月31日 まで
⑫保険料算定基礎額の見込額 ⑬保険料率 ⑭概算・増加概算保険料額（⑫×⑬）

区分	⑫	⑬	⑭
労働保険料	(イ) 千円 項20	(イ) 1000分の	(イ) 6 1 3 4 4 項21
労災保険分	(ロ) 5 1 1 2 千円 項22	(ロ) 1000分の ＊＊＊.＊＊	(ロ) 6 1 3 4 4 項23
雇用保険分	(ホ) 千円 項26	(ホ) 1000分の ＊＊＊.＊＊	(ホ) 項27

G→ 5112　61344

⑮事業主の郵便番号（変更のある場合記入）項28
⑯事業主の電話番号（変更のある場合記入）項29
⑰延納の申請 納付回数 1 項30

⑱検算有無区分 項31 ⑲調査対象区分 項32 ⑳データ指示コード 項33 ㉑入力区分 項34 ㉒修正項目

⑧⑩⑫⑭⑳の(ロ)欄の金額の前に「¥」記号を付さないで下さい。

⑱申告済概算保険料額 63,000 円
⑲申告済概算保険料額 円
㉑増加概算保険料額（⑭(イ)-⑲）円

⑳差引額
(イ)充当額（⑱-⑲の(イ)） 1,656 円
(ハ)不足額（⑲の(イ)-⑱） 円
⑳充当意思 1 項38
(ロ)還付額（⑱-⑲の(イ)） 項38

5 9 1 6 0 7 9 7 8 3 1 1 × 項39

㉒期別納付額	(イ)概算保険料額（⑭の(イ)÷次期以降の円未満端数）	(ロ)労働保険料充当額（⑳の(イ)（労働保険料分のみ））	(ハ)不足額（⑳の(ハ)）	(ニ)今期労働保険料（（イ）-（ロ）又は（イ）+（ハ））	(ホ)一般拠出金充当額（⑳の(イ)（一般拠出金分のみ））	(ヘ)一般拠出金額（⑩の(ヘ)-⑳の(ホ)）(注2)	(ト)今期納付額（（ニ）+（ヘ））
第1期（全期）又は初期	61,344 円	1,656 円	円	59,688 円	円	102 円	59,790 円
第2期	(ヘ)概算保険料額（⑭の(イ)÷③） 円	(リ)労働保険料充当額（⑳の(イ)-(ロ)） 円		(ヌ)第2期納付額（(チ)-(リ)） 円			
第3期	(ル)概算保険料額（⑭の(イ)÷③） 円	(ヲ)労働保険料充当額（⑳の(イ)-(ロ)-(リ)） 円		(ワ)第3期納付額（(ル)-(ヲ)） 円			

㉓事業又は作業の種類 既設建築物設備工事業
㉔保険関係成立年月日
㉕事業廃止等理由 (1)廃止 (2)委託 (3)個別 (4)労働者なし (5)その他

㉖加入している労働保険 (イ)労災保険 (ロ)雇用保険
㉗特掲事業 (イ)該当する (ロ)該当しない

㉘事業 (イ)所在地 大阪市北区西天満×-×-× (ロ)名称 株式会社北品川工務店

㉙郵便番号 530-0047 電話番号 （ 06 ） 4×××-××××
事業主
(イ)住所（法人のときは主たる事務所の所在地） 大阪市北区西天満×-×-×
(ロ)名称 株式会社北品川工務店
(ハ)氏名（法人のときは代表者の氏名） 代表取締役 品川 大輔

社会保険労務士記載欄
作成年月日・提出代行者・事務代理者の表示 氏 名 電話番号

転記　転記

（注1）一般拠出金については延納はできません
（注2）石綿による健康被害の救済に関する法律第35条第1項に基づき、労災保険の適用を受けるすべての事業主から徴収する一般拠出金

きりとり線（1枚目はきりはなさないで下さい。）

45

労働保険申告書は、年度更新の際（保険年度内に元請工事がない場合でも提出する）又は保険関係が消滅したとき等に提出します。

● 記入方法

【④常時使用労働者数】 保険年度中の1日の平均使用労働者数を記入します（下請事業所の労働者も含める）。

・ 一括有期事業（現場労災）の申告書ですから、⑤雇用保険の被保険者数の記入は不要です。

・ 労働保険 一括有期事業総括表で算出した、【**G**】〜【**J**】の金額をそれぞれに転記します。

これ以後の計算は、継続事業の労働保険の年度更新手続で説明したとおりです。

(注1)「⑰延納の申請」は、労災保険のみの申告ですから、概算保険料の額が、20万円以上の場合に延納が可能になります（労働保険事務組合に事務処理を委託しているときを除き、20万円未満のときは延納できない）。また、確定保険料の不足額及び一般拠出金は延納できません。

(注2) 労災保険率が変更になった年の概算保険料は、「【**G**】×変更後の労災保険率」で計算し直した額を、⑭欄(イ)(ロ)に記入します。

事務所労災

様式第6号（第24条、第25条、第33条関係）（甲）（1）

労働保険
石綿健康被害救済法 **概算・増加概算・確定保険料 一般拠出金 申告書**

継続事業（一括有期事業を含む。）

標準字体 **0123456789**
第3片「記入に当たっての注意事項」をよく読んでから記入して下さい。
OCR枠への記入は上記の「標準字体」でお願いします。

提出用

下記のとおり申告します。

種別 **32700** ※修正項目番号 ※入力徹定コード 〔項1〕

※各種区分 管轄(2)｜保険関係等｜業種｜産業分類

年　月　日
あて先 〒540-0028
大阪市中央区常磐町1丁目3-8
中央大通FNビル17階

大阪労働局
労働保険特別会計歳入徴収官殿

①都道府県 所掌 管轄 基幹番号 枝番号
労働保険番号 **2 7 1 0 1 2 2 4 6 8 × - 0 0 0** 〔項2〕

②増加年月日（元号：令和は9）
③事業廃止等年月日（元号：令和は9）
※事業廃止等理由

※常時使用労働者数 **1 2** 〔項6〕
※雇用保険被保険者数 〔項7〕

⑦確定保険料算定内訳

区分	⑧保険料・一般拠出金算定基礎額	⑨保険・一般拠出金率	⑩確定保険料・一般拠出金額（⑧×⑨）
労働保険料	〔項11〕千円	1000分の	**1 3 6 6 4 0** 円
労災分	D→ **9 7 6 0** 〔項13〕千円	(ロ)1000分の **14.00**	**1 3 6 6 4 0** 〔項14〕円
雇用保険分	〔項18〕千円	(ホ)1000分の ***.**	〔項19〕円
一般拠出金	F→ **9 7 6 0** 〔項35〕千円	(ヘ)1000分の **0.02**	**1 9 5** 〔項36〕円

算定期間 XX年4月1日から YY年3月31日まで

⑪概算・増加概算保険料算定内訳

区分	⑫保険料算定基礎額の見込額	⑬保険料率	⑭概算・増加概算保険料額（⑫×⑬）
労働保険料	〔項21〕千円	1000分の	**1 3 6 6 4 0** 円
労災分	D→ **9 7 6 0** 〔項22〕千円	(ロ)1000分の **14.00**	**1 3 6 6 4 0** 〔項23〕円
雇用保険分	〔項26〕千円	(ホ)1000分の ***.**	〔項27〕円

算定期間 YY年4月1日から ZZ年3月31日まで

⑮事業主の郵便番号（変更のある場合記入）
⑯事業主の電話番号（変更のある場合記入）

⑰延納の申請 納付回数 **1** 〔項30〕

※検査有無区分〔項31〕 ※算調対象区分〔項32〕 ※データ指示コード〔項33〕 ※再入力区分〔項34〕 ※修正項目

⑧⑩⑫⑭⑳の(ロ)欄の金額の前に「¥」記号を付けないで下さい。

⑱申告済概算保険料額 **135,000**

⑲申告済概算保険料額 円

⑳差引額
(イ)充当額（⑱-⑩の(イ)） 円
(ロ)還付額 〔項38〕円
(ハ)不足額⑩の(イ)-⑱ **1,640** 円
※充当意思 〔項3〕 **1**
1.労働保険料充当
2.一般拠出金充当
3.両方に充当
4.労働保険料・一般拠出金にそれぞれ充当

㉑増加概算保険料額（⑭の(イ)-⑲）円

※法人番号 **5 9 1 6 0 7 9 7 8 3 1 1 ×**

㉒期別納付額	第1期	(イ)概算保険料額（⑭の(イ)÷⑰又は⑭の(イ)+次期以後の円未満端数） **136,640** 円	(ロ)労働保険料充当額（労働保険料分のみ） 円	(ハ)不足額⑳の(ハ) **1,640** 円	(ニ)今期労働保険料（イ)+(ロ)又は(イ)+(ハ)） **138,280** 円	(ホ)一般拠出金充当額⑳の(イ)（一般拠出金分のみ） 円	(ヘ)一般拠出金額（⑩の(ヘ)-㉒の(ホ)） **195** 円	(ト)今期納付額（(ニ)+(ヘ)） **138,475** 円
	第2期	(ホ)概算保険料額（⑭の(イ)÷⑰） 円	(リ)労働保険料充当額（⑳の(イ)-(ロ)） 円	(ヌ)第2期納付額（(ト)-(リ)） 円				
	第3期	(ヲ)概算保険料額（⑭の(イ)÷⑰） 円	(ワ)労働保険料充当額（⑳の(イ)-(ロ)-(リ)） 円	(ル)第3期納付額（(ヲ)-(ワ)） 円				

㉓事業又は作業の種類 **木材又は木製品製造業**

㉔保険関係成立等年月日
㉕事業廃止等理由
(1)廃止 (2)委託 (3)個別 (4)労働者なし (5)その他

㉖加入している労働保険 (イ)労災保険 (ロ)雇用保険
㉗特掲事業 (イ)該当する (ロ)該当しない

㉘郵便番号 **530-0047** 電話番号（**06**）**4××× - ××××**

㉙事業 (イ)所在地（法人のときは主たる事務所の所在地） **大阪市北区西天満×-×-×**
(ロ)名称 **株式会社北品川工務店**

事業主 (イ)住所（法人のときは主たる事務所の所在地） **大阪市北区西天満×-×-×**
(ロ)名称 **株式会社北品川工務店**
(ハ)氏名（法人のときは代表者の氏名） **代表取締役 品川 大輔**

社会保険労務士記載欄	作成年月日・提出代行者・事務代理者の表示	氏　名	電話番号

きりとり線（1枚目はきりはなさないで下さい。）

（注）DFは、「確定保険料・一般拠出金算定基礎賃金集計表」で算定した額になります。

転記

雇用保険

様式第6号（第24条、第25条、第33条関係）（甲）（1）

労働保険
石綿健康被害救済法

概算・増加概算・確定保険料
一般拠出金 申告書

下記のとおり申告します。

継続事業
（一括有期事業を含む。）

標準字体 **0 1 2 3 4 5 6 7 8 9**

第3片「記入に当たっての注意事項」をよく読んでから記入して下さい。
OCR枠への記入は上記の「標準字体」でお願いします。

提出用

種別 **3 2 7 0 0**　※修正項目番号　※入力徴定コード（項1）

※ 各種区分
①管轄②関係等③業種④産業分類

年　月　日

あて先 〒540-0028
大阪市中央区常磐町1丁目3-8
中央大通FNビル17階

大阪労働局
労働保険特別会計歳入徴収官殿

①労働保険番号
都道府県 **27** 所掌 **3** 管轄 **01** 基幹番号 **442263** 枝番号 **×-000**（項2）

②増加年月日（元号：令和は9）　③事業廃止等年月日（元号：令和は9）　※事業廃止等理由
（項3）（項4）

※保険関係 ※片保険理由コード（項9）（項10）

③常時使用労働者数（項6）　⑤雇用保険被保険者数（項7）
十万千百十一 **2 3**　十万千百十一 **2 3**

⑦区分	算定期間 XX年4月1日から YY年3月31日まで	⑧保険料・一般拠出金算定基礎額	⑨保険・一般拠出金率	⑩確定保険料・一般拠出金額（⑧×⑨）
労働保険料		(イ) 千円（項12）	(イ) 1000分の	(イ) 475200 円（項13）
労災保険分		(ロ) 千円（項13）	(ロ) 1000分の ***.**	(ロ) 円
雇用保険分		(ホ) Ｅ▶ 28800 千円（項18）	(ホ) 1000分の 16.50	(ホ) 475200 円（項19）
一般拠出金		(ヘ) 千円（項35）	(ヘ) 1000分の ***.**	(ヘ) 円（項36）

確定保険料算定内訳

（注2）（注1）石綿による健康被害の救済に関する法律第35条第1項に基づき、労災保険適用事業主から徴収する一般拠出金。一般拠出金は延納できません。

転記

⑪区分	算定期間 YY年4月1日から ZZ年3月31日まで	⑫保険料算定基礎額の見込額	⑬保険料率	⑭概算・増加概算保険料額（⑫×⑬）
労働保険料		(イ) 千円（項20）	(イ) 1000分の	(イ) 532800 円（項21）
労災保険分		(ロ) 千円（項22）	(ロ) 1000分の ***.**	(ロ) 円
雇用保険分		(ホ) Ｅ▶ 28800 千円（項26）	(ホ) 1000分の 18.50	(ホ) 532800 円（項27）

概算・増加概算保険料算定内訳

転記

⑮事業主の郵便番号（変更のある場合記入）　－（項28）
⑯事業主の電話番号（変更のある場合記入）（項29）
⑰延納の申請 納付回数 **3**（項30）

※検算有無区分（項31）　※算調対象区分（項32）　※処理指示コード（項33）　※再入力区分（項34）　※修正項目

※⑧⑩⑫⑭⑳の（ロ）欄の金額の前に「¥」記号を付さないで下さい。

⑱申告済概算保険料額	485,000 円	⑲申告済概算保険料額	円

⑳増加概算保険料額（⑭の（イ）－⑲）円

㉑差引額	(イ)充当額	9,800 円	(ロ)不足額⑳の(ハ)	円	⑩の(イー⑲)	円	充当意思 **1**（項37）	
	(ロ)還付額⑱－⑩の(イ)	円（項38）						

1・労働保険料 2のみに充当 3・一般拠出金のみに充当 4・労働保険料及び一般拠出金に充当

法人番号 **5 9 1 6 0 7 9 7 8 3 1 1 ×**（項39）

㉒期別納付額	(イ)概算保険料額（⑭の(イ)÷3+次期以降の円未満端数）	(ロ)労働保険料充当額（㉑の(イ)（労働保険料分のみ）	(ハ)不足額㉑の(ハ)	(ニ)今期労働保険料（イ)又は(イ)+(ハ)-(ロ)）	(ホ)一般拠出金充当額 ㉑の(イ)（一般拠出金分のみ）	(ヘ)一般拠出金額⑩の(ヘ)-㉑の(ホ)(注2)	(ト)今期納付額（ニ)+(ヘ)）
全期又は第1期	177,600 円	9,800 円		167,800 円			167,800 円
第2期	(ヘ)概算保険料額（⑭の(イ)÷3）177,600 円	(リ)労働保険料充当額 ㉑の(イ)-(ロ) 円	(ヌ)第2期納付額（ヘ)-(リ) 177,600 円				
第3期	(ル)概算保険料額（⑭の(イ)÷3）177,600 円	(ヲ)労働保険料充当額 ㉑の(イ)-(ロ)-(リ) 円	(ワ)第3期納付額（ル)-(ヲ) 177,600 円				

㉓事業又は作業の種類 **建設業**

㉓保険関係成立年月日
㉔事業廃止等理由
（1）廃止（2）委託（3）個別（4）労働者なし（5）その他

㉕加入している労働保険	(イ)労災保険 Ⓛ(ロ)雇用保険	㉖特掲事業	(イ)該当する Ⓛ(ロ)該当しない

郵便番号 **530-0047** 電話番号（**06**）**4×××**－**××××**

		事業主	
㉗事業	(イ)所在地 大阪市北区西天満2-×-×	(イ)住所（法人のときは主たる事務所の所在地）	大阪市北区西天満2-×-×
	(ロ)名称 株式会社北品川工務店	(ロ)名称	株式会社北品川工務店
		(ハ)氏名（法人のときは代表者の氏名）	代表取締役　品川　大輔

社会保険労務士記載欄	作成年月日・提出代行者・事務代理者の表示	氏　名	電話番号

きりとり線（1枚目はきりはなさないで下さい。）

（注）　Ｅは、「確定保険料算定基礎賃金集計表」で算定した額になります。なお、一般拠出金は、雇用保険適用事業主には賦課されないので、その項目はありません。

48

● 事務所労災 ／ 雇用保険の賃金総額の算定

【事務所労災：労働保険 概算・確定保険料申告書（赤色と黒色の罫線が使われている）】

　建設業の事業所の作業場や工場、資材置き場、営業所、事務所など、工事現場以外の場所（事務所）で仕事をしている人の労災保険になります。

　賃金総額の算定について、事務所内のみで働いている人の賃金総額と、現場と事務所内で作業する人は賃金総額を現場と事務所内の作業で按分して、事務所内の賃金総額を算定します（現場での事故は一括有期事業で保険給付がなされるため不要）。

【雇用保険：労働保険 概算・確定保険料申告書（藤色と黒色の罫線が使われている）】

　継続事業と同様に、自社の従業員のうち、雇用保険の被保険者の全員の賃金総額を算定します。

● 事務所労災 ／ 雇用保険の記入方法

　確定保険料・一般拠出金算定基礎賃金集計表（「1　確定保険料・一般拠出金算定基礎賃金集計表／労働保険 概算・確定保険料申告書」参照）の【**D**】～【**F**】をそれぞれ箇所に転記し、保険料額を算定し、労働保険料額（事務所労災は一般拠出金も）を算定します。その後の、申告書の書き方は、継続事業の労働保険の年度更新手続で説明したとおりです。

（注）「⑰延納の申請」は、事務所労災も雇用保険も一方のみの申告になりますから、概算保険料の額が、20万円以上の場合に延納が可能になります（労働保険事務組合に事務処理を委託しているときを除き、20万円未満のときは延納できない）また、確定保険料の不足額及び一般拠出金は延納できません。

Guidance 標準報酬月額・標準賞与とは

（1） 標準報酬月額

　健康保険・厚生年金保険の毎月の保険料の額や保険給付の額の計算の基礎となる、標準報酬月額は、被保険者が事業主から受ける毎月の給料などの報酬の月額を届け出て、区切りのよい幅で区分した標準報酬月額表に当てはめて保険者が決定します。なお、標準報酬月額の決定のタイミングには、次の5つあります。

　A　資格取得時の決定

　B　定時決定

　C　随時改定

　D　産前産後休業終了時改定

　E　育児休業等終了時改定

① 資格取得時の決定（「健康保険・厚生年金保険 被保険者資格取得届」参照）

　事業主は、従業員を雇い入れたときや適用除外事由に該当しなくなった際に、就業規則や労働契約などの内容に基づいた報酬額を、資格取得届によって届け出ます。この届け出た報酬月額により標準報酬額を決定します。

② 定時決定（「健康保険・厚生年金保険 被保険者算定基礎届」参照）

　資格取得後は、7月1日現在で使用している全被保険者の3か月間（4月〜6月）に支払われた報酬を平均(*)し算定した報酬額を、被保険者算定基礎届により届け出ます。この届出内容に基づき、毎年1回その年の9月からの標準報酬月額を決定します。これを定時決定といいます。

＊　報酬月額の算定対象月（4月〜6月）の、給与計算の基礎日数が17日未満（特定適用事業所に勤務する短時間労働者は11日）の月は除いて平均をします。また、パート（短時間就労者）に係る給与計算の基礎日数の取扱いについては、3か月のいずれも17日未満の場合は、そのうち15日以上17日未満の月の報酬額の平均によって算定します。

③ 随時改定（「健康保険・厚生年金保険 被保険者報酬月額変更届」参照）

　昇給や降給、又は賃金体系の変更による固定的賃金が変動した結果、報酬額が大幅に変動（変動前の標準報酬月額より2等級以上の差が生じた）したときは、次の定時決定を待たずに、標準報酬月額を改定します。このときに提出する届を、報酬月額変更届といいます。

　随時改定は、次の3つの条件をすべて満たす場合に行います。

　A　昇給又は降給、手当の額に変更した等の固定的賃金に変動があったこと、又は賃金体系の変更があったこと

　B　変動月からの3か月間に支給された報酬（残業手当等の非固定的賃金を含む）の平均額に該当する標準報酬月額とこれまでの標準報酬月額との間に2等級以上の差が生じたこと

C　3か月とも給与計算の基礎日数が 17 日（特定適用事業所に勤務する短時間労働者は 11
日）以上であること

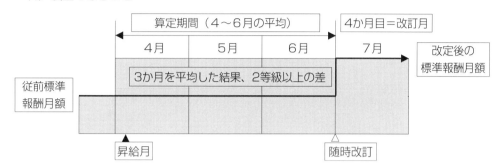

固定的賃金の変動・賃金体系の変更について

　　固定的賃金の変動とは、支給額や支給率の決まっているものの価額の変化をいいます。例えば、基本給（基準単価）の昇給・降給、家族手当の増減、昇格による役職手当の支給、住宅手当や通勤手当（乗車区間の変更）による増減などがあります。これに対して、非固定的賃金とは、稼働率によって変動するものをいい、残業手当やコミッション給（ただし、歩合が改訂されたときは固定的賃金の変動に該当します）等があります。

　　実際に、随時改定を行うか否かの判断を行う際は、固定的賃金だけではなく、非固定的賃金を含めて計算します。

　　そのため、基本給の昇給がわずかであっても、時間外労働が増えた結果、標準報酬月額が 2 等級以上の差になれば、随時改定を行います。反対に、基本給が昇給したものの、時間外労働が減った結果 1 等級しか変わらなかった場合などは、随時改定の対象になりません。

　　また、時間外労働が増えて賃金額が上昇しただけの結果、標準報酬月額に 2 等級以上の変動が生じたとしても、これは固定的賃金の変動ではありませんから、随時改定は行いません。

　　賃金体系の変更とは、「時間給制⇔日給制」、「日給制⇔月給制」などへの変更をいいます。このようなことがあれば、変更があったときから 3 か月間の平均を取り、従前と比べて標準報酬月額が 2 等級以上変動したときは、随時改定を行います。

（注）　低廉な休職給（休業手当等）が支給され、引き続く 3 か月の平均が、従前の標準報酬月額との間に比べて 2 等級以上の差が生じるときは、随時改定の対象になります。

④　産前産後休業終了時改定

　産前産後休業終了日に当該産前産後休業に係る子を養育している被保険者が、産前産後休業終了日の翌日が属する月以後 3 か月分の報酬の平均額^{（＊）}に基づき算出した標準報酬月額が、これまでの標準報酬月額より 1 等級以上差が出た（下がった）ときは、随時改定に該当しなくても、4 か月目から標準報酬月額の改定が行われます。

　なお、産前産後休業終了日の翌日に育児休業を開始しているときは、この申出はできません。

＊　報酬月額の算定対象月（産前産後休業終了日の翌日（産前産後休業が終わり職場復帰した日）が属する月以後 3 か月分）の計算方法は、育児休業等休業終了時改定と同様に行います。

⑤　育児休業等休業終了時改定（健康保険・厚生年金保険　育児休業等終了時報酬月額変更届）

　満 3 歳未満の子を養育するための育児休業等（育児・介護休業法に基づく育児休業及び育児休業に準ずる休業）終了日に 3 歳未満の子を養育している被保険者が、育児休業等終了日の翌

日が属する月以後３か月分の報酬の平均額^(*)に基づき算出した標準報酬月額が、これまでの標準報酬月額より１等級以上差が出た（下がった）ときは、随時改定に該当しなくても、４か月目より標準報酬月額の改定が行われます。

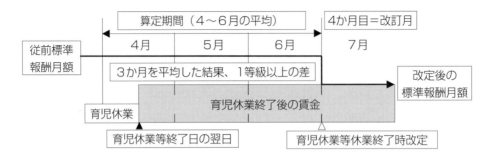

* 　報酬月額の算定対象月（育児休業等終了日の翌日（育児休業等が終わり職場復帰した日）が属する月以後３か月分）の、給与計算の基礎日数が17日未満の月は除いて算定します。そのため少なくともいずれかの月の支給与計算の基礎日数が17日以上であることが必要です（３か月とも17日未満であれば算定できない）。特定適用事業所に勤務する短時間労働者は、17日ではなく11日以上ある月で平均します。
　　パートに係る給与計算の基礎日数の取扱いについては、３か月のいずれも17日未満の場合は、そのうち15日以上17日未満の月の報酬月額の平均によって算定します。

給与計算の基礎日数まとめ

被保険者	算定期間（３か月）の各月の報酬を支払支払った基礎日数		
	一般の被保険者	短時間労働者^(*1)	パート^(*2)
・定時決定 ・産前産後休業終了時改定 ・育児休業等休業終了時改定	・17日未満の月を除く	・11日未満の月は除く	・原則は17日未満の月は除く ・３か月とも17日未満の月である場合は、15日以上17日未満の月を算入
・随時改定	・すべて17日以上であること	・すべて11日以上あること	・すべて17日以上であること

＊１　特定適用事業所に勤務する短時間労働者
＊２　１週間の所定労働時間又は１月の所定労働日数が一般の被保険者の４分の３以上である短時間就労者

（2）　標準報酬賞与

　標準賞与とは、支給回数が年に３回以下の賞与の額の千円未満の端数を切り捨てた額を用い、保険料の額や保険給付（年金）の額を計算します（健康保険は年度の累計額が573万円上限、厚生年金保険は１回の支給額が150万円を上限）。

報酬（賃金）と賞与

　健康保険・厚生年金保険の標準報酬月額の決定の基礎となる報酬とは、賃金、給料、俸給、手当、賞与などの名称を問わず、労働の対償として受けるすべてのものが含まれます（臨時に支払われるものを除く）。また、金銭（通貨）に限らず、通勤定期券、食事、住宅など現物で支給されるものも報酬に含まれます。ただし、年間の支給回数が 3 回以下の賞与[*]は、報酬ではなく賞与として別途保険料が賦課されます。

　労働保険の賃金も、賃金、給料、手当、賞与その他名称のいかんを問わず、労働の対償として事業主が労働者に支払うものとされています（臨時に支払われるものを除く）。こちらは、年間の賞与の支払い回数に関係なく賃金総額に含めます。

* 　年間の支給回数が 4 回以上支払われるものは、賞与に係る報酬として報酬に含めて算定します。

（注）　労働保険では、労働者が対象ですから「賃金」という言い方をしますが、社会保険では、労働者だけでなく法人の役員も被保険者となるため、純然たる「賃金」とはいいがたいので、「報酬」といいます。概念的なものは、労働保険も社会保険も同じです。

賞与にかかる報酬の取扱い

　健康保険・厚生年金保険では、支給間隔によらず年に支給回数が 3 回以下のものは、前述のとおり、賞与は、標準賞与額として保険料賦課の対象になっています。

　しかし、その支払われる性質ごとに年間を通じ 4 回以上支給されるものを「賞与に係る報酬」として、次のように取り扱います。

　毎年 7 月 1 日現在において、賃金等で毎月支給されるもの（通常の報酬）以外のもので、支給実態が次のいずれかに該当する場合は、「賞与に係る報酬」として報酬に算入します。

ア．賞与の支給が、給与規定、賃金協約等の諸規定によって年間を通じ 4 回以上の支給につき客観的に定められているとき

イ．賞与の支給が 7 月 1 日前の 1 年間を通じ 4 回以上行われているとき

　定時決定の際の取り扱いは、前年 7 月 1 日～今年の 6 月 30 日までの「賞与に係る報酬」の合計を 12 で割った額を 4 月～6 月の各月の通常報酬額に加算して、報酬月額を算定します。

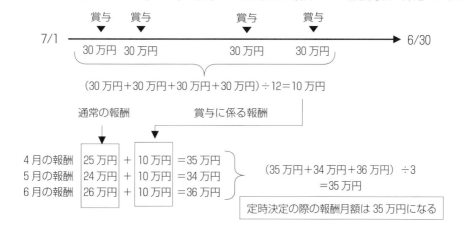

4 回以上の支給が客観的に定められているとは

　諸手当等の支給の可能性が諸規定に定められているだけでなく、実際に諸手当等が支給されることが想定されることを意味します。

【例】
・年 2 回の賞与及び年 2 回の期末手当（同一の性質を有する手当は、1 つにまとめる）
・2 か月の期間を基礎とした皆勤手当など、年 4 回以上の支給が客観的に定められているもの
（注）　例外的に賞与を分割して支給したときは、1 回とカウントします。

諸規定に「支給することがある」あるいは「勤務成績の上位の者のみに支給する」といった事由が定められるなど、必ずしも支給されることが想定されない場合には、次期定時決定までは、賞与支払届の定時決定の際、支給実績が4回以上であるかどうかで「賞与に係る報酬」又は「賞与」のいずれかに該当するかを判断することになります。

　なお、賞与の支給回数が、その年の7月2日以降に新たに年間を通じて4回以上又は4回未満に変更された場合においても、次期の定時決定（7月、8月又は9月の随時改定を含む。）までの間は、報酬に係るその賞与の取扱いは変わりません。

1 健康保険・厚生年金保険 被保険者報酬月額算定基礎届（定時決定）

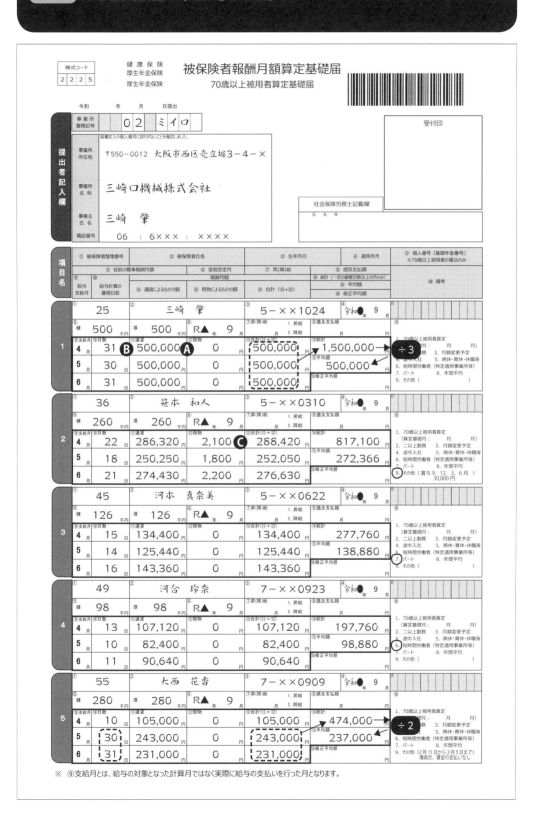

※ ⑨支給月とは、給与の対象となった計算月ではなく実際に給与の支払いを行った月となります。

● 記入方法

【健康保険・厚生年金保険　被保険者報酬月額算定基礎届を提出する人】

・　7月1日現在、適用事業所に勤務する被保険者が提出の対象になります（病気休職、育児休業等をしていて、給料が支払われていない被保険者も含む）。ただし、7月から9月に被保険者報酬月額変更届を提出する人と6月1日以後に被保険者資格^(＊)を取得した人は除きます。

＊　6月1日以後に被保険者資格を取得した人は、原則として、翌年の8月まで資格取得時に決定した標準報酬月額（資格取得時の決定）で保険料を賦課し、保険給付を受けることになります。

原則的な記入方法

（注）　記載例は、賃金締切日は毎月20日、賃金支払日は当月末日とし、1〜5の項目は、次の事例でそれぞれのパターンを記入しています。
　　　　「1」完全月給制（欠勤無し）
　　　　「2」日給制（現物給与あり）
　　　　「3」パート（短時間就労者）
　　　　「4」特定適用事業等に勤務する短時間労働者
　　　　「5」日給月給制（欠勤控除がある場合）
　　　　短時間就労者（パート）、特定適用事業等に勤務する短時間労働者の説明は、第3章を参照してください。

　　　　①被保険者整理番号から⑥従前改定月までの情報はプリントアウトされて送られてきます。ただし、5月に被保険者資格を取得した人で、未掲載の場合は、ページの余白となっている項目か、新しい被保険者報酬月額算定基礎届へ記入してください。

　　　　なお、生年月日は、該当する元号の番号と、年月日を次のように記入します。

　　　　【元号】　3：大正、5：昭和、7：平成、9：令和

　　　　【記入例】平成XX年4月12日の場合　→　7-XX0412

例示：　通常の場合（月給制）

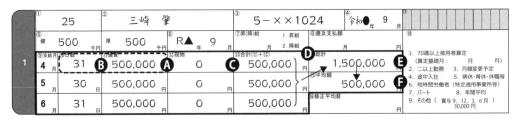

【B】〜【D】は4月の賃金支払日に支払われた賃金の計算の基礎となった日数及び金額を記入します。具体的には、次のように扱います。

　　【⑪通貨】　4月の賃金支払日に、通貨（金銭）で支払われた報酬の額（Ⓐ）。

　　【B】　Ⓐの賃金計算期間中の賃金計算の基礎になった日数（欠勤控除がないときは暦日数）

　　【C】　4月1日〜末日までに提供された現物給与の額

　　【D】　通貨で支払われた賃金＋現物給与の価格の合計

　　5月、6月も同様に記入します。

【**E**】 賃金計算の基礎になった日数（**B**）が17日以上の月の報酬の額を合計した額

【**F**】 17日以上の月の数で平均した額

（注） **F**の計算の結果、1円未満の端数が出たときは切り捨てます。

例示： 通常の場合（日給・時間給制）

支払日	基本給	通勤手当	残業手当		合計
4月25日	250,800	10,000	15,520	→	276,320 **A** → 4月の⑪通貨欄へ

	①	36	②	笹本　和人	③	5－××0310	④令和● 9 年	⑩	
2	⑤健 260 千円		厚 260 千円	⑥R▲ 年 9 月	⑦昇(降)給 1. 昇給 月 2. 降給 月	⑧遡及支払額 月 円		1. 70歳以上被用者算定 （算定基礎月： 月 月） 2. 二以上勤務 3. 月額変更予定 4. 途中入社 5. 病休・育休・休職等 6. 短時間労働者（特定適用事業所等） 7. パート 8. 年間平均 9. その他（ ）	
	⑨支給月	⑩日数	⑫通貨	⑬現物	⑬合計(⑪+⑫)	⑭総計			
	4 月	22 日	276,320 円	2,100 円	288,420 円		807,100		
	5 月	18 日	250,250 円	1,800 円	252,050 円	⑮平均額	269,033		
	6 月	21 日	274,430 円	2,200 円	276,630 円	⑯修正平均額 円			

【**B**】 **A**の賃金計算期間中の労働日数

例示：年に4回以上賞与にかかる報酬が支払われる場合

・3か月に1度、期間皆勤手当が支給（1回3万円）

30,000円×4回＝120,000円

120,000円÷12月＝10,000円【**G**】

支払日	基本給	通勤手当	残業手当		賞与 **G**		合計 **A**	4月の⑪
4月25日	250,800	10,000	15,520	＋	10,000	→	286,320	通貨欄へ

【⑱備考】 「9.その他」の番号を○で囲み、かっこ内には、賞与、支給月、その金額を記入します（この例示では「（賞与9、12、3、6月、30,000円)」）（**H**）。

	①	36	②	笹本　和人	③	5－××0310	④令和● 9 年	⑩	
2	⑤健 260 千円		厚 260 千円	⑥R▲ 年 9 月	⑦昇(降)給 1. 昇給 2. 降給	⑧遡及支払額 月 円		1. 70歳以上被用者算定 （算定基礎月： 月 月） 2. 二以上勤務 3. 月額変更予定 4. 途中入社 5. 病休・育休・休職等 6. 短時間労働者（特定適用事業所等） 7. パート 8. 年間平均 9. その他（ 賞与9, 12, 3, 6月, 30,000 円） **H**	
	⑨支給月	⑩日数	⑫通貨 **A**	⑬現物	⑬合計(⑪+⑫)	⑭総計			
	4 月	22 日	286,320 円	2,100 円	288,420 円		837,100		
	5 月	18 日	260,250 円	1,800 円	262,050 円	⑮平均額	279,033		
	6 月	21 日	284,430 円	2,200 円	286,630 円	⑯修正平均額 円			

【**基本的な記入方法**】

【⑪**通貨**】 4月から6月に支払われた報酬[*]の額をそれぞれの月の欄に記入します。一般には賃金支払日に支払われたものをいいますが、週給制のように複数回支払われるような場合は、その歴月の間に支払われた報酬の額の合計になります。

＊ 通貨による報酬とは、給料・手当等名称を問わず労働の対償として金銭で支払われるすべてのものの合計を記入します（**A**）。

通貨によるものの額（⑪欄）について

【⑪通貨】労働基準法では、賃金の支払いに関して、通貨で、直接労働者に、その全額を、毎月1回以上、一定の期日を定めて支払わなければならないと定められており、この「通貨払の原則」からきているものです（賃金支払日に振り込みしていたとしても、通貨払いの例外なので問題はありません）。

さて、ここでいう、「通貨によるものの額（報酬）」とは、「賃金、給料、俸給、手当、賞与その他いかなる名称であるかを問わず、労働者が、労働の対償として受けるすべてのものをいいます。したがって、所得税法で定める非課税交通費も当然に含まれます。ただし、臨時に受けるもの（慶弔見舞金など）及び3か月を超える期間ごとに受けるもの（支給回数が年に3回以下の賞与）は、ここでいう報酬には含まれないので加算しませんが、就業規則などで年4回以上の支給が明確に定められている「賞与にかかる報酬」と言われるものは加算します（「Guidance　標準報酬月額・標準賞与とは」参照）。

【⑩日数（給与計算の基礎日数）】　⑪欄（Ⓐ）に記入した賃金支払日にかかる賃金計算期間の報酬の支払いの基礎になった日数を記入します。

例示：賃金締切日は毎月20日、賃金支払日は当月末日の場合

【⑪通貨】4月の賃金支払日に支払った報酬の額【Ⓐ】を記入します。

⑨支給月	⑩日数	Ⓑ ⑪通貨	Ⓐ ⑫現物	⑬合計(⑪＋⑫)
4 月	22 日	286,320 円	2,100 円	288,420 円

⑩日数の欄には、4月の賃金支払日（4月末日）に支払った賃金計算期間（3月21日〜4月20日）における報酬の支払いの基礎となった日数【Ⓑ】を記入します。欠勤控除がなければ月給制の場合は歴日数、日給制や時間給制の場合は労働日数になります。なお、有給休暇を取得した日は、休んでいますが給料が出ていますから、出勤したものとして取り扱います。以下、5月、6月も同様です。

給与計算の基礎日数（⑩欄）について

給与計算の基礎日数とは、4月、5月、6月の賃金支払日に支払った賃金の、それぞれの賃金計算期間における次の日数をいいます。

A　月給制、週給制、その他一定の期間を基準に支払われるもの：歴日数で記入します。

「1」完全月給制（欠勤無し）…………歴日数で記入…4月、5月、6月

「5」日給月給制（欠勤控除がない月）…歴日数で記入…5月、6月

（注1）　原則として月を跨ぐ賃金計算期間の場合や賃金締切日と支払日が異なる月であるときは、給与計算の基礎日数は1か月ずれます。（4月は「30日」ではなく「31日」になる）。当月末日締め末日払いの場合は、暦どおりの日数になります（4月は「30日」になる）。

（注2）　月給制や週給制の場合は、給与計算の基礎が暦日により日曜日等の休日も含むのが普通であるため、出勤日数に関係なく暦日数によります。

　　　　ただし、日給月給制（欠勤日数分の賃金を差し引いて支払った）の場合は、下記Bの取り扱いになります。

B　日給月給制で欠勤控除がある場合：就業規則等で定められた所定労働日数から欠勤日数を控除した日数を記入

「5」日給月給制（欠勤控除があった月）…4月

（注1）　仮に設例の会社で、就業規則などに年間の所定労働日を264日と定めていた場合は月の

所定労働日数は22日（264日÷12か月）が、「就業規則等で定められた日数」になります（月を単位に決める場合もある）。

「5」日給月給制の4月の例は、12日欠勤し、その分を給与から控除した場合の例です（給与計算の基礎日数は10日（22日－12日））。

（注2）　有給休暇を取得した日は、報酬が支払われた日ですから、欠勤日数に含めません。

C　日給制、時給制、請負制の場合：労働日数を記入します（出勤日数が給与計算の基礎日数になる）。

「2」日給制（一般の被保険者）、「3」パート（短時間就労者）、「4」特定適用事業所の勤務する
　…短時間労働者（時間給）…4月、5月、6月

【⑫現物によるものの額】　厚生労働大臣によって定められた額（食事・住宅については都道府県ごとに定められた価額、その他被服等は時価により算定した額）を記入します（健康保険組合の場合、別途規約により定めがある場合があります）。なお、現物による利益供与がないときは「0」を記入します。

現物給与

現物給与（食事、住宅等）については、勤務する都道府県の価額を基準として、給与の締め日は考慮せず、1歴月（月の初日から末日）の報酬として計算します。

食事による現物給与価格（*）の計算に合っては、1か月、1日、1食あたりの現物給与価額が決まっていて、その金額の3分の2以上を被保険者が負担しているのであれば、現物による食事の供与は得ていないものとして取り扱います。

反対に3分の2未満であった場合は、現物給与価額と被保険者の負担額との差額が食事にかかる現物給与価額として取り扱います。例えば、昼食のみ提供する会社の場合で、1人1日あたりの昼食の現物給与価額が250円であったときは、1食あたり167円（166円67銭）以上の金額を徴収していれば、食事の供与は得ていないものとして0円になります。

250円×2/3＝166円666…（ボーダーライン）

もし、食事の費用を徴収していなければ1食につき250円、150円の徴収であれば1食につき100円（250円－150円）が現物給与になりますから、歴月の食事提供数をかけて算出します。

例示：「2」4月…昼食1食250円の地域で、昼食を給食として1食150円で提供している場合
【❻】

⑨支給月	⑩日数	⑪通貨	⑫現物	❻合計(⑪+⑫)
4 月	22 日	286,320 円	2,100 円	288,420 円

【⑫現物】　4月は、4月1日から30日の間に21食提供したのであれば、「現物によるものの額」は100円×21食＝2,100円になります【❻】。

住宅による現物給与の価額（*）の計算にあたっては、居間、茶の間、寝室、客間、書斎、応接間、仏間、食事室など居住用の室の広さに1畳あたりの標準価額をかけた額です。

例えば、畳1畳（1.65㎡）につき1か月の標準価額が2,850円で住居用の広さが30㎡だった場合の、住宅にかかる現物給与価額＝2,850円×30㎡÷1.65㎡≒51,818円（1円未満の端数は切り捨て）になります。このとき、被保険者から家賃等を徴収しているのであれば、現物給与の価額から徴収額（被保険者負担額）を差し引いた額が現物給与価額となります（現物給与価額以

POINT

上の額を家賃として徴収しているときは、住宅供与の利益は得ていないこととなる）。

その他被服等は時価により算定した額

通勤費を、定期代、回数券などを支給している場合は、その価格が現物給与価額になります。

＊ 現物給与価額は、「全国現物給与価額一覧表（厚生労働大臣が定める現物給与の価額）」で検索できます。

（注） 所得税法上の現物給与額の計算とは異なります。

【⑬合計】「⑪通貨」と「⑫現物」の合計額を記入します。

⑨支給月	⑩日数	⑪通貨	⑫現物	⑬合計(⑪＋⑫)
4 月	22 日	286,320 円	2,100 円	288,420 円

【⑭総計、⑮平均額】 一般の被保険者であれば「⑩日数」（**B**）が17日以上の月の「⑬合計（⑪＋⑫）」を合計した金額を【**E**】に記入します。そして、⑮平均額は、「⑭総計」で算出した金額を合計した月の数で割った額を【**F**】に記入します（算出した平均額の1円未満の端数は切り捨てます）。

「1」：⑩日数すべて17日以上

　　⑭総計欄　4月、5月、6月の合計＝1,500,000円（**E**）

　　⑮平均額　⑭ 1,500,000円÷3＝500,000円（**F**）

① 25	② 三崎　肇	③ 5－××1024	④令和● 9 年	⑯
⑤健 500 千円	厚 500 千円　R▲ 9 年	⑦昇(降)給 1. 昇給 2. 降給 月	⑧遡及支払額 月 円	1. 70歳以上被用者算定（算定基礎月：　月　月）

	⑨支給月	⑩日数 **B**	⑪通貨	⑫現物	⑬合計(⑪＋⑫)	⑭総計	
1	4 月	31 日	500,000 円	0 円	500,000 円	1,500,000 **E**	
	5 月	30 日	500,000 円	0 円	500,000 円	⑮平均額 500,000 **F**	
	6 月	31 日	500,000 円	0 円	500,000 円	⑯修正平均額	

（備考欄）
2. 二以上勤務　3. 月額変更予定
4. 途中入社　5. 病休・育休・休職等
6. 短時間労働者（特定適用事業所等）
7. パート　8. 年間平均
9. その他（　　　）

「5」：⑩日数17日未満の月、4月を除外

　　⑭総計欄　5月、6月の合計＝474,000円

　　⑮平均額　⑭ 474,000円÷2＝237,000円

① 55	② 大西　花香	③ 7－××0909	④令和● 9 年	⑯
⑤健 280 千円	厚 280 千円　R▲ 9 年	⑦昇(降)給 1. 昇給 2. 降給 月	⑧遡及支払額 月 円	1. 70歳以上被用者算定（算定基礎月：　月　月）

	⑨支給月	⑩日数 **B**	⑪通貨	⑫現物	⑬合計(⑪＋⑫)	⑭総計	
5	4 月	10 日	105,000 円	0 円	105,000 円	474,000 **E**	
	5 月	30 日	243,000 円	0 円	243,000 円	⑮平均額 237,000 **F**	
	6 月	31 日	231,000 円	0 円	231,000 円	⑯修正平均額 円	

（備考欄）
2. 二以上勤務　3. 月額変更予定
5. 途中入社　⑤病休・育休・休職等
6. 短時間労働者（特定適用事業所等）
7. パート　8. 年間平均
⑨その他（2月15日から3月5日）まで傷病欠勤賃金の支払いなし

【⑱備考】「9.その他」の番号を○で囲み、休んだ期間、理由、賃金の支払い状況を記入します。なお、「5.病休・育休・休職等」に該当すれば、「5」も○で囲みます。

ⓐ 特定適用事業所に勤務する短時間労働者の場合「4」

特定適用事業所等に勤務する短時間労働者の場合は、11日以上の月の「⑬合計（⑪＋⑫)」を総計した金額を記入します。そして、⑱備考欄の「6．短時間労働者（特定適用事業所等）」を○で囲みます。

　　⑩日数11日未満の月、5月を除外

⑭総計欄　4月、6月の合計＝197,760円

⑮平均額　⑭197,760÷2＝98,880円

①	49	②	河合　玲奈	③	7-××0923	④令和● 9 年	⑩
⑤健	98 千円	厚	98 千円	⑥R▲ 9 年 月	⑦昇(降)給　1. 昇給　2. 降給	⑧遡及支払額	1. 70歳以上被用者算定 （算定基礎月：　月　月） 2. 二以上勤務　3. 月額変更予定 4. 途中入社　5. 病休・育休・休職等 ⑥短時間労働者（特定適用事業所等） 7. パート　8. 年間平均 9. その他（　　）
4	⑨4 月	⑩日数 13 日	⑪通貨 107,120 円	⑫現物 0 円	⑬合計(⑪+⑫) 107,120	⑭総計 197,760	
	⑨5 月	10 日	82,400 円	0 円	82,400	⑮平均額 98,880	
	⑨6 月	11 日	90,640 円	0 円	90,640	⑯修正平均額	

ⓑ　パートの場合「3」

　パート（短時間就労者）の場合は、【⑩日数】が 17 日以上の月が 1 か月でもあれば、通常の
ルールで計算します。次の例では、4月のみ 17 日以上の月になりますから、4月のみで算定し
ます。

　　「3」：⑩日数 17 日以上の月、4月

　　　　⑭総計欄　4月＝152,320円

　　　　⑮平均額　⑭152,320÷1＝152,320円

①	45	②	河本　真奈美	③	5-××0622	④令和● 9 年	⑩
⑤健	126 千円	厚	126 千円	⑥R▲ 9 年 月	⑦昇(降)給　1. 昇給　2. 降給	⑧遡及支払額	1. 70歳以上被用者算定 （算定基礎月：　月　月） 2. 二以上勤務　3. 月額変更予定 4. 途中入社　5. 病休・育休・休職等 6. 短時間労働者（特定適用事業所等） ⑦パート　8. 年間平均 9. その他（　　）
3	⑨4 月	⑩日数 17 日	⑪通貨 152,320 円	⑫現物 0 円	⑬合計(⑪+⑫) 152,320	⑭総計 152,320	
	⑨5 月	14 日	125,440 円	0 円	125,440	⑮平均額 152,320	
	⑨6 月	16 日	143,360 円	0 円	143,360	⑯修正平均額	

　しかし、17 日以上の月がない場合は、【⑩日数】が 15 日以上の月の【⑬合計（⑪＋⑫）】を
「⑭総計」に記入します。次の例では、17 日以上の月がなく、4月と6月が 15 日以上の月にな
るため、この 2 か月で算定します。

　　「3´」：⑩日数 17 日以上の月なし、15 日以上の月 4月、6月

　　　　⑭総計欄　4月、6月の合計＝277,760円

　　　　⑮平均額　⑭277,760÷2＝138,880円

①	45	②	河本　真奈美	③	5-××0622	④令和● 9 年	⑩
⑤健	126 千円	厚	126 千円	⑥R▲ 9 年 月	⑦昇(降)給　1. 昇給　2. 降給	⑧遡及支払額	1. 70歳以上被用者算定 （算定基礎月：　月　月） 2. 二以上勤務　3. 月額変更予定 4. 途中入社　5. 病休・育休・休職等 6. 短時間労働者（特定適用事業所等） ⑦パート　8. 年間平均 9. その他（　　）
3	⑨4 月	⑩日数 15 日	⑪通貨 134,400 円	⑫現物 0 円	⑬合計(⑪+⑫) 134,400	⑭総計 277,760	
	⑨5 月	14 日	125,440 円	0 円	125,440	⑮平均額 138,880	
	⑨6 月	16 日	143,360 円	0 円	143,360	⑯修正平均額	

　4月から6月のすべての月で給与計算の基礎日数が 15 日未満の場合は、【⑭総計】及び【⑮
平均額】は空欄のままとします。

①	45	②	河本　真奈美	③	5－××0622	④令和● 9 年 月	⑰

Form (row 3):

⑤健	126 千円	⑥厚	126 千円	R▲ 年 9 月	⑦昇(降)給 1. 昇給 2. 降給 月	⑧遡及支払額 月 円	⑰ 1. 70歳以上被用者算定 （算定基礎月： 月 月） 2. 二以上勤務 3. 月額変更予定 4. 途中入社 5. 病休・育休・休職等 6. 短時間労働者（特定適用事業所等） 7. パート 8. 年間平均 9. その他 （ ）
⑨支給月	⑩日数	⑪通貨	⑫現物	⑬合計(⑪＋⑫)		⑭総計	
4 月	12 日	107,520 円	0 円	107,520 円			
5 月	14 日	125,440 円	0 円	125,440 円		⑮平均額	
6 月	11 日	98,560 円	0 円	98,560 円		⑯修正平均額	

なお、パートの場合は、【⑱備考欄】の「7．パート」を○で囲みます。

【給与計算の基礎日数まとめ】

算定期間（3か月）の各月の報酬を支払支払った基礎日数		
一般の被保険者	短時間労働者	パート
・17日未満の月を除く	・11日未満の月は除く	・原則は17日未満の月は除く ・3か月とも17日未満の月である場合は、15日以上17日未満の月を算入

【⑱備考欄】 備考欄を使って届け出るもの

- 被保険者又は70歳以上の被用者が、2つ以上の事業所に勤務し、それぞれ報酬を得ているときは、「2．二以上勤務」を○で囲みます。
- 算定の対象となる給与支給月に被保険者区分があった場合は、「9．その他」の番号を○で囲み、その後ろのかっこ内にその事実を記入します。

　　例示：5月21日に一般の被保険者から短時間労働者に区分変更したとき

　　　　　健康保険・厚生年金保険被保険者区分変更届を提出しています。その届け出た変更した月日と変更後の区分を記入します。

　　記入例：「 9．その他（5/21→短時間労働者）」又は「 9．その他（5/21→ 一般）」

（注）　算定対象となる期間の月の途中に、被保険者区分（短時間労働者であるかないか）の変更があった場合は、報酬の給与計算期間の末日における被保険者区分に応じた支払基礎日数により算定対象月を判断します。

（参考）　④適用年月は、その年の9月です（本届書を提出すれば、保険者が報酬月額を決定し、その年の9月から新しい標準報酬月額が適用されます）。⑥従前改定月とは、直前に標準報酬月額が決定・変更された月をいいます。原則は前回の定時決定になりますから前年の9月、それ以後に改定があればその月になります。

● 特別な事案

ⓐ 傷病休業・育児休業・休職等があった場合

報酬の支払いのない場合

①	57	②	島田　遥香	③	7－××0303	④令和● 9 年 月	⑰

Form (row 1):

⑤健	220 千円	⑥厚	220 千円	R▲ 年 9 月	⑦昇(降)給 1. 昇給 2. 降給 月	⑧遡及支払額 月 円	Ⓐ ⑭総計	⑰ 1. 70歳以上被用者算定 （算定基礎月： 月 月） 2. 二以上勤務 3. 月額変更予定 4. 途中入社 5. 病休・育休・休職等 6. 短時間労働者（特定適用事業所等） 7. パート 8. 年間平均 9. その他（3/13〜6/21まで産後休業、6/22より引き続き育児休業、賃金の支払いなし ）
⑨支給月	⑩日数	⑪通貨	⑫現物	⑬合計(⑪＋⑫)				
4 月	0 日	0 円	0 円	0 円				
5 月	0 日	0 円	0 円	0 円		Ⓑ ⑮平均額		
6 月	0 日	0 円	0 円	0 円		Ⓒ ⑯修正平均額		

報酬の支払いがある場合

①	61	②	山花　孝雄	③	5－××0611	④令和● 9 年	⑱		
⑤健	280 千円	厚	280 千円	R▲ 9 年 月	⑦昇(降)給 1. 昇給 2. 降 月	⑧遡及支払額 月 円		1. 70歳以上被用者算定 （算定基礎月：　　月　　月） 2. 二以上勤務　3. 月額変更予定 4. 途中入社　⑤病休・育休・休職等 6. 短時間労働者（特定適用事業所等） 7. パート　8. 年間平均 ⑨その他（3/9～現在、傷病休職、傷病手当支給）		
⑨支給月⑩日数	⑪通貨	⑫現物	⑬合計(⑪+⑫)	⑭総計					
4 月 31 日	132,000 円	0 円	132,000 円	Ⓑ					
5 月 30 日	132,000 円	0 円	132,000 円	⑮平均額					
6 月 31 日	132,000 円	0 円	132,000 円	⑯修正平均額 Ⓒ					

Ⓐ

【記入方法】

・【Ⓐ】　⑩日数～⑬合計（⑪＋⑫）欄までは、基本的な記入方法どおりに記入します。もし、何らかの休職給が支払われているときは、その額を【⑪通貨】の欄に記入します。

　・報酬が支払われていない場合…【⑩日数】は「0日」を記入

　・何らかの報酬（休職給）が支払われている場合…【⑩日数】は歴日数（*）で記入します。

＊　休職に関する手当は、1つの賃金計算期間を基準に支給するのが原則ですから、給与計算の基礎日数は歴日数で記入します。

・【⑭総計、⑮平均額】　全部休業しているときは、記入は不要です（Ⓑ）。

・【⑱備考】　「5．病気・育休・休職等」と「9．その他」の番号を○で囲み、「9」の後ろのかっこ内に、休業の期間、休業している理由、賃金の支払いの有無を記入します。

（注1）　一部期間の休業の場合は、基本的な記入方法の、「5」の例に準じます。

（注2）　算定期間のうち、1か月ないし2か月低廉な休職給を支給され、残りが通常の報酬が支給された場合は、基本的な記入方法の例で記入して、⑯修正平均額（Ⓑ）には、低廉な休職給を支給された月を除いた平均した額を記入します。

（注3）　3か月とも休職しているおり、低廉な休職給が支給されている場合などは、保険給付を受ける際に被保険者に不利益にならないように、休業前の報酬月額でその年の9月以後の標準報酬月額で保険者決定されることになっています。これは、留学や大学院で修学するために休職し、低額の休職給が支払われている場合であっても変わりません（随時改定もできない）。

⑥一の賃金期間の途中に資格取得したとき（4月又は5月の資格取得した人）

①	49	②	小山田　和夫	③	7－××0412	④令和● 9 年	⑱		
⑤健	300 千円	厚	300 千円	R▲ 9 年 月	⑦昇(降)給 1. 昇給 2. 降給 月	⑧遡及支払額 月 円		1. 70歳以上被用者算定 （算定基礎月：　　月　　月） 2. 二以上勤務　3. 月額変更予定 ④途中入社　5. 病休・育休・休職等 6. 短時間労働者（特定適用事業所等） 7. パート　8. 年間平均 ⑨その他（R●.4.1資格取得）		
⑨支給月⑩日数	⑪通貨	⑫現物	⑬合計(⑪+⑫)	⑭総計					
4 月 20 日	200,000 円	0 円	200,000 円	800,000 Ⓐ					
5 月 30 日	300,000 円	0 円	300,000 円	⑮平均額 266,667 Ⓑ					
6 月 31 日	300,000 円	0 円	300,000 円	⑯修正平均額 300,000					

【記入方法】

例示：4月1日資格取得、4月の給与は日割計算になったような場合で、1か月分の給与が支給されないとき

4 月 1 日 資格取得	4 月 20 万円	5 月 30 万円	6 月 30 万円
	3/21～4/20	4/21～5/20	5/21～6/20

・基本的な記入方法どおりの記入を行います（Ⓐ）。

・【⑯修正平均額】　賃金計算期間の途中で資格取得をしたため、1 か月分の所定の給与が支給されず減額された給与が支払われたときは、その月を除いた残りの月で平均したものを、に記入します（Ⓑ）。

・【⑱備考欄】　「4. 途中入社」と「9. その他」の番号を○で囲み、かっこ内に、資格取得日を記入します。

（注）　6 月 1 日以後に資格取得した人については、届け出が不要です（翌年の決定、又はそれまでに改定があるまで。資格取得時の決定による標準報酬月額による保険料を賦課し保険給付を行う）。

ⓒ 7 月 1 日前に資格喪失（6 月 30 日以前に退職）した人の場合

①	②	③	④	
38	山田　京子	7－××1110	令和●年　9　月	

⑤健 126 千円	⑥厚 125 千円	R▲年　9	⑦昇（降）給　　月　　1. 昇給　2. 降給	⑧遡及支払額　　月　　　　円	⑩
⑨支給月 ⑩日数	⑪通貨	⑫現物	⑬合計(⑪＋⑫)	⑭総計	1. 70歳以上被用者算定 　（算定基礎月：　月　　月） 2. 二以上勤務　　3. 月額変更予定 4. 途中入社　　5. 病休・育休・休職等 6. 短時間労働者（特定適用事業所等） 7. パート　　　8. 年間平均
4 月　　日	円	円	円	⑮平均額　　円	
5 月　　日	円	円	円		
6 月　　日	円	円	円	⑯修正平均額　　円	⑨. その他（ R●.6.21資格喪失 ）

【記入方法】

・記入は不要です。

（注）　7 月 1 日以後に退職を予定している人は、被保険者算定基礎届の届け出が必要です（基本どおり記入する）。

・【⑱備考欄】　「9. その他」の番号を○で囲み、その後ろのかっこ内に、資格喪失日又は退職日を記入します。

ⓓ 70 歳以上被用者の場合

（注）　70 歳以上被用者とは、本来厚生年金保険の被保険者ではないのですが、70 歳未満であれば被保険者となるべき働き方をしている 70 歳以上の人のことをいいます。

①	② 船山　俊彦 Ⓒ	③ 7－××1110	④ 令和●年　9　月	⑩ 4 1 1 × 0 1 2 2 3 × Ⓐ
⑤健 千円	⑥厚 260 千円 R▲年　9	⑦昇（降）給　　月　　1. 昇給　2. 降給	⑧遡及支払額　　月　　　　円	⑩
⑨支給月 ⑩日数	⑪通貨	⑫現物	⑬合計(⑪＋⑫)	⑭総計	⑩

⑨支給月	⑩日数	⑪通貨	⑫現物	⑬合計(⑪＋⑫)	⑭総計	⑩
4 月	31 日	265,000 円	0 円	265,000 円	795,000	1. 70歳以上被用者算定 Ⓑ 　（算定基礎月：　月　　月） 2. 二以上勤務　3. 月額変更予定
5 月	30 日	265,000 円	0 円	265,000 円	⑮平均額 265,000	4. 途中入社　5. 病休・育休・休職等 6. 短時間労働者（特定適用事業所等）
6 月	31 日	265,000 円	0 円	265,000 円	⑯修正平均額　　円	7. パート　　8. 年間平均 9. その他（　　　　　　　）

【記入方法】

- ・【Ⓐ】 70歳以上被用者は、必ず、⑰欄にマイナンバー又は基礎年金番号を記入^(*)します。

- ・【⑱備考】 「1．70歳以上被用者算定」の番号のところを○で囲みます^(*)。

- ・ その他は、基本的な記入方法どおりの記入を行います。

* 年金機構から送付されてくる厚生年金保険70歳以上被用者算定基礎届には、基礎年金番号がプリントアウトされており、「1．70歳以上被用者算定」の番号のところが○で囲まれています。

（注） 75歳の誕生日又は後期高齢者医療の被保険者になったときに、健康保険は資格を喪失しますから、健康保険の被保険者資格を喪失後は、⑤欄は記入されていません（Ⓒ）。

【4月から6月の間に70歳を迎える場合の注意点】

算定期間中（4月～6月）に70歳に到達したこと等により、健康保険と厚生年金保険の算定基礎月が異なる場合のみ、「70歳以上被用者算定」の算定基礎月をかっこ内に記入します（Ⓑ）。

例示： 70歳の誕生日が5月19日だとすると、健康保険は全期間が健康保険の算定期間は4月～6月になりますが、70歳以上被用者になるのは、70歳の誕生日の前日（5月18日）です。このため、70歳以上被用者の算定基礎月（Ⓑ）は、5月と6月になります。

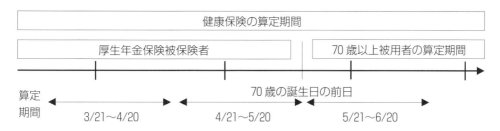

ⓔ 4月から6月までの間に遡及支払や遅配が生じた場合

- ・ ⑩～⑮欄は、基本的な記入方法に従って記入します。

【4月以前の報酬が4月から6月の報酬と併せて支払われた場合の記入方法】

（注） 昇給があり、随時改定の要件の可否を判断する際は、「遅配になっている昇給額が実際に支払われた月」が固定的賃金が変動した月になります。

- ・【⑧遡及支払額】 遡及支払いがあった月と、遡及支払した金額を記入します。

- ・【⑯修正平均額】 ⑭総計から⑧遡及支払額を引いた額を、17日以上の月の数^(*)で平均した額を記入します。

【4月から6月の報酬の一部が7月以後に支払われた場合の記入方法】

- ・【⑯正平均額】 報酬の一部を7月以後に遅配した月を除いた、17日以上の月の数平均額^(*)を記入します。

- ・【⑱備考】 「9．その他」の番号を○で囲み「9．その他」の後ろのかっこ内に、「遅配」と遅配が発生した月、遅配した額又は「基本給の○日分」と、具体的にわかるように記入します。

* パートで17日以上の月がないときは15日以上の月の数、特定適用事業所等に勤務する短時間労働者は11日日以上の月の数で平均します。

算定期間内に、昇給や降給があった場合は、必ず、現在の標準報酬月額と⑯平均額ないし⑰修正平均額による新たな標準報酬月額を比べます（**Ⓐ**）。

（1） 1等級以内の変動

例示：4月に基本給が1万円昇給した場合（従前標準報酬月額240千円→260千円）

賃金支払日	賃金計算期間	基本給	通勤手当	残業手当	合計
3月31日	2/21～3/20	220,000	8,000	20,000	248,000
4月30日	3/21～4/20	**230,000**	8,000	23,600	261,600
5月31日	4/21～5/20	230,000	8,000	22,300	260,300
6月30日	5/21～6/20	230,000	8,000	18,400	265,400

【記入方法】

・基本的な記入方法どおりの記入を行います。

・**【⑦昇（降）給】** 昇給又は降給が行われた月を記入し、昇給なら「1」、降給なら「2」を○で囲みます。

> **Point　昇給や降給等のあったときの対応について（その1）**
>
> 昇給や降給等のあったときは、その月から3か月間の月の給与計算の基礎日数が17日（短時間労働者は11日）以上あること、3か月の平均による標準報酬月額（⑮平均額又は⑯修正平均額）が従前の標準報酬月額（⑤欄）より2等級以上の差が出ていることの2点を確認します（**Ⓐ**を比較）。2等級以上の変動があれば次の項目の随時改訂の対象となります。
>
> この例では、⑮平均額が262,433円ですから標準報酬月額は260千円となり、従前標準報酬月額は240千円で1等級しか変動していなかった（標準報酬月額表では1行下へ移動）ので、健康保険・厚生年金保険 被保険者報酬月額算定基礎届のみの提出になります。

（2） 2等級以上の変動：随時改訂の対象になります

例示：4月に基本給が2万円昇給した場合（従前標準報酬月額240千円→280千円）

賃金支払日	賃金計算期間	基本給	通勤手当	残業手当	合計
3月31日	2/21～3/20	220,000	8,000	20,000	248,000
4月30日	3/21～4/20	**240,000**	8,000	23,600	271,600
5月31日	4/21～5/20	240,000	8,000	22,300	270,300

6月30日	5/21～6/20	240,000	8,000	18,400	276,400

	① 53	② 芦田 信夫	③ 7－××0610	④令和● 9	⑤
2	健 240 千円　厚 240 千円　R▲ 年 9 月	⑥昇(降)給 1.昇給 2.降給	⑧遡及支払額		⑯ 1. 70歳以上被用者算定（算定基礎月：　月　月） 2. 二以上勤務　③月額変更予定 4. 途中入社　5. 病休・育休・休職等 6. 短時間労働者（特定適用事業所等） 7. パート　8. 年間平均 9. その他（　　　）
	⑨支給月 ⑩日数 ⑪通貨 ⑫現物	⑬合計(⑪+⑫)	⑭総計		
	4月			⑮平均額	
	5月				
	6月			⑯修正平均額	

【健康保険・厚生年金保険 被保険者報酬月額算定基礎届の記入】

・【⑱備考欄】 「3. 月額変更予定」の番号を○で囲みます。その他は記入する必要はありません。

添付書類	7月に随時改定をする人は、健康保険・厚生年金保険 被保険者報酬月額変更届 （注）　8月又は9月に随時改定が予定されている人は、添付書類はありませんが、随時改定に該当したら「健康保険・厚生年金保険 被保険者報酬月額算定基礎届」を、改定しないことが確定したら、改めて「健康保険・厚生年金保険 被保険者報酬月額算定基礎届」を速やかに提出します。

【健康保険・厚生年金保険 被保険者報酬月額変更届の記入方法】

	① 53	② 芦田 信夫	③ 5－××0610	④令和● 7	⑤
1	健 240 千円　厚 240 千円　令和▲ 年 9 月	⑥昇/降給 ①昇給 2.降給 4月	⑧遡及支払額		⑯ 1. 70歳以上被用者月変 2. 二以上勤務 3. 短時間労働者（特定適用事業所等） ④昇給・降給の理由（ 定期昇給 ） 5. 健康保険のみ月額変更（70歳到達時の契約変更等） 6. その他（　　　）
	⑨支給月 ⑩日数 ⑪通貨 ⑫現物	⑬合計(⑪+⑫)	⑭総計 817,300		
	4月 31日 271,600円 0円	271,600円	⑮平均額 272,433		
	5月 30日 270,300円 0円	270,300円			
	6月 31日 275,400円 0円	275,400円	⑯修正平均額		

【健康保険・厚生年金保険 被保険者報酬月額変更届の記入】

・　被保険者報酬月額変更届は、被保険者報酬月額算定基礎届に記入すべき内容を、すべて記入します。

・【④適用年月】　昇給又は降給があった月から4か月目(*)を記入します。

＊　昇給月が4月なら「（その年の）7月」、5月は「8月」、6月は「9月」を「④適用年月」に記入します。

・【⑦昇（降）給欄】　昇給又は降給が行われた月を記入し、「昇給」又は「降給」のいずれか該当する番号に○を付けます。

・【⑱備考欄】　「4．昇給・降給の理由」の番号を○で囲み、その下のかっこ内に、「基本給の変更」「定期昇給」や「日給から月給へ変更」など、固定的賃金の変動又は賃金体系の変更の理由を具体的に記入します。

　　70歳以上の被用者の場合は、「1」を丸で囲み⑰欄にマイナンバー又は基礎年金番号を記入しまます。

昇給や降給等のあったときの対応について（その2）

　　昇給や降給等のあった月から3か月の平均をして、2等級以上の差が出ているか確認します（標準報酬月額表の従前の等級を基準に2行以上の移動があるのかを確認します）。

　　この例では、昇給があって、3か月とも17日（パートも17日、短時間労働者は11日）以上あり、その間の平均を取ると⑮平均額が272,433円になりますから標準報酬月額は280千円になります。従前標準報酬月額の240千円から2等級の変動になります（標準報酬月額表では2行下へ移動）。これは、随時改定の要件を満たすことになりますから、「健康保険・厚生年金保険被保険者報酬月額算定基礎届」に「健康保険・厚生年金保険　被保険者報酬月額変更届」を添えて提出します。

　　なお、「被保険者報酬月額変更届」の記入欄は、⑱備考欄を除きまったく同じですから、①欄〜⑥欄は、「被保険者報酬月額算定基礎届」の記載のとおりに書き写します。

年間報酬の平均で算定することの申立書／保険者算定申立に係る例年の状況、標準報酬月額の比較及び被保険者の同意等

報酬月額を年間報酬の平均額で算定することを希望する場合

　年間の報酬の平均で策定することの申し立てをする場合は、被保険者算定基礎届に次の様式1・2を添付します。

（様式1）

大手前年金事務所長　様

年間報酬の平均で算定することの申立書

　当事業所は旅行業を行っており、当事業所内の団体旅行添乗員部門では、毎年、4月から6月までの間は、通常のツアーの添乗業務に加え4月は桜の行楽、5月及び6月には修学旅行の添乗業務が集中し、繁忙期となることから、いわゆる1年単位の変形労働時間制（労働基準法第32条4）採用してもなお、例年従業員には所定労働時間を越えた時間外労働を命じている状況にあります。これらのことから、健康保険及び厚生年金保険被保険者の報酬月額算定基礎届を提出するにあたり、健康保険法第41条及び厚生年金保険法第21条の規定による定時決定の算定方法によると、年間報酬の平均により算出する方法より、標準報酬月額等級について2等級以上の差が生じ、著しく不当であると思料するため、健康保険法第44条第1項及び厚生年金保険法第24条第1項における「報酬月額の算定の特例」（年間）にて決定するよう申立てします。

　なお、当事業所における例年の状況、標準報酬月額の比較及び被保険者の同意等の資料を添付します。

　　　令和　▲　年　7　月　1　日

　　　　　　事業所所在地　　　大阪市中央区平野町3−X

　　　　　　事業所名称　　　　上大岡ツアーズ株式会社

　　　　　　事業主氏名　　　　代表取締役　大岡　栄伍

　　　　　　連　絡　先　　　　06−6×××−××××

　※　業種等は正確に、理由は具体的に記入いただくようお願いします。

（様式2）

保険者算定申立に係る例年の状況、標準報酬月額の比較及び被保険者の同意等

【申請にあたっての注意事項】
・この用紙は、算定基礎届をお届けいただくにあたって、年間報酬の平均で決定することを申し立てる場合に必ず提出してください。
・この用紙は、定時決定にあたり、4、5、6月の報酬の月平均と年間報酬の月平均に2等級以上差があり、年間報酬の平均で決定することに同意する方のみ記入してください。
・また、被保険者の同意を得ている必要がありますので、同意欄に被保険者の氏名を記入してください。
・なお、標準報酬月額は、年金や傷病手当金など、被保険者が受ける保険給付の額にも影響を及ぼすことにご留意下さい。

事業所整理記号	03－カツハ	事業所名称	上大岡ツアーズ株式会社

被保険者整理番号	被保険者の氏名	生年月日	種別
38	田上　七瀬	38－××1118	2

【前年7月～当年6月の報酬額等の欄】

算定基礎月の報酬支払基礎日数		通貨によるものの額	現物によるものの額	合計
令和●年　7月	30 日	298,000 円	0 円	298,000 円 G
●年　8月	31 日	245,000 円	0 円	245,000 円
●年　9月	5 日	56,000 円	0 円	－ 円
●年　10月	30 日	320,600 円	0 円	320,600 円
●年　11月	31 日	298,300 円	0 円	298,300 円
●年　12月	30 日	235,700 円	0 円	235,700 円
▲年　1月	31 日	234,600 円	0 円	234,600 円
▲年　2月	31 日	225,000 円	0 円	225,000 円
▲年　3月	28 日	301,800 円	0 円	301,800 円
▲年　4月	31 日	329,800 円	0 円	329,800 円 B
▲年　5月	30 日	338,600 円	0 円	338,600 円
▲年　6月	31 日	295,800 円	0 円	295,800 円

【標準報酬月額の比較欄】※全て事業主が記入してください。

	健康保険	厚生年金保険
従前の標準報酬月額	280 千円	280 千円 A

前年7月～本年6月の合計額(※) G	前年7月～本年6月の平均額(※) H	健康保険 等級	標準報酬月額	厚生年金保険 等級	標準報酬月額 I
3,123,200 円	283,927 円	21	280 千円	18	280 千円

本年4月～6月の合計額(※) B	本年4月～6月の平均額(※) C	健康保険 等級	標準報酬月額	厚生年金保険 等級	標準報酬月額 J
964,200 円	321,400 円	23	320 千円	20	320 千円

2等級以上(○又は×) K	修正平均額(※)	健康保険 等級	標準報酬月額	厚生年金保険 等級	標準報酬月額
○	円		千円		千円

【標準報酬月額の比較欄】の(※)部分を算出する場合は、以下にご注意ください。
① 支払基礎日数17日未満(短時間労働者は11日未満)の月の報酬額は除く。
② 短時間就労者の場合は、「通常の方法で算出した標準報酬月額」(当年4月～6月)の支払基礎日数を17日以上の月の平均額とした場合には、「年間平均で算出した標準報酬月額」(前年7月～当年6月)も17日以上の月の報酬の平均額とする。
　ただし、被保険者区分が短時間労働者で支払基礎日数が11日以上である月があれば、その月も年間平均の算定の対象月とする。
　「通常の方法で算出した標準報酬月額」の支払基礎日数が17日以上なので、15日以上17日未満の月の報酬の平均額とした場合には、「年間平均で算出した標準報酬月額」は、支払基礎日数が15日以上の月の報酬の平均額とする。
　ただし、被保険者区分が短時間労働者で支払基礎日数が11日以上である月があれば、その月も年間平均の算定の対象とすること。
③ 低額の休職給を受けた月、ストライキによる賃金カットを受けた月及び一時帰休に伴う休業手当等を受けた月を除く。
④ 給与の支払いに遅配がある場合は
　ア　前年6月分以前に支払うべきであった給与の遅配分を前年7月～当年6月までに受けた場合は、その遅配分に当たる報酬の額を除く。
　イ　前年7月～当年6月までの間に本来支払うはずの報酬の一部が、当年7月以降に支払われることになった場合は、その支払うはずだった月を除く。
⑤ この保険者算定の要件に該当する場合は、「修正平均額」には、「前年7月～本年6月の平均額」を記入。
⑥ 上記①～④に該当した場合は、その旨を【備考欄】に記入。

【被保険者の同意欄】
私は本年の定時決定にあたり、年間報酬額の平均で決定することを希望しますので、当事業所が申立てすることに同意します。 L
被保険者氏名　　田上　七瀬

【備考欄】
令和●年9月　病気休職

70

次のいずれかに該当した場合は、年間平均の保険者算定の対象にはなりません。

a．前年の7月から当年の6月までの支払基礎日数が17日未満の月のみの場合

b．「通常の方法で算出した標準報酬月額」と「年間平均で算出した標準報酬月額」の間に2等級以上の差が生じない場合（随時改定を1等級で行う、報酬月額の差である場合は対象となる）

c．「通常の方法で算出した標準報酬月額」と「年間平均で算出した標準報酬月額」の間に2等級以上の差が、業務の性質上例年発生するものでない場合

d．被保険者の同意がない場合

e．当年4月から5月に資格取得した人（一年間の報酬月額の平均の計算対象となる月が1か月も確保されていないため）

f．当年7月から9月に随時改定を行った場合

g．当年7月1日時点で一時帰休が解消される見込みがない場合

（注）　厚生年金基金又は健康保険組合に加入している事業所は、加入しているそれぞれの厚生年金基金又は健康保険組合へ書類を提出する必要があります。

● 健康保険・厚生年金保険　被保険者算定基礎届の記入方法

①	38	②	田上　七瀬		③	5－××1118		令和● 年	9 月		
⑤健	280 千円	厚	280 千円	Ⓐ R▲ 年 9 月	⑦昇（降）給	月 1. 昇給 2. 降給	⑧遡及支払額		Ⓑ	70歳以上被用者算定 〔算定基礎月：　　月　　月〕	
1	⑨支給月	⑩日数	⑪通貨	⑫現物	⑬合計(⑪＋⑫)	⑭総計		Ⓒ	2. 二以上勤務　3. 月額変更予定 4. 途中入社　5. 病休・育休・休職等 6. 短時間労働者（特定適用事業所等） 7. パート　⑧. 年間平均 9. その他（　　　　）		
	4月	31 日	329,800 円	0 円	329,800 円	964,200					
	5月	30 日	338,600 円	0 円	338,600 円	⑮平均額 321,400					
	6月	31 日	295,800 円	0 円	295,800 円	⑯修正平均額 283,927 円					

・　年間報酬の平均で算定することの申し立てをする場合でも、被保険者算定基礎届は必要ですから基本的な記入方法に従って、⑩日数から⑮平均額までを記入します。

・　**【⑯修正平均額】**　前年7月～本年6月の平均額（Ⓗ）を記入します。

・　**【⑱備考欄】**　「8．年平均」の番号に○で囲みます。

（注）　各月の報酬は「保険者算定申立に係る例年の状況、標準報酬月額の比較及び被保険者の同意等」の4月～6月と同じになります。

● 年間報酬の平均で算定することの申立書の記入方法

【Ⓓ】　事業所の所在地を管轄する年金事務所名を記入します。

【Ⓔ】　業種は正確にわかるように記入します。

【Ⓕ】　年間報酬の平均で算定することの理由を具体的に記入します(4月から6月が繁忙期で、非固定的賃金が増えている理由)。

- 「(様式2)保険者算定申立、標準報酬月額の比較、被保険者の同意等」は対象者ごとに作成します。

- 事業所整理記号、事業所名称、被保険者整理番号、被保険者の氏名、生年月日、種別(第3章参照)を記入します。

【前年7月～当年6月の報酬等の欄】

- 算定基礎月の報酬支払基礎日数の各欄に前年7月から今年6月までの年月及びその月に支払われた報酬支払基礎日数^(＊)を記入します。

- 通貨によるものの額、現物によるものの額、それらを加算したものを合計^(＊)に記入します。ただし、給与計算の基礎日数が17日(パートは15日、特定適用事業所等の短時間労働者は11日)未満の月は「－」を記入し計算から除外(例示：●年9月)します。ただし、病気、休業、休職があったとき、低廉な休職給が支払われた場合などは、備考欄にその旨を記入します。

＊ 算定基礎日数の報酬支払基礎日数、通貨によるものの額、現物によるものの額、合計の取扱いは、被保険者算定基礎届と同様に記入します。

【標準報酬月額の比較欄】

- 「従前の標準報酬月額」は、被保険者報酬月額算定基礎届の⑤欄から転記します(Ⓐ)。

- 「前年7月～当年6月の合計額」は【前年7月～当年6月の報酬等の欄】の合計を記入します(Ⓖ)。そして、「前年7月～本年6月の平均額」は、【Ⓖ】の額を、給与計算の基礎日数が17日(パートは15日、特定適用事業所等の短時間労働者は11日)以上の月の数で割った額をに記入します(Ⓗ)。このとき1円未満の端数は切り捨てます。

  例示では、3,123,200円(Ⓖ)÷11か月(9月は病気休職があったため除外)=283,927円(Ⓗ)→被保険者算定基礎届⑯欄にも記入

- 「本年4月～6月の合計額」は【前年7月～当年6月の報酬等の欄】の4月から6月分を合計して記入します(Ⓑ)。そして、「本年4月～本年6月の平均額」も同様に計算し、【Ⓒ】に記入します。【Ⓑ】、【Ⓒ】は、遡及支払いなどがなければ、被保険者算定基礎届の⑭総計、⑮平均額と同じ金額になります。

  【Ⓗ】、【Ⓒ】の額が、報酬月額になりますから、健康保険厚生年金保険の保険料額表から、等級と標準報酬月額(【Ⓘ】、【Ⓙ】)を記入します。

  等級は、かっこのないものが健康保険、かっこ内が厚生年金保険です、標準報酬月額を記入する際の単位は「千円」です。

- 【Ⓘ】と【Ⓙ】を比べて2等級^(＊)以上の差があれば、【Ⓚ】に○印を記入します。

標準報酬		報酬月額	
等級	月額		
		円以上	円未満
1	58,000	～	63,000
2	68,000	63,000 ～	73,000
3	78,000	73,000 ～	83,000
4(1)	88,000	83,000 ～	93,000
5(2)	98,000	93,000 ～	101,000
21(18)	280,000	270,000 ～	290,000
22(19)	300,000	290,000 ～	310,000
23(20)	320,000	310,000 ～	330,000
24(21)	340,000	330,000 ～	350,000
25(22)	360,000	350,000 ～	370,000
26(23)	380,000	370,000 ～	395,000

＊ 随時改定を1等級で行う場合と同様であれば、1等級の差でも、○印を記入します。

【被保険者の同意欄】　被保険者の同意を得ている必要がありますので、同意を得たうえで、同意欄に被保険者の氏名を記入します。

> **被保険者の同意について**
>
> 　この手続を行うと本来の標準報酬月額より低廉な標準報酬月額になります。つまり、保険料が安くなりますが、本来受けられるはずの保険給付の額が、受けられなくなってしまいます（傷病手当金の額や将来の年金額に影響がある）。そのため、この点を十分に説明して、納得してもらったうえで、同意を得ることになります。
>
> 　同意は口頭で受ければそれ十分ですが、後日、保険給付を受ける際のトラブルを避けるために、筆者はできる限り被保険者の署名を求めるようにしています。

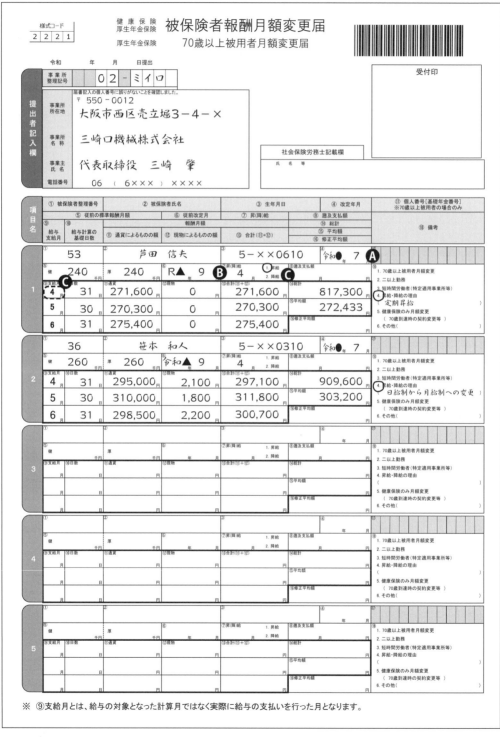

※ ⑨支給月とは、給与の対象となった計算月ではなく実際に給与の支払いを行った月となります。

（注）　本例示は、「1」は4月に昇給があり、「2」は4月に賃金体系の変更があり、2等級以上の変動があった場合の例です（「(2)2等級以上の変動」66頁参照）。

【①被保険者整理番号、②被保険者氏名、③生年月日】 健康保険・厚生年金保険 被保険者報酬月額算定基礎届では、①～⑥欄までプリントアウトされていましたが、健康保険・厚生年金保険被保険者報酬月額変更届ではすべて記入します。

【④改定年月】 標準報酬月額が改定される年月（変動後の賃金を最初に支払った月（**C**）から4か月目）を記入します（**A**）。

例示では、4月に昇給しましたから、「7月」が改訂月になります。

【⑤従前の標準報酬月額欄】 現在の標準報酬月額（従前標準報酬月額）を千円単位で記入します。

例示「1」では、健康保険・厚生年金保険とも標準報酬月額が240,000円ですから「240（千円）」と記入します。

【⑥従前改定月】 ⑤欄に記入した標準報酬月額が適用された年月を記入します

原則として9月から12月に改定するときはその年の9月、1月から9月に改定するときは前年の9月になります。ただし、直前に随時改定、産前産後休業終了時改定、育児休業等終了時改定があれば、その事実があった年月を記入します（**B**）。

例示では、7月が改訂月で、前年の定時決定（前年9月）以後、最初の改定であれば、⑥欄は前年の9月になります。

【⑦昇(降)給欄】 昇給又は降給後、最初に支払った月（**C**）を記入し、昇給か降給の該当区分を○で囲みます。

【⑨支給月】 1行目（**C**）には、⑦欄で記入した月を転記し、その後引き続く2月を記入します。

⑩日数～⑮平均額までは、被保険者算定基礎届と同様に記入していきます。

（注） 随時改定の要件の1つに、「固定的賃金の変動又は賃金体系の変更があった月以後3か月、すべて『⑩給与計算の基礎日数』が17日（特定適用事業所等における「短時間労働者」は11日）以上あること」というものがあります。パート（4分の3要件を満たした被保険者）の場合も各月17日以上にならないときは、改定の対象にならないので注意してください。

【⑱備考欄】 「4．昇給・降給の理由」の番号を○で囲み、かっこ内に、「基本給の変更」「定期昇給」「家族手当の支給額の変更」「通勤手当の変更」「コミッション給の歩合の変更」、「日給制から月給制へ変更」等、今回の届出の原因となった具体的な理由を記入します。

月額変更となる給与支給月に被保険者区分に変更があった場合は、「6．その他」の番号を○で囲み、かっこ内にその旨を記入します。

例示：5月1日に短時間労働者へ区分変更の場合、「5/1→短時間労働者」

同じく、一般の被保険者に区分変更の場合、「5/1→一般の被保険者」等

【⑰個人番号】 70歳以上被用者のみ記入します。なお、マイナンバーに代えて基礎年金番号を記入しても問題はありません。

この場合⑱欄「1．70歳被用者月額変更届」の番号を○で囲みます。

（注） 一般の被保険者と70歳以上被用者の月額変更届は、それぞれのグループに分けて提出します。

【⑱欄】 「5．健康保険のみ月額変更」は、今まで健康保険に加入していた被保険者、70歳到達時の契約変更等の理由により健康保険のみ月額変更となる場合（70歳以上被用者に該当しないケース）に○で囲みます。

1 等級の変更で随時改定が行われる場合

随時改定は、固定的賃金の変動又は賃金体系の変更月から3か月間に支給された報酬の平均月額に該当する標準報酬月額が、従前の標準報酬月額との間に比べて2等級以上の差が生じることが条件ですが、標準報酬月額等級表の上限又は下限にわたる等級変更の場合は、1等級の変更で随時改定の対象となることがあります。

(1) 厚生年金保険の場合

ケース	従前の標準報酬月額		報酬の平均額	改定後の標準報酬月額	
昇給	1 等級 報酬月額	88,000 円 83,000 円未満	93,000 円以上	2 等級	98,000 円
	31 等級	620,000 円	665,000 以上	32 等級	650,000 円
降給	2 等級	98,000 円未満	83,000 円未満	1 等級	88,000 円
	32 等級 報酬月額	650,000 円 665,000 円以上	635,000 円未満	31 等級	620,000 円

(2) 健康保険の場合

ケース	従前の標準報酬月額		報酬の平均額	改定後の標準報酬月額	
昇給	1 等級 報酬月額	58,000 円 53,000 円未満	63,000 円以上	2 等級	68,000 円
	49 等級	1,330,000 円	1,415,000 以上	50 等級	1,390,000 円
降給	2 等級	68,000 円未満	53,000 円未満	1 等級	58,000 円
	50 等級 報酬月額	1,390,000 円 1,415,000 円以上	1,355,000 円未満	49 等級	1,330,000 円

添付書類について

厚生年金保険・協会けんぽの適用事業所において、以前は、改定月の初日から起算して60日以上遅延した届出の場合、又は標準報酬月額が「5等級以上」下がる場合には以下の添付書類が必要でしたが、平成31年4月より、これらは通常の調査の際に確認する取り扱いになりました（現在は添付不要）。しかし、これらの書類は通常の調査の際に必要としますから、大切に保管しておくようにしてください。

健康保険組合管掌の適用事業所では、組合規約により、添付書類が定められており、随時改定を行う際には所定の添付書類が必要になることがありますので、事前に確認しておきましょう。

・被保険者が法人の役員以外の場合（従業員）

固定的賃金の変動があった月の前の月から、改定月の前の月分までの、賃金台帳と出勤簿の写し（労働基準法の賃金台帳の保存期間は3年）

・被保険者が株式会社の役員の場合

株主総会又は取締役会の議事録（役員間の稟議書でも可）、又は代表取締役等による報酬決定通知書（一人会社等）と、固定的賃金の変動があった月の前の月から、改定月の前の月分までの所得税源泉徴収簿又は賃金台帳の写し

4 年間報酬の平均で算定することの申立書（随時改定）／被保険者報酬月額変更届・保険者算定申立に係る例年の状況、標準報酬月額の比較及び被保険者の同意等（随時改定）

（様式1）

 様

年間報酬の平均で算定することの申立書（随時改定用）

　当事業所は旅行業を行っており、当事業所内の団体旅行添乗員部門では、例年、9月から11月までの間は、通常のツアーの添乗業務に加え秋の観光シーズンとなり添乗業務が集中し、繁忙期となります。これに対応すべくいわゆる1年単位の変形労働時間制（労働基準法第32条4）を採用してもなお、例年従業員には所定労働時間を超えた時間外労働を命じている状況にあります。また、毎年7月末が弊社の決算月であり、例年9月は、決算後の労働再配分を行い、賃金の見直し、昇給させていること等の理由により固定的賃金が増加することから、健康保険及び厚生年金保険被保険者の報酬月額算定基礎届を提出するにあたり、健康保険法第43条及び厚生年金保険法第23条の規定による随時決定の算定方法によると、年間報酬の平均により算出する方法より、標準報酬月額等級について2等級以上の差が生じ、著しく不当であると思料するため、健康保険法第44条第1項及び厚生年金保険法第24条第1項における「報酬月額の算定の特例」（年間）にて決定するよう申立てします。

　なお、当事業所における例年の状況、標準報酬月額の比較及び被保険者の同意等の資料を添付します。

令和 ▲ 年 12 月 1 日

事業所所在地　　　大阪市中央区平野町3－X

事業所名称　　　　上大岡ツアーズ株式会社

事業主氏名　　　　代表取締役　大岡　栄伍

連　絡　先　　　　06－6×××－××××

※　業種等は正確に記入いただき、理由は具体的に記載をお願いします。

健康保険 厚生年金保険 **被保険者報酬月額変更届・保険者算定申立に係る例年の状況、標準報酬月額の比較及び被保険者の同意等（随時改定用）**

事業所整理記号	03－カツハ	事業所名称	上大岡ツアーズ株式会社

被保険者整理番号	被保険者の氏名	生年月日	種別
37	田村　一馬	5－××1026	1

【昇給月又は降給月以後の継続した3か月の間に受けた固定的賃金についての欄】

	報酬（給与）支払の基礎となった日数	通貨によるものの額	現物によるものの額	小計	
令和●年9月	31 日	320,000 円	0 円	320,000 円	Ⓕ
●年10月	30 日	320,000 円	0 円	320,000 円	
●年11月	31 日	320,000 円	0 円	320,000 円	

①合計	960,000 円	②平均額	320,000 円	①÷3か月

【昇給月又は降給月前の継続した9か月及び昇給月又は降給月以後の継続した3か月の間に受けた非固定的賃金についての欄】

		報酬（給与）支払の基礎となった日数	通貨によるものの額	現物によるものの額	小計	
	令和●年12月	30 日	12,300 円	0 円	12,300 円	Ⓖ
	●年1月	31 日	13,500 円	0 円	13,500 円	
	●年2月	31 日	8,800 円	0 円	8,800 円	
③	●年3月	28 日	9,700 円	0 円	9,700 円	
	●年4月	31 日	22,400 円	0 円	22,400 円	
	●年5月	30 日	26,300 円	0 円	26,300 円	
	●年6月	31 日	27,000 円	0 円	27,000 円	
	●年7月	30 日	6,900 円	0 円	6,900 円	
	●年8月	31 日	5,600 円	0 円	5,600 円	
	●年9月	31 日	53,800 円	0 円	53,800 円	Ⓗ
④	●年10月	30 日	48,300 円	0 円	48,300 円	
	●年11月	31 日	56,900 円	0 円	56,900 円	

※以下については、必ず、支払基礎日数17日未満（短時間被保険者は11日未満）の月の報酬額は除いて計算してください。

昇給月又は降給月前の継続した9か月	③合計	132,500 円			
昇給月又は降給月以後の継続した3か月	④合計	159,000 円	⑤平均額	53,000 円	④÷3か月
昇給月又は降給月前の継続した9か月及び昇給月又は降給月以後の継続した3か月	③＋④	291,500 円	⑥平均額	24,291 円	（③＋④）÷12か月

【標準報酬月額の比較欄】※全て事業主が記入してください。

		平均額	健 康 保 険		厚 生 年 金 保 険	
			等級	標準報酬月額	等級	標準報酬月額
従前			a 23	320 千円	b 20	320 千円
昇給月又は降給月以後の継続した3か月	②＋⑤	373,000 円 Ⓐ	c 26	380 千円	d 23	380 千円
年間平均	②＋⑥	344,291 円 Ⓑ	e 24	340 千円	f 21	340 千円

	aとc又はbとdが2等級差以上	cとe又はdとfが2等級差以上	aとe又はbとfが1等級差以上
○又は×	○	○	○

【備考欄】

【被保険者の同意欄】

私は今回の随時改定にあたり、年間報酬額の平均で決定することを希望しますので、当事業所が申立てすることに同意します。

被保険者氏名　　　田村　一馬

次のいずれにも該当した場合は、年間平均で算定することの申し出ができます。

（1） 現在の標準報酬月額と通常の随時改定による標準報酬月額（昇給（降給）月以後の継続した３か月間の報酬の平均から算出した標準報酬月額）との間に２等級以上の差があること

（2） 次の@と⑥との間に２等級以上の差があること

@ 通常の随時改定のルールで算定した標準報酬月額

⑥ 昇給（降給）月以後の継続した３か月の間に受けた固定的賃金の月平均額に、昇給（降給）月前の継続した９か月及び昇給（降給）月以後の継続した３か月の間に受けた非固定的賃金の月平均額を加えた額から算出した標準報酬月額（年間平均額から算出した標準報酬月額）

（3） 現在の標準報酬月額と年間平均額から算出した標準報酬月額との間に１等級以上の差があること

（注） 固定的賃金の増加は、定期昇給など例年発生していることが条件となります。例えば、定期昇給とは別の単年度のみの特別な昇給による改定、例年発生しないが業務の一時的な繁忙と昇給時期との重複による改定や、転居に伴う通勤手当の支給による改定等は、年間平均による随時改定の対象外です。

● 健康保険・厚生年金保険 被保険者月額変更届の記入方法

①	37	②	田村　一馬	③	5－××1026	④令和●　12月		
1	健 240 千円	厚 240 千円	令和●　9年	⑦昇（降）給 9月　①昇給 2.降給	⑧遡及支払額		1. 70歳以上被用者月額変更 2. 二以上勤務 3. 短時間労働者（特定適用事業所等）
	⑨支給月	⑩日数	⑪通貨	⑫現物	⑬合計(⑪+⑫)	⑭総計	
	9月	31	373,800円	0円	373,800円	1,119,000円 Ⓐ	4.昇給・降給の理由 （　　定期昇給　　　）
	10月	30	368,300円	0円	368,300円	⑮平均額 373,000円 Ⓑ	5. 健康保険のみ月額変更 （　70歳到達時の契約変更等　）
	11月	31	376,900円	0円	376,900円	⑯修正平均額 344,291円	6.その他（　年平均　）

【⑮平均額（【Ⓐ】）まで】 これまでと同様に記入します。

【⑱備考欄】 「4. 昇給・降給の理由」を○で囲って、その下のかっこ内に、例年発生していることの具体的事由を記入し、「6. その他」も○で囲って、かっこ内に「年平均」と記入します。

【⑯修正平均額】 「（様式２）被保険者報酬月額変更届・保険者算定申立に係る例年の状況、標準報酬月額の比較及び被保険者の同意等（随時改定用）」の年間平均/平均額（Ⓑ）の額を記入します。

【**C**】 事業所の所在地を管轄する年金事務所名を記入します。

【**D**】 業種は正確にわかるように記入します。

【**E**】 年間報酬の平均で算定することの理由を具体的に記入します（繁忙期で、非固定的賃金が増えている理由）。

【**F**】 繁忙期（【**E**】の期間）に例年昇給される理由を具体的に記入します（繁忙期に、固定的賃金と非固定的賃金に変動がある理由）。

（注） 年平均で定時決定を行う際は、4月から6月の賃金計算期間が繁忙になる理由を記入していましたが、年平均で随時改定を行う場合は、昇給の時期に繁忙期を迎える理由と、昇給する理由を明示します。

● 被保険者報酬月額変更届・保険者算定申立に係る例年の状況、標準報酬月額の比較及び被保険者の同意等（随時改定用）の記入方法

・ 「被保険者報酬月額変更届・保険者算定申立に係る例年の状況、標準報酬月額の比較及び被保険者の同意等（随時改定用）」は対象者ごとに作成します。

・ 事業所整理記号、事業所名称、被保険者整理番号、被保険者の氏名、生年月日、種別（第3章）を記入します。

【昇給月又は降給月以後の継続した3か月の間に受けた固定的賃金についての欄】 昇給月から3か月間に、各月に支払った固定的賃金を記入します（**F**）。そして、「①」にはその3か月間の合計を、「②平均額」には①÷3で得た金額を記入します（1円未満の端数は切り捨て）。

【昇給月又は降給月前の継続した9か月及び昇給月又は降給月以後の継続した3か月の間に受けた非固定的賃金についての欄】 ③欄には、昇給月前9か月間に支払った非固定的賃金（残業手当等）の額を記入します。このとき、給与計算の基礎日数（報酬の支払基礎日数）が17日（特定適用事業所に勤務する短時間労働者は11日）未満の月があれば「－」を記入（*）し、その月は算入しません。合計を「③合計」に記入します。

同じく④欄には、昇給月以後3か月月間に支払った非固定的賃金の額（**H**）を記入します。④欄は必ず給与計算の基礎日数が17日（11日）以上の月でなければ、随時改定は行われません（年平均の随時改定も成立しない）。

標準報酬月額の比較欄（③④）について

P O I N T

・ 次のことがあった月はその月は算入しません。
  a． 給与計算の基礎日数が17日（11日）未満の月（③に限る）。
  b． 低額の休職給を受けた月、ストライキによる賃金カットを受けた月及び一時帰休に伴う休業手当等を受けた月

・ ③④の期間において、一般の被保険者と短時間被保険者の期間が混在した場合は、各月の被保険者の区分に応じた、賃金計算の基礎日数で算定の対象になるかならないかを判断します。

・ 給与の支払いに遅配がある場合は
  a． 昇給月前の継続した9か月以前に支払うべきであった給与の遅配分を年間平均の計算対象月に受けた場合は、その遅配分に当たる報酬の額を除いて、報酬月額の平均を計算します。

> b. 昇給月前の継続した9か月までの間に本来支払うはずの報州の一部が昇給月又は降給月から4か月目以降に支払われることになった場合は、その本来支払うはずだった月を計算対象から除外して、報酬月額の平均を計算します。
> ・ 上記に該当した場合は、その旨を【備考欄】に記入しておきます。

　⑤平均額は「④合計÷3」、⑥平均額は「(③＋④)÷17日^(＊)(11日)以上の月数」で計算した額記入します。

＊　④の期間は必ず17日(11日)以上でなければ随時改定は行われません。

【標準報酬月額の比較欄】

・　固定的賃金の平均額②と非固定的賃金の平均額⑤ないし⑥の合計を記入し、健康保険・厚生年金保険被保険者報酬月額変更届の⑮平均額(②＋⑤)、⑯修正平均額(②＋⑥)に転記します。

　「昇給月又は降給月以後の継続した3か月(②＋⑤)」…【Ⓐ】…⑮平均額へ

　「年間平均(②＋⑥)」………………………………………【Ⓑ】…⑯修正平均額へ

　　この平均額(報酬月額)を基準に健康保険と厚生年金保険の標準報酬月額とその等級を記入します(**a～f**)。

・　年平均の随時改定が行える要件を満たしているか判定します。次の要件に該当すれば、「○」を記入、該当しなければ「×」を記入し、3つとも「○」であれば、年平均の随時改定申し立てることができます。

a と c	b と d	従前(現在)の標準報酬月額の等級と昇給月以後の継続した3か月の標準報酬月額の等級に2等級以上の差があるか。
c と e	b と f	昇給月以後の継続した3か月の標準報酬月額の等級と年平均の標準報酬月額の等級に2等級以上の差があるか。
a と e	b と f	従前(現在)の標準報酬月額の等級と年平均の標準報酬月額の等級に1等級以上の差があるか。

・　被保険者の同意を得る必要がありますので、同意を得たうえで、同意欄に被保険者の氏名を記入します。

(注)　この手続を行うこと、本来の標準報酬月額より低廉な標準報酬月額になります。つまり、保険料が安くなりますが、本来受けられるはずの保険給付の額が、受けられなくなるということです(傷病手当金受給額や将来の年金額に影響がある)。そのため、この点を十分に説明して、納得してもらったうえで、同意を得ることになります。

様式コード 2 2 6 5

健康保険
厚生年金保険
厚生年金保険

被保険者賞与支払届
70歳以上被用者賞与支払届

令和 　年 　月 　日

事業所
整理記号　0 2　ミイロ

提出者記入欄

届書記入の個人番号に誤りがないことを確認しました。

事業所
所在地　〒550-0012
大阪市西区売立堀3-4-×

事業所
名称　三崎口機械株式会社

事業主
氏名　三崎 肇

電話番号　06（6XXX）XXXX

社会保険労務士記載欄
氏名 等

受付印

項目名	① 被保険者整理番号	② 被保険者氏名	③ 生年月日	⑦ 個人番号［基礎年金番号］ ※70歳以上被用者の場合のみ
	④ 賞与支払年月日	⑤ 賞与支払額	⑥ 賞与額（千円未満は切捨て）	⑧ 備考

共通 ④ 賞与支払年月日（共通）　9.令和　X X 1 2 1 5　←1枚ずつ必ず記入してください。

1	① 25	② 三崎 肇	③ 5-XX1024	⑦
	※上記「賞与支払年月日（共通）」と同じ場合は、記入不要です。 9.令和　年　月　日	⑤（通貨）1,100,000円 （現物）0円	⑥（合計⑦＋⑦）千円未満は切捨て 1,100,000円	⑧ 1. 70歳以上被用者　2. 二以上勤務 3. 同一月内の賞与合算 （初回支払日：　日）
2	① 36	② 笹本 和人	③ 5-XX0310	⑦
	※上記「賞与支払年月日（共通）」と同じ場合は、記入不要です。 9.令和　年　月　日	⑤（通貨）546,850円 （現物）0円	⑥（合計⑦＋⑦）千円未満は切捨て 546,000円	⑧ 1. 70歳以上被用者　2. 二以上勤務 3. 同一月内の賞与合算 （初回支払日：　日）
3	① 45	② 河本 真奈美	③ 5-XX0622	⑦
	※上記「賞与支払年月日（共通）」と同じ場合は、記入不要です。 9.令和　年　月　日	⑤（通貨）243,500円 （現物）0円	⑥（合計⑦＋⑦）千円未満は切捨て 243,000円	⑧ 1. 70歳以上被用者　2. 二以上勤務 3. 同一月内の賞与合算 （初回支払日：　日）
4	① 49	② 河合 玲奈	③ 7-XX0923	⑦
	※上記「賞与支払年月日（共通）」と同じ場合は、記入不要です。 9.令和 XX 年 12 月 25 日	⑤（通貨）150,000円 （現物）0円	⑥（合計⑦＋⑦）千円未満は切捨て 150,000円	⑧ 1. 70歳以上被用者　2. 二以上勤務 3. 同一月内の賞与合算 （初回支払日：　日）
5	① 55	② 大西 花香	③ 7-XX0909	⑦
	※上記「賞与支払年月日（共通）」と同じ場合は、記入不要です。 9.令和　年　月　日	⑤（通貨）円 （現物）円	⑥（合計⑦＋⑦）千円未満は切捨て ,000円	⑧ 1. 70歳以上被用者　2. 二以上勤務 3. 同一月内の賞与合算 （初回支払日：　日）
6	①	②	③	⑦
	※上記「賞与支払年月日（共通）」と同じ場合は、記入不要です。 9.令和　年　月　日	⑤（通貨）円 （現物）円	⑥（合計⑦＋⑦）千円未満は切捨て ,000円	⑧ 1. 70歳以上被用者　2. 二以上勤務 3. 同一月内の賞与合算 （初回支払日：　日）
7	①	②	③	⑦
	※上記「賞与支払年月日（共通）」と同じ場合は、記入不要です。 9.令和　年　月　日	⑤（通貨）円 （現物）円	⑥（合計⑦＋⑦）千円未満は切捨て ,000円	⑧ 1. 70歳以上被用者　2. 二以上勤務 3. 同一月内の賞与合算 （初回支払日：　日）
8	①	②	③	⑦
	※上記「賞与支払年月日（共通）」と同じ場合は、記入不要です。 9.令和　年　月　日	⑤（通貨）円 （現物）円	⑥（合計⑦＋⑦）千円未満は切捨て ,000円	⑧ 1. 70歳以上被用者　2. 二以上勤務 3. 同一月内の賞与合算 （初回支払日：　日）
9	①	②	③	⑦
	※上記「賞与支払年月日（共通）」と同じ場合は、記入不要です。 9.令和　年　月　日	⑤（通貨）円 （現物）円	⑥（合計⑦＋⑦）千円未満は切捨て ,000円	⑧ 1. 70歳以上被用者　2. 二以上勤務 3. 同一月内の賞与合算 （初回支払日：　日）
10	①	②	③	⑦
	※上記「賞与支払年月日（共通）」と同じ場合は、記入不要です。 9.令和　年　月　日	⑤（通貨）円 （現物）円	⑥（合計⑦＋⑦）千円未満は切捨て ,000円	⑧ 1. 70歳以上被用者　2. 二以上勤務 3. 同一月内の賞与合算 （初回支払日：　日）

【④賞与支払年月日（共通）】　賞与を支払った年月日を記入します。複数枚提出する際は、すべての「健康保険・厚生年金保険 賞与支払届」に記入します。なお、この記入した日以外に賞与を支払ったときは、各被保険者欄にある「④賞与支払年月日」にその日を記述します（例示：被保険者項目「4」）。

【⑤賞与支払額欄】　次にように記入します。

⑦（通貨）には、賞与・手当等名称を問わず労働の対償として、3か月を超える期間ごとに金銭（通貨）で、1回に支払われるすべての金額を記入します。

（注）年間4回以上支払われる賞与で、標準報酬月額の算定対象となるものは、この届書を提出する必要はありません（被保険者報酬月額算定基礎届又は保険 被保険者報酬月額変更届に算入する）。

④（現物）には、賞与のうち金銭（通貨）以外で支払われるものについて記入します（「1　健康保険・厚生年金保険被保険者報酬月額算定基礎届（定時決定）」参照）。

【⑥賞与額】　⑦（通貨）と④（現物）の合計から1,000円未満をの端数を切り捨てた金額を記入します。ただし、1,000万円以上となるときは、「9,999（,000）」と記入します。

【賞与の支払いがなかった人】　該当者欄に斜線を引き、記入は不要です（例示：被保険者項目5）。

【⑧備考欄】　次のいずれかに該当したときに記入します。

a．70歳以上の人については、⑧の「1．70歳以上被用者」を○で囲み、⑦にマイナンバー又は基礎年金番号を記入します。

b．2カ所以上の適用事業所で勤務している被保険者（70歳以上被用者を含む）であれば、「2．二以上勤務」を○で囲みます。

c．何らかの事情がって、同一月内に2回以上に分けて賞与が支払われたときに、これらの賞与を合算して届出する場合には、「3．同一月内の賞与合算」に○で囲んで、かっこ内には、初回に支払われた日を記入します。

標準賞与と保険料について

　⑦（通貨）と④（現物）の合計額から1,000円未満を切捨てした賞与額のことを「標準賞与額」と言います。この、標準賞与額に保険料率をかけて納付すべき保険料額を計算します（協会けんぽ管掌事業所では事業主と被保険者で折半負担）。

　健康保険における標準賞与額の上限は、年間（毎年4月1日から翌年3月31日まで）の累計で573万円となり、以後は保険料が賦課されなくなります。転職・転勤等、以前の勤務先での賞与額と合算して同一の保険者で健康保険の上限を超える場合は「健康保険標準賞与額累計申出書」の提出が必要となります。他方、厚生年金保険における標準賞与額は、1か月（1回）あたり150万円が上限になります。

　このほかに、賞与に係る保険料の取り扱いは次のとおりです。

・　資格取得年月日以降に支払われた賞与が保険料計算の対象となります。ただし、資格喪失月に支払われた賞与について、退職日以前のものは届出が必要となりますが、原則として、保険料計算の対象とはなりません。

・　産前産後休業・育児休業の取得により、保険料が免除される期間中に支払われた賞与について

も届出が必要となります（保険料は免除される）。

・　賞与支払月内に40歳に到達し介護保険第2号被保険者になった場合で、誕生日が賞与支払日より後であっても介護保険料は徴収されます。また、賞与支払月内に65歳に到達し介護保険第1号被保険者になったとき、誕生日が賞与支払日より前であっても介護保険料は徴収されません。

（注）　65歳になったことにより、介護保険第1号被保険者になった場合の介護保険料は、原則として、その年度内は納付書による普通徴収、その後は、年金から天引きされる特別徴収の扱いになります。

6 健康保険・厚生年金保険 賞与不支給報告書

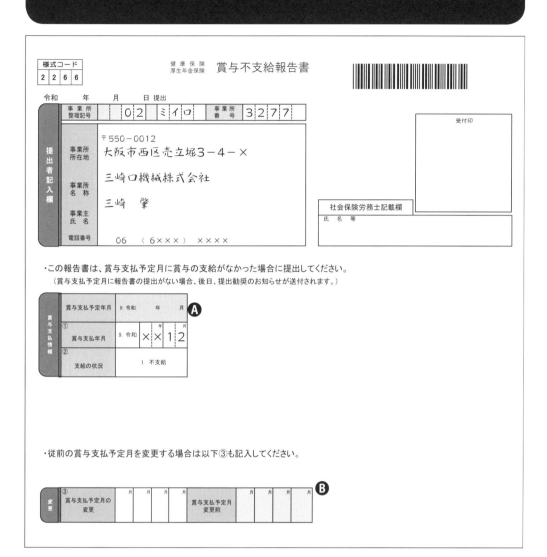

様式コード			
2	2	6	6

健康 保険
厚生年金保険　**賞与不支給報告書**

令和　　年　　月　　日 提出

	事業所整理記号		0	2	ミ	イ	ロ	事業所番号	3	2	7	7

提出者記入欄

事業所所在地　〒550-0012
大阪市西区売立堀3-4-×

事業所名称　三崎口機械株式会社

事業主氏名　三崎　肇

電話番号　06　（6×××）　××××

受付印

社会保険労務士記載欄
氏　名　等

・この報告書は、賞与支払予定月に賞与の支給がなかった場合に提出してください。
　（賞与支払予定月に報告書の提出がない場合、後日、提出勧奨のお知らせが送付されます。）

賞与支払情報	賞与支払予定年月	9. 令和　　　　年　　　月 Ⓐ
	① 賞与支払年月	9. 令和　×│×│年 1│2│月
	② 支給の状況	1. 不支給

・従前の賞与支払予定月を変更する場合は以下③も記入してください。

変更	③ 賞与支払予定月の変更	月 月 月	賞与支払予定月変更前	月 月 月 Ⓑ

85

所定の賞与支払月に、賞与が支払わなかったときに提出します。

● 記入方法

【①**賞与支払い年月**】 賞与が不支給となった年月（**Ⓐ**）を記入します。②支給の状況欄は記入不要です。

・ 賞与支払予定月を変更する場合は、③賞与支払予定月の変更欄（**Ⓑ**）を使用します（変更を希望しないときは、記入をしません）。

a. 6月と12月の支払月を、7月と12月に変更するとき

変更	③賞与支払予定月の変更	月	月	月	月	賞与支払予定月変更前	月	月	月	月
		07	12				06	12		

b. 今後賞与を支払わないとき（すべてを「00」と記入）

変更	③賞与支払予定月の変更	月	月	月	月	賞与支払予定月変更前	月	月	月	月
		00	00	00	00		06	12		

第 **3** 章

入社時の手続

提出先等

1．健康保険・厚生年金保険の資格取得

1　健康保険・厚生年金保険 被保険者資格取得届	
いつまでに	資格取得の日から5日以内
どこへ	健康保険組合 ／ 日本年金機構事務センター（広域事務センター）
添付書類	資格取得したときに、被扶養者があるときは「健康保険 被扶養者（異動）届」、外国籍の人は「厚生年金保険 ローマ字氏名届」

4　厚生年金保険 被保険者資格取得届（国保組合に加入するとき）	
いつまでに	14日以内
どこへ	加入しようとする国民健康保険組合。その後、事業所を管轄する日本年金機構事務センターへ
添付書類	加入申請書、その他添付書類は、国民健康保険組合指定のものを用意します。

5　健康保険・厚生年金保険　被保険者 所属選択 ／ 二以上事業所 勤務届	
いつまでに	複数の適用事業所に使用されることとなった日から10日以内
どこへ	選択する事業所の所在地を管轄する事務センター（年金事務所）
添付書類	すでに全国健康保険協会（協会けんぽ）の被保険者である場合は、健康保険被保険者証
注意事項	この届書の提出に当たっては、適用事業所の被保険者となるための「健康保険・厚生年金保険 被保険者資格取得届」の提出が前提となっています。新たに被保険者となる場合は、その事業所の資格取得届を併せて提出します。

2．雇用保険の資格取得

1　雇用保険 被保険者資格取得届	
いつまでに	翌月の 10 日までに
どこへ	事業所を管轄するハローワーク
添付書類	原則としてありません。ただし、役員であって同時に従業員としての身分を有するもの、同居の親族、在宅勤務者としての届出の場合は、雇用実態証明書の提出が必要になります。

3　マルチジョブホルダー雇入れ・資格取得届	
いつまでに・どこへ	速やかに、申出人（本人）の住所地を管轄するハローワークへ本人が申し出ます。
添付書類（確認資料）	各社ごとに、マルチジョブホルダー雇入れ・資格取得届と次の確認書類 ・賃金台帳・出勤簿（原則記載年月日の直近 1 か月分） ・労働者名簿 ・雇用契約書・労働条件通知書・雇入通知書等 　個人番号番号登録変更届（申出と同時） （注）　添付書類の省略はできません。
注意事項	住居所管轄ハローワークに申出を行った日から特例的に高年齢被保険者となります（マルチジョブホルダー制度は遡及適用はできない）。 （注）　郵送申請の場合、申請書類一式がハローワークに到達した日が、申出日となります。 申出人は、住居所管轄ハローワークから交付される以下の 6 点を保管します（①、②、⑤、⑥は離職した際に使用する）。 ・　雇用保険マルチジョブホルダー喪失・資格喪失届…① A 社分、② B 社分 ・　雇用保険マルチジョブホルダー雇入・資格取得確認通知書（本人通知用） 　…③ A 社分、④ B 社分 ・　雇用保険被保険者証…⑤ ・　被保険者資格喪失時アンケート…⑥

Guidance 従業員を雇い入れたときの手続

　健康保険、厚生年金保険、雇用保険において、従業員を新たに雇い入れたときには、適用除外（法律上、保険関係(*)が適用されない人）される人を除き、被保険者となります。資格取得手続を行います。また、適用除外者が除外要件を満たさなくなったときは、被保険者となりますから同様に手続を行います。

　資格取得手続とは、保険者に届け出て、被保険者となるべき人であることを確認してもらい、被保険者となることをいいます。

　ただし、労災保険に関しては、労働者が業務上災害で負傷などした場合に、事業主には労働基準法で災害補償義務が課せられており、その事業主責任を補償する保険として成立した制度ですから、保険料の納付義務は事業主にのみ課せられています。そのため、労働者（従業員）であればその保護の対象になりますから、被保険者制度の適用はありません。

＊　保険関係とは、被保険者が保険料を納付する義務を負い、保険者（その保険を管掌するするもの）は保険給付をなす義務を負う関係をいいます。

健康保険・厚生年金保険の資格取得

（1）健康保険・厚生年金保険の被保険者、適用除外者

　適用事業所に使用される人は、適用除外を除いて全員が被保険者となります。健康保険・厚生年金保険では、法人（株式会社等）の役員は、適用事業所に使用される者として被保険者になります（非常勤の役員は適用除外）しかし、個人事業主は本人が事業主のため被保険者になれません。

　また、次のいずれかに該当した場合は、法律上、その適用除外されているので、被保険者になれません。

【適用除外とされる人】

① 健康保険・厚生年金保険共通の適用除外

（注） 船舶所有者に使用される船員でA、B、Dに該当するときは、厚生年金保険の被保険者になります。なお、船員は船員保険法の適用を受けるため、健康保険の被保険者になりません）

A　日々雇い入れられる人。ただし、1か月を超え、引き続き使用されることとなった時は、その時から被保険者になります。

B　2か月以内の期間を定めて使用される者であって、当該定めた期間を超えて使用されることが見込まれない人。

> **POINT**
>
> **2か月以内の期間を定めて使用される者**
>
> 　「2月以内の期間を定めて使用される者であって、当該定めた期間を超えて使用されることが見込まれない人」とは、当初の契約期間が2か月以内に終了し、更新の予定がないことが前提になっている場合をいいます。したがって、2か月の試用期間は、試用期間満了後も引き続き雇入れることが、当初から見込まれているので、この例に該当しません。また、以下のいずれかにあてはまれば、「2か月を超える使用が見込まれる」ものとして、雇い入れ当初から被保険者になります。
> ・　就業規則、雇用契約書等その他書面において契約が更新される旨または更新される場合がある旨が明示されていること
> ・　同一の事業所において同様の雇用契約に基づき雇用されている者が更新等により2か月を超えて雇用された実績があること

C　事業所の所在地が一定しないものに使用される人

D　季節的業務に使用される人。ただし、当初から継続して4か月を超えて使用される場合を除きます。

E　臨時的事業の事業所に使用される人。ただし、当初から継続して6か月を超えて使用される場合を除きます。

F　パートタイマーの取り扱いは、1週間の所定労働時間及び1か月の所定労働日数が通常の従業員の4分の3未満の人（4分の3以上ある場合には、被保険者とする）。

ただし、4分の3未満であっても、特定適用事業所（同じ法人番号の企業で、被保険者の数（短時間労働者を除く）が本支店あわせて101人以上(*)の会社）、又は、100人以下の事業所で、短時間労働者の資格取得について労使間に同意のある事業所に使用される短時間労働者は、次の@～@のいずれかの要件満たしたときには被保険者にはなりません（すべて該当しなければ、短時間労働者として資格取得する）。

@　1週間の所定労働時間が20時間未満であること。

ⓑ　継続して2か月を超えて使用される見込みがないとき

ⓒ　賃金の月額が88,000円未満であること

ⓓ　学生であるとき

*　令和6年10月1日から、101人以上は51人以上に適用要件が拡大されます。

一般の被保険者より週所定労働時間の少ない人の被保険者の区分

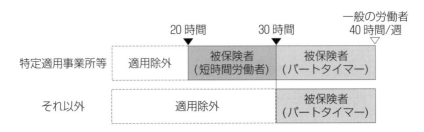

② **健康保険の適用除外**

A　船員保険の被保険者（船員保険の適用を受けるため）

B　国民健康保険組合の事業所に使用される人及び保険者の承認を受けて国民健康保険組合（医師国保・建設国保等）の被保険者となる人（「Point　国民健康保険組合の被保険者資格取得」参照）

C　後期高齢者医療の被保険者等

③ **厚生年金保険の適用除外**

　　70歳以上の人（ただし、「70歳以上被用者」として届け出することがある）

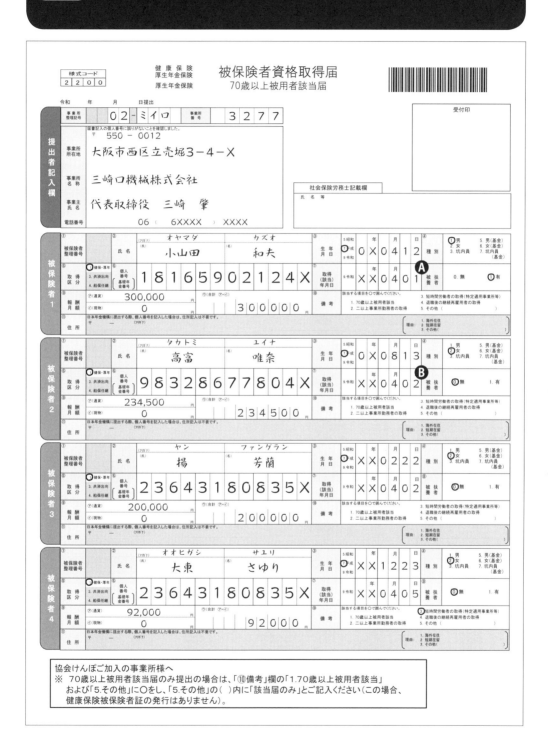

協会けんぽご加入の事業所様へ
※　70歳以上被用者該当届のみ提出の場合は、「⑩備考」欄の「1.70歳以上被用者該当」
　　および「5.その他」に○をし、「5.その他」の（　）内に「該当届のみ」とご記入ください（この場合、
　　健康保険被保険者証の発行はありません）。

適用事業所で従業員を雇い入れたとき、適用除外者の除外事由がなくなったとき、転勤者があったときに届け出ます。

(注) 被保険者「1」「2」：通常の記入例（賃金形態により、資格取得日が異なる例）
　　　「3」：外国人労働者を雇入れた場合の例
　　　「4」：短時間労働者を雇入れた例

● 記入方法

②氏名から⑥個人番号、⑪住所までを記入します。

【①被保険者整理番号】 この届により、年金機構側で番号を決定し払い出ししますので、記入する必要はありません。

【④種別】 厚生年金基金に加入していない事業所は1～3、基金に加入している事業所は5～7のグループで、該当する番号を○で囲みます。

④		
種　別	①男 2. 女 3. 坑内員	5. 男（基金） 6. 女（基金） 7. 坑内員 　　（基金）

POINT

種別

　厚生年金保険は、その昔、第1種被保険者（男子）、第2種被保険者（女子）、第3種被保険者（過去に女子は坑内作業ができなかった。坑内員＝厚生年金保険の届出書を使用、船員＝船員保険の届出書を使用）に分けられていました。これは、男女で老齢年金の支給開始年齢が異なったり、第三種被保険者には被保険者期間を計算するうえで特例があったため、「種別」という区分を設けていました。現在の法律では、男女とも65歳からの支給になりましたので、普通の会社であれば、種別は性別というとらえ方をしてもよいと思います。そして、昭和41年から厚生年金保険にプラスして年金給付を行う企業年金制度がスタートしたことにより、厚生年金基金に加入事業所では、同様に第5種～第7種の種別が追加されました。

　現在の制度では新たに第4種被保険者(*)になる人がいないため、「4」は欠番になっています。

＊　第4種被保険者は、昭和61年改正前厚生年金保険法（旧法）では、複数の年金制度を渡り歩いた結果、それぞれの年金制度で受給資格期間を満たさない場合は通算年金を受給することができました。しかし、任意加入して単独で老齢厚生年金の受給資格期間（20年）を作ったほうが、年金を受給するうえで有利なので、任意加入することが認められていました。

【⑤取得区分】 健康保険・厚生年金保険の被保険者となったときですから、「1.健保・厚年」を○で囲みます（船員保険適用者は、船員保険法の被保険者資格取得届提出するため除かれる）。

(注) 「3.共済出向」とは、共済組合から公庫等へ出向した職員であるときに該当します。なお、「4.船保任継」は船員任意継続被保険者であるときですが、厚生年金保険の第4種被保険者同様、今後手続を行う人は限られます。

【⑦取得（該当）年月日】 は、適用事業所に使用されるに至った日（事実上の使用関係が発生した日）を記入します。具体的には、雇い入れの日、事業所が適用事業所になった日、適用除外に該当しなくなった日などをいいます。

事実上の使用関係が発生した日

　事実上の使用関係が発生した日とは、その事業所で実際の報酬を得る最初の日をいいます。

　例えば、雇用契約では「4月1日から」であって、4月1日が日曜日で、実際に2日（月曜日）から働きだしたときに、雇い入れの日である日曜日も含めて賃金の支払いがある月給制のような場合は「4月1日」が資格取得日（**A**）に、日曜日に賃金の支払いがない日給制や時間給制などのような場合は月曜日の「4月2日」が資格取得日（**B**）となります。

【⑧被扶養者】　資格取得時に被扶養者になるべき人がいる場合には、「1．有」に○印を付け、被扶養者（異動）届を添付します。いないときは、「0．無」に○印を付けます。

【⑨報酬月額の「㋐（通貨）」】　給料・手当（所得税法上非課税の通勤費も含まれます）等、名称を問わず労働の対償として金銭（通貨）で支払われるすべての合計金額を記入します。

㋐（通貨）の計算ルール

　ⓐ　月給、週給、年俸など一定の期間で金額を定めて支給される場合

　資格取得日現在の報酬額をその期間の歴日数で割った額の30倍に相当する金額を計算します（月給制の場合は、その額を記入すればよいことになっている）。

$$\frac{資格取得日時点の報酬の総額}{その期間の総日数} \times 30$$

　ⓑ　日給制や時間給、時間外労働の割増賃金、請負制の場合

　実績によって報酬が変わる場合は、資格取得月の前月1か月間に、同じ事業所内で同様の業務に携わっている従業員の報酬の平均額を計算します。

　ⓒ　ⓐとⓑの方法では報酬の算定が困難な場合

　被保険者の資格を取得した月の前1か月間に、その地方で、同様の業務に従事し、かつ同様の報酬を受ける者が受けた報酬の額を記入します。

　ⓓ　ⓐ～ⓒの複数に該当する報酬を受ける場合

　ⓐ～ⓒそれぞれに算定した額の合計額を㋐に記入します。

　例示：基本給が月給（ⓐ）で、割増賃金（ⓑ）が支払われる場合

（注）　臨時に支払われるもの（慶弔見舞金やお祝金、ご祝儀など）や、支給回数が年3回以下の賞与等は含めません。

【⑨報酬月額の㋑（現物）】　報酬のうち食事・住宅・被服・定期券等、金銭（通貨）以外で支払われるものについて記入します。現物によるものの額は、厚生労働大臣によって定められた額（食事・住宅については都道府県ごとに定められた価額、その他被服等は時価により算定した額）を記入します（第2章参照）。

【⑨報酬月額の㋒（合計㋐＋㋑）】　通貨によって支払われる額（㋐）と現物給与として計算される額（㋑）の合計（報酬月額）を記入します。この報酬月額により、保険者は標準報酬月額を決定します。次の定時決定もしくは標準報酬の改定が行われるまでの保険料算定の基礎となりますから、間違えないように気を付けなければなりません。

【⑩備考】　それぞれに該当した場合は、その番号を○で囲みます。

　「1．70歳以上被用者該当」…新に雇い入れた被用者が70歳以上だったとき

（注）　在職中に70歳に到達した場合は、原則として手続は不要ですが、70歳に達して報酬月額が変

わるときには、この届書ではなく「70歳到達届（資格喪失届・70歳以上該当届）」を提出します。

「2. 二以上事業所勤務者の取得」…複数の適用事業所に勤務するようになったとき（資格取得日から10日以内に、被保険者が「被保険者所属選択・二以上事業所勤務届」を選択した保険者に提出）

「3. 短時間労働者の取得（特定適用事業所等）」…短時間労働者に係る資格取得届を提出とき

短時間労働者

POINT

特定適用事業所（同じ法人番号の企業で、被保険者の数（短時間労働者を除く）が本支店あわせて101人以上^(*)の会社）、又は、100人以下の事業所で、短時間労働者の資格取得について労使間に同意のある事業所に使用される人（週の所定労働時間が20時間以上30時間未満の労働者）が、次の@〜@のすべての要件満たしているときには、短時間労働者として被保険者になります。

ⓐ 1週間の所定労働時間が20時間以上であること
ⓑ 継続して2か月を超えて使用されると見込まれること
ⓒ 賃金の月額が88,000円以上であること

被保険者資格要件である、「賃金の月額が88,000円以上であること」というのは、週給、日給、時間給を月額換算したものに、諸手当等を含めた所定内賃金の額をいいます。ただし、次の賃金は除きます。

・臨時に支払われる賃金及び1か月を超える期間ごとに支払われる賃金（慶弔見舞金、賞与等）
・時間外労働、休日労働及び深夜労働に対して支払われる賃金（割増賃金等）
・最低賃金法で算入しないことを定める賃金（精皆勤手当、通勤手当、家族手当等）

ⓓ 学生でないこと

＊ 令和6年10月1日から、101人以上は51人以上に適用要件が拡大されます。

短時間労働者の⑨欄の報酬額欄の記入と被保険者資格要件の賃金の月額

POINT

【⑨報酬月額】のア（通貨）欄は、短時間労働者として被保険者資格要件（前記）をみる「賃金の月額」ではなく、給料・手当（所得税法上非課税の通勤費も含む）等、名称を問わず労働の対償として、実際に事業主から支払わる金銭（通貨）の合計金額を記入します。資格取得後の被保険者算定基礎届などの報酬月額の算定も同様に計算します。

「4. 退職後の継続再雇用者の取得」…これに該当する場合は、この届書とあわせて「被保険者資格喪失届」の提出が必要です（4章参照）。

【⑪住所】 住民票の住所を記入します（【⑥個人番号】を記入したときは不要）。なお、日本国内に住民票（マイナンバー）を有していない等、住民票住所を記入できない場合は、居所等を記入のうえ「1. 海外在住」「2. 短期在留」「3. その他」のいずれか該当する理由を○で囲みます。そして、「3. その他」に○をした場合は、その理由を記入します。

また、被保険者が住民票以外の居所を登録する場合には「健康保険・厚生年金保険 被保険者住所変更届」を添付します。

72073

グループ長 課長	担当者

厚生年金保険被保険者　ローマ字氏名届

基礎年金番号	生年月日（西暦）	性別	住民票の有無	Ⓐ
5 7 0 3 8 5 7 9 0 8	1 9 X X 0 2 2 5 年月日	1 男 ②女	1 無 ②有	

被保険者氏名

		Ⓑ
ローマ字氏名記入欄	（フリガナ）　ヤン　　　ファングラン	
	（ローマ字）　YAN　　　　FANGURAN	

※「漢字氏名」「通称名」をお持ちの方は、下記の欄に記入してください（記入は任意です）。 Ⓒ

漢字氏名記入欄	〔氏〕　ヤン　揚	〔名〕　ファングラン　芳蘭	Ⓓ
通称名記入欄	（フリガナ）		
	〔氏〕	〔名〕	

※当該被保険者がローマ字氏名をお持ちでない場合は、その理由をチェック（✔）してください Ⓔ

理由記入欄
- □ 短期在留者であるため
- □ 海外に住所を有している者であるため
- □ 在留カード（または特別永住者証明書）にローマ字氏名が記載されていないため
- □ その他　理由（　　　　　　　　　　　　　　　　　　　）

【記入上の注意】
1　「住民票の有無」欄は、該当する番号を〇で囲んでください。
2　フリガナは、被保険者資格取得届に記入したものと同じフリガナを記入してください。
3　ローマ字氏名は、在留カード若しくは特別永住者証明書又は住民票に記載されているローマ字氏名を大文字で記入してください。なお、ローマ字氏名をお持ちでない方については、「ローマ字氏名欄」に被保険者資格取得届等に記載したカナ氏名を記入のうえ、「理由記入欄」にその理由を記入してください。

年金事務所受付印	事務センター受付印

	令和　　年　　月　　日提出
事業所所在地	〒 550 - 0012
	大阪市西区立売堀3-4-X
事業所名称	大阪機械株式会社
事業主氏名	代表取締役　大坂　肇
電話番号	（ 06 ） 6XXX - XXXX

社会保険労務士の提出代行者欄

（注1）　被扶養者（異動）届で外国人の被扶養配偶者の届出をする場合は、国民年金第3号被保険者ローマ字氏名届を添付します（様式名が異なるのと、事業所・事業主欄が届出人の第3号被保険者に変わるほかは、記入事項には変更はない）。

（注2）　届出後も、日本年金機構から送付される通知書や健康保険被保険者証はカナ氏名で表示されます。

参考：健康保険・厚生年金保険 被保険者資格取得届

	① 被保険者整理番号	② 氏名	（フリガナ）　ヤン　　ファングラン		③ 生年月日	5昭和 ⑦平成 9令和	X X 0 2 2 2 年月日	④ 種別	1男 ②女 3坑内員	5男（基金）6女（基金）7坑内員（基金）
被保険者3			〔氏〕　揚	〔名〕　芳蘭						
	⑤ 取得区分	ⓞ健保・厚年 1共済出向 3船保任継	⑥ 個人番号（基礎年金番号）	2 3 6 4 3 1 8 0 8 3 5 X	⑦ 取得（該当）年月日	9令和	X X 0 4 0 2 年月日	⑧ 被扶養者	ⓞ無　1有	
	⑨ 報酬月額	⑦（通貨）　200,000 円　⑦（現物）　0 円	⑦（合計 ⑦＋⑦）　200000 円		⑩ 備考	該当する項目を〇で囲んでください。 1.70歳以上被用者該当　3.短時間労働者の取得（特定適用事業所等）2.二以上事業所勤務者の取得　4.退職後の継続再雇用者の取得　5.その他				
	⑪ 住所	〒 - （フリガナ）						理由	1.海外在住 2.短期在留 3.その他（　）	

外国籍の従業員を採用した際に、マイナンバーと基礎年金番号が結びついていない人、マイナンバー制度の対象外である人は、資格取得届等と併せて「ローマ字氏名届」の提出が必要です。

● 記入方法

【Ⓐ】 日本で住民登録されていない人は「1 無」を、されている人は「2 有」を○で囲みます。

【Ⓑ】 在留カード（又は特別永住者証明書）又は住民票に記載されているローマ字氏名を大文字で記入します。

【Ⓒ】 住民票に漢字氏名の記載がある人は記入します（記入は任意です）。

【Ⓓ】 住民票に通称名の記載がある人は記入します（記入は任意です）。

【Ⓔ】 当該被保険者が在留カード等を所持していないなどの理由により、ローマ字氏名を持っていない場合は、該当する理由をチェックします。

参考：国民年金 第3号被保険者　ローマ字氏名届

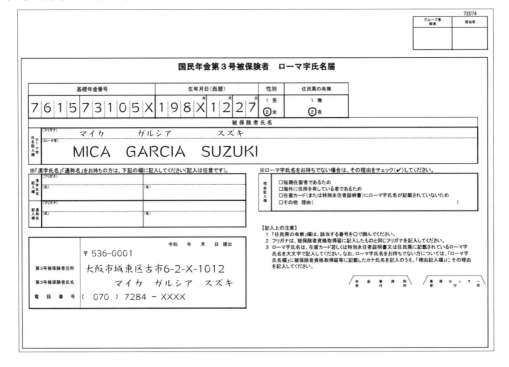

3 厚生年金保険 70歳以上被用者該当届

70歳以上の新規雇入れ時の資格取得

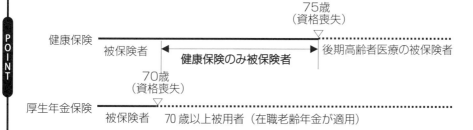

　70歳以上の従業員を、雇い入れたとき又は適用除外に該当しなくなったときに届け出ます。

（注）　後期高齢者医療の被保険者であって、厚生年金保険に加入歴のない人を雇い入れた場合は本届け出は不要です。

● 記入方法

【⑩備考欄】　雇入れた人又は適用除外に該当しなくなった人が70歳以上の場合は、「1. 70歳以上被用者該当」を○で囲みます（Ⓐ）。その他は、「健康保険・厚生年金保険 被保険者資格取得届」の記入方法にあるとおりです。

POINT

70歳の被保険者と被用者

　健康保険は、後期高齢者医療の被保険者等（75歳以上の人、65歳以上で後期高齢者医療広域連合から一定の障害があると認定された人）でなければ被保険者になります。

　他方、70歳以上の人は厚生年金の被保険者になりませんが、在職老齢年金[*]の仕組みは70歳以上も適用されるため、総報酬月額相当額に相当する額を算定する必要があります。そのため、本届書の「70歳以上被用者該当届」や「70歳以上被用算定基礎届」などの報酬や賞与に関する届出を行わなければなりません。

```
                                        75歳
                                     （資格喪失）
                                         ▽
健康保険  ━━━━━━━━━━━━━━━━━━━━━━━━━━━━━━━━━━━━━━━━━━━
          被保険者  ◀━━━━━━━━━━━━━━▶ 後期高齢者医療の被保険者
                    健康保険のみ被保険者
              70歳
           （資格喪失）
               ▽
厚生年金保険 ━━━━━━━━━━┅┅┅┅┅┅┅┅┅┅┅┅┅┅┅┅┅┅┅┅┅┅┅┅┅┅
          被保険者  70歳以上被用者（在職老齢年金が適用）
```

　なお、在職中に70歳に到達（誕生日の前日）し、引き続き同一の事業所に使用される場は、特に手続はありません。ただし、70歳到達日において報酬月額に変更がある場合は、「厚生年金 被保険者資格喪失届／厚生年金保険 70歳以上被用者該当届（70歳到達届）」を提出します。

* 　在職老齢年金とは、老齢厚生年金を受給している厚生年金の被保険者・被用者は、同時に就労して報酬を得ているので、老後の生活保障である老齢厚生年金を全部又は一部を停止して調整をしようというものです。

厚生年金保険 被保険者資格取得届

国保組合に加入するとき：健康保険 被保険者適用除外承認申請書

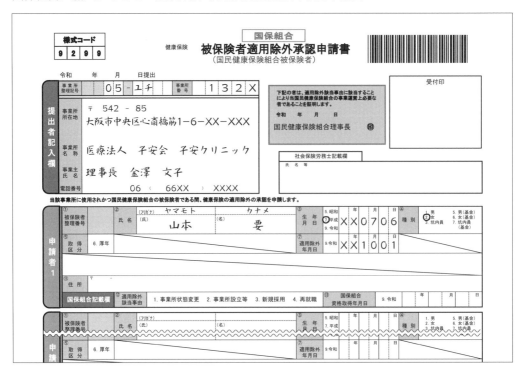

厚生年金保険 被保険者資格取得届

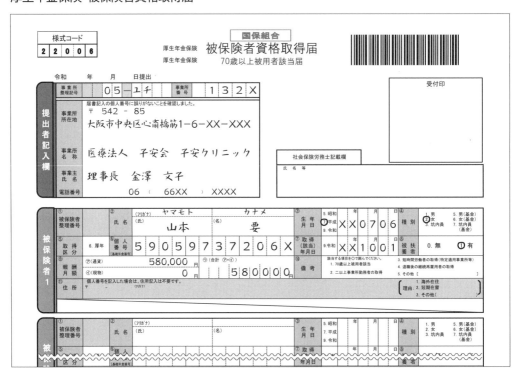

厚生年金保険適用事業所の従業員が新たに国保組合に加入し、厚生年金保険のみ被保険者とするときに届け出ます。

● 記入方法

　「健康保険・厚生年金保険 被保険者資格取得届」の記入方法にあるとおりです。ただし、斜線が引かれている項目は記入不要です。

国民健康保険組合の被保険者資格取得

　保険者の承認を受けて国民健康保険組合（医師国保・建設国保等）の被保険者となる人は、健康保険の適用除外に該当します。このときの手続は、国民健康保険組合に対して健康保険被保険者適用除外申請書に証明印を押印してもらったうえで、年金機構に提出することになります（厚生年金保険のみ被保険者になる）。

　適用除外申請の流れは、おおむね次のようになります。

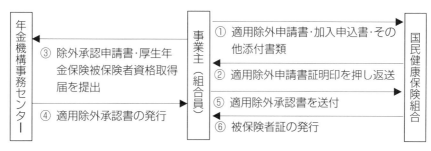

（注）　適用除外の年月日が国民健康保険組合の資格取得日となります。

　　　　健康保険被保険者適用除外承認申請書、加入申込書等は、加入を希望する国民健康保険組合に請求します。

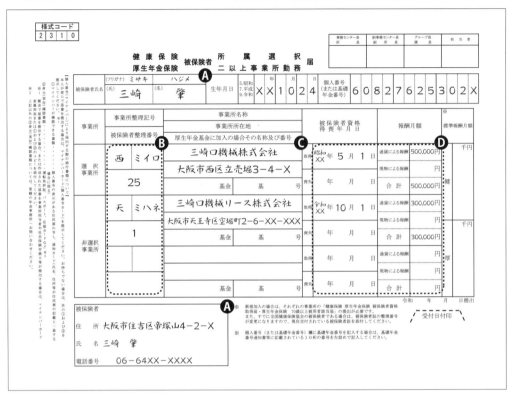

　被保険者が同時に複数（2か所以上）の適用事業所に使用される場合は、被保険者が届出を行い、その保険料徴収・保険給付を担当する、保険者又は年金事務所を選択します。

● 記入方法

【A】 この届出に係る被保険者の氏名、生年月日、個人番号を記入します。なお、本届け出書の届出人は被保険者本人ですから、左下の「被保険者」欄の、住所、氏名、電話番号も忘れず記入してください。

【B】 選択する事務所と選択しない事務所（非選択事務所）を決め、該当欄の上段には事業所整理記号、下段には被保険者番号を記入します。

　なお、事業所整理記号は、この例では、漢字の年金事務所コード＋整理記号で記入していますが、番号で記入しても問題はありません（例示　西-ミイロ　→　02-ミイロ）

> **POINT**
> 　選択事務所とは、被保険者の届出により、主たる事業所（会社）を選択して管轄する年金事務所又は保険者等を決定することをいいます。決定した標準報酬月額や保険料額等は、本届出で選択した事業所の所在地を管轄する事務センターからそれぞれの事業所へ通知されます。なお、健康保険組合を選択した場合であっても厚生年金保険の事務は事務センターが行います。
> 　なお、選択が必要になる場合とは、次の場合です。
> 　a. 保険者の一方が健康保険組合である場合

b．保険者がいずれも健康保険組合である場合

c．保険者の一方が協会けんぽ、他方が健康保険組合である場合

d．保険者がいずれも協会けんぽで、二以上の事業所を管轄する年金事務所が異なる場合（年金事務所を選択します）

e．保険者がいずれも協会けんぽで、二以上の事業所を管轄する年金事務所が同一の場合（事業所を選択します）

【Ｃ】　事業所の名称、所在地を記入し、その事業所が厚生年金基金加入事業所である場合は、基金の名称と番号を記入します。

【Ｄ】　それぞれの事業所の、資格取得日と、報酬額月額（通貨による額・現物給与）を記入します。

標準報酬月額とそれぞれの事業所の納付すべき保険料

　　本届出により選択された保険者・年金事務所は、それぞれの事業所から提出された報酬月額を合計し標準報酬月額を決定します（それぞれの事業所の標準報酬月額を合計するわけでない）。そして、標準報酬月額とその報酬月額を基準に按分率を通知してきますから、それぞれの事業所の負担すべき保険料はそれによって計算された額を、各月の報酬から控除します。

　例示の申請書の場合、各社で負担する保険料は次のようになります。

　三崎口機械（株）は50万円、三崎口機械リース（株）30万円で、報酬月額を届け出ます。そして、選択した年金事務所等の保険者は、届出された報酬月額を合計して、標準報酬月額を決定します（報酬月額＝50万円＋30万円＝80万円ですから、三崎肇さんの標準報酬月額は、健康保険が790,000円、厚生年金保険は上限の650,000円となる）。そして、それぞれの事業は報酬月額で按分した率で保険料を負担します。

案分率　三崎口機械（株）　　　　 50万円÷（50万円＋30万円）＝0.625
　　　　三崎口機械リース（株）　 30万円÷（50万円＋30万円）＝0.375

納付すべき保険料	健康保険料	厚生年金保険料
三崎口機械（株）	790,000円×0.625×保険料率	650,000円×0.625×保険料率
三崎口機械リース（株）	790,000円×0.375×保険料率	650,000円×0.375×保険料率

（注）　被保険者負担分は、折版額になります。（健保保険組合の場合は、規約によって労使の負担割合が異なる場合があります）

　　以後、この被保険者の適用手続に関しては、備考欄「二以上勤務」の項目を○で囲みます。また、保険給付を受ける際には選択した保険者（協会けんぽ又は健康保険組合）に対して申請します。

Guidance 雇用保険の被保険者、適用除外

（1）雇用保険の被保険者

　適用事業所に使用される人は、適用を除外される人を除いて全員が被保険者となります。健康保険・厚生年金保険では、法人の役員は被保険者になれましたが、雇用保険では労働者ではないという理由で被保険者になることはできません。ただし、法人の役員であっても同時に労働者としての身分を持っているような場合は、兼務役員雇用実態証明書を提出することで、労働者として就労している部分について、被保険者になることが可能です。

　本書では、一般の被保険者、高年齢被保険者について説明しています。

① 一般の被保険者（65 歳未満）

　高年齢被保険者、短期雇用特例被保険者、日雇労働被保険者に該当しない人で、1 週間の所定労働時間が 20 時間以上あり、かつ、引き続き 31 日以上雇用関係が見込まれると一般の被保険者として取り扱います。（1 週間の所定労働時間が 20 時間未満、又は 30 日以内に雇用が終了する人は、適用除外となる。次の高年齢被保険者も同様）。

② 高年齢被保険者（65 歳以上）

　高年齢被保険者には、次の 3 つのパターンがあります。

・　一般の被保険者が 65 歳に達する日（65 歳の誕生日の前日）以後も引き続き雇用されている人は、切り替え日（65 歳に達する日）以後は高年齢被保険者になります。ただし、被保険者資格は自動的に切り替えられるので手続は不要です。

・　65 歳に達する日以後に雇入れられ、1 週間の所定労働時間が 20 時間以上あり、かつ、31 日以上雇用関係が見込まれると高年齢被保険者になります。

・　前記の要件に該当しない場合でも、65 歳以上の人であって次の a.〜c. のいずれにも該当すれば、本人が住所地を管轄するハローワークに申し出ることによって高年齢被保険者になることができます（マルチジョブホルダー制度）。

　a. 2 つ以上の事業主の適用事業に雇用される 65 歳以上の人であること

　b. 2 つ以上の事業所（1 つの事業所における 1 週間の所定労働時間が 5 時間以上 20 時間未満）の労働時間を合計して 1 週間の所定労働時間が 20 時間以上であること

　c. 2 つ以上の事業所のそれぞれの雇用見込みが 31 日以上であること

（2）雇用保険の適用除外者

　1 週間の所定労働時間が 20 時間未満の人又は 30 日以内に雇用が終了する人、及び学生（昼間学生は適用除外、夜間や単位制で就学するときは適用される）は、適用除外になります。

①「1 週間の所定労働時間が 20 時間未満である者」の考え方

　「1 週間の所定労働時間」とは、就業規則、雇用契約書等により、その人が、通常の週に勤務

すべきこととされている時間のことをいいます。この場合の通常の週とは、祝祭日及びその振替休日、年末年始の休日、夏季休暇などの特別休日を含まない週をいいます。

　なお、1週間の所定労働時間が短期的かつ周期的に変動する場合には、当該1周期における所定労働時間の平均を1週間の所定労働時間とします。

　例えば、第1週は20時間、第2週40時間といった場合で、これが繰り返されるとき

　　（20時間＋40時間）÷2（週間）＝30時間…1週間の所定労働時間

　また、所定労働時間が複数の週で定められている場合は、各週の平均労働時間を、1か月単位で定められている場合は1か月の所定労働時間を12分の52で除して得た時間^{（＊）}を、1年単位で定められている場合は1年の所定労働時間を52で除して得た時間を、それぞれ1週間の所定労働時間とします。

　例えば、1か月の所定労働時間が160時間とされているような場合

　　160時間÷（52/12）≒36.92時間…1週間の所定労働時間

＊　1か月の所定労働時間を12倍して年間の所定労働時間を算出して、それを52週（365日÷7日）で割って、1週間平均の所定労働時間を計算するという意味です。
　雇用契約書等により1週間の所定労働時間が定まっていない場合やシフト制などにより直前にならないと勤務時間が判明しない場合については、勤務実績に基づき平均の所定労働時間を算定し判断します。
（注）　健康保険・厚生年金保険の適用基準である、週の所定労働時間が通常の労働者の4分の3以上、特定適用事業所の20時間以上の判断もこの考え方に基づき判断します。

② 「同一の事業主の適用事業に継続して31日以上雇用されること」の考え方

　期間の定めがなく雇用する場合又は31日以上の雇用期間を定めて雇用する場合、更新することが明示されている場合で31日以上雇用が見込まれる場合は、当初から被保険者資格を取得します。当初31日未満の雇用契約で更新する旨の明示がない場合でも、同様の契約に基づき雇用されている他の労働者について、更新により31日以上雇用されているという実績がある場合も、当初から被保険者になります。

　当初の雇用契約において、30日以内の契約期間で更新しない旨の明示がある場合は、被保険者になれません。しかし、その後に契約・更新されて31日以上雇用されることが確定したときは、その契約・更新された契約の初日に被保険者資格を取得します。

③ 昼間学生・生徒

　学校教育法第1条に規定する学校、専修学校又は各種学校の学生または生徒（通信教育、夜間又は定時制の高校・大学等の学生、生徒を除く）も、雇用保険法の適用が除外されます。

様式第2号（第6条関係）

雇用保険被保険者資格取得届

標準字体 0 1 2 3 4 5 6 7 8 9

（必ず第2面の注意事項を読んでから記載してください。）

帳票種別 1 9 1 0 1

1. 個人番号 1 8 1 6 5 9 0 2 1 2 4 X

2. 被保険者番号 5 9 8 9 - 4 9 4 4 9 X - 6

3. 取得区分 2 （1 新規 2 再取得）

4. 被保険者氏名 小山田 和夫　**フリガナ（カタカナ）** オヤマダ　カズオ

5. 変更後の氏名　**フリガナ（カタカナ）**

6. 性別 1 （1 男 2 女）

7. 生年月日 4 - 0 5 0 4 1 2 （2 大正 3 昭和 4 平成 5 令和）　元号 年 月 日

8. 事業所番号 2 7 0 3 - 1 2 3 4 5 X - 7

9. 被保険者となったことの原因 2 Ⓑ
- 1 新規雇用（新規学卒）
- 2 新規雇用（その他）
- 3 日雇からの切替
- 4 その他
- 8 出向元への復帰等（65歳以上）

10. 賃金（支払の態様－賃金月額：単位千円） Ⓒ 1 - 3 0 0 （1 月給 2 週給 3 日給 4 時間給 5 その他）　百万 十万 万 千円

11. 資格取得年月日 ー 　　　　 Ⓐ （4 平成 5 令和）　元号 年 月 日

12. 雇用形態 7 （1 日雇 2 派遣 3 パートタイム 4 有期契約労働者 5 季節的雇用 6 船員 7 その他）

13. 職種 0 3 （01～11）第2面参照

14. 就職経路 4 （1 安定所紹介 2 自己就職 3 民間紹介 4 把握していない）

15. 1週間の所定労働時間 4 0 0 0　時間 分

16. 契約期間の定め 2
- 1 有　契約期間 ー 　　　　 から ー 　　　　 まで　元号 年 月 日 （4 平成 5 令和）元号 年 月 日　Ⓓ
  - 契約更新条項の有無 　 （1 有 2 無）
- 2 無　Ⓑ

事業所名 三崎口機械株式会社　**備考**

17欄から23欄までは、被保険者が外国人の場合のみ記入してください。

17. 被保険者氏名（ローマ字）（アルファベット大文字で記入してください。）

被保険者氏名〔続き（ローマ字）〕

18. 在留カードの番号 （在留カードの右上に記載されている12桁の英数字）

19. 在留期間 　　　　 まで　西暦 年 月 日

20. 資格外活動の許可の有無 　 （1 有 2 無）

21. 派遣・請負就労区分 　 （1 派遣・請負労働者として主として当該事業所以外で就労する場合 2 1に該当しない場合）

22. 国籍・地域（ ）　**23. 在留資格（ ）**

※公安記載 共職定業 所欄

24. 取得時被保険者種類 　　 （1 一般 2 短期常態 3 季節 11 高年齢被保険者（65歳以上））

25. 番号複数取得チェック不要 　 （チェック・リストが出力されたが、調査の結果、同一人でなかった場合に「1」を記入。）

26. 国籍・地域コード 　　　 （22欄に対応するコードを記入）

27. 在留資格コード 　　 （23欄に対応するコードを記入）

雇用保険法施行規則第6条第1項の規定により上記のとおり届けます。

住 所 大阪市西区立売堀3-4-X

事業主 氏 名 三崎口機械株式会社　代表取締役　三崎　肇

電話番号 06-6XXX-XXXX

令和 年 月 日

公共職業安定所長 殿

社会保険労務士記載欄	作成年月日・提出代行者・事務代理者の表示	氏 名	電話番号

※	所長	次長	課長	係長	係	操作者

※ 備考　確認通知 令和 年 月 日

2021. 9

適用事業所で従業員を雇い入れたとき、適用除外者の除外事由がなくなったときに届け出ます。

● 記入方法

1.個人番号から 8.事業所番号欄（3.取得区分、5.変更後の氏名を除く）まで及び事業所、事業主欄の記入します。

【3. 取得区分】「1 新規」は過去に雇用保険の被保険者になったことのない人が初めて被保険者になるとき、又は最後に被保険者でなくなった日から 7 年以上経過している人が被保険者になるときが該当し、それ以外の人が「2 再取得」です。該当する番号を記入します。

【9. 被保険者になったことの原因】　次に該当するものの番号を記入します。

1　新規雇用（新規学卒）…新規学校卒業者のうち、資格取得日（Ⓐ）が卒業年の 3 月 1 日から 6 月 30 日までの間である場合

2　新規雇用（その他）……中途採用者を雇入れた場合（適用除外が適用要件を満たしたときも含む）、取締役等の委任関係であるとして被保険者から除外されていた人が、新たに明確な雇用関係に基づいて就労したような場合

3　日雇からの切替…………日雇労働被保険者が 2 月の各月において 18 日以上又は継続して 31 日以上同一の事業主の適用事業に雇用された場合（資格継続の認可を受けた場合を除く）

4　その他…………………次に該当する場合が該当します。このとき、その理由を備考欄（Ⓑ）に具体的説明を記入します。

　イ　その被保険者の雇用される事業が新たに適用事業となった場合

　ロ　適用事業に雇用されていた被保険者が、在籍出向し、出向先で新たに被保険者資格を取得していた場合であって、出向元に復帰し、出向元で再度被保険者資格を取得することとなったとき（在籍専従の場合も同様に取り扱う）

　ハ　同一の事業主の下で、船員と陸上勤務を本務とする労働者（船員でない労働者）との間の異動があった場合

　8　65 歳以上の者が出向元に復帰した場合等

（注）　被保険者資格を取得した原因が 2 つ以上に該当するときは、1～3 のいずれかを記入します。

> **65 歳以上の者が出向元に復帰した場合**
>
> **P O I N T**
>
> 以前は、65 歳に達する日（65 歳の誕生日の前日）以後に雇い入れられたときは適用除外でした。この例外が、65 歳に達する日の前日から同一の事業主に雇用されている場合に限り、65 歳に達する日から高年齢継続被保険者に切り替えられていました。
>
> このため、65 歳未満で出向（雇用保険では主たる賃金を得る方の被保険者にするため、出向先で資格取得すれば、出向元は資格喪失する）し、65 歳に以後に出向元に戻ってきても、原則通りであれば資格取得できません。出向がなければ高年齢継続被保険者に切り替えられる人は、高年齢継続被保険者としての資格取得させるための項目でした。

【10. 賃金（支払の態様－賃金月額:単位千円）】 資格取得日（Ⓐ）現在の賃金の支払の態様及び賃金額を記入します。

支払の態様（Ⓒ）は、1～5のうち該当する番号を記入します（日給月給は月給に含める）。賃金の月額は、臨時の賃金^(＊)、1か月を超える期間ごとに支払われる賃金^(＊)及び超過勤務手当を除く、1か月分の賃金の合計額を、千円単位（千円未満の端数は四捨五入）で記入します。

＊ 臨時の賃金とは、普段は支給されませんが、結婚祝い金や慶弔見舞金、大入り袋など支払要件に該当したときに臨時に支払われるものです。1か月を超える期間ごとに支払われる賃金とは、賞与、複数月を算定期間とした皆勤（精勤）手当などをいいます。

【11. 資格取得年月日】 試用期間、研修期間を含む雇入れの初日を記入します。

（注） 資格取得年月日は、健康保険・厚生年金保険のように、事実上の使用関係が発生した日（「Point 事実上の使用関係が発生した日」参照）とは異なり、原則として、雇い入れの初日又は適用除外に該当しなくなった日になります。

【12. 雇用形態】 該当する番号を記入します。

2 派遣	いわゆる登録型の派遣労働者（船員を除く）
3 パートタイム	短時間労働者（週所定労働時間が20時間以上30時間未満の人（派遣労働者、船員は除く））
4 有期契約	有期契約労働者（派遣労働者、パートタイム、船員は除く）
7 その他	いわゆる正社員（期間の定めのない労働契約）

（注） 1 日雇：日雇い労働被保険者、5 季節的雇用：短期雇用特例被保険者となる人、6 船員：船舶所有者に雇用される人

【13. 職種】 次の中から最も近いものを選んで記入します。

管理的職業	01	サービスの職業	05	輸送・機械運転の職業	09
専門的・技術的職業	02	保安の職	06	建設・採掘の職業	10
事務的職業	03	農林漁業の職業	07	運搬・清掃・包装等の職業	11
販売の職業	04	生産工程の職業	08		

【14. 就職経路】 今回の雇用に関してどのようなルートで採用したのか、該当するものの番号を記入します。なお、「3 民間紹介」とは、民間の職業紹介事業者を通じて採用した場合が該当します。

【15. 1週間所定労働時間】 この被保険者資格取得届の被保険者になる人が資格取得日（Ⓐ）現在における1週間の所定労働時間を記入します。

● 16. 契約期間の定め欄の記入方法

この設例では、期間の定めのない雇用になりますから、「2」を記入しています。

期間契約社員のように、雇用契約期間の定めがある雇用の場合は「1」を記入し、最初の契約期間と契約更新の条項の有無について記入します。

「更新条項有無」について、雇用契約に「更新することがある」とされたときは、「1」を、更新がないことが確定しているときは「2」を記入します（Ⓓ）。

下記例示では、雇用契約期間は令和XX年4月1日から令和YY年3月31日まで、更新条項は「有り」になります。

16. 契約期間の定め ☐1

1 有 —— 契約期間 5-XX0401 から 5-YY0331 まで
　　　　　　　　　元号　　　年　　月　　日　　元号　　　年　　月　　日
　　　　　契約更新条項の有無 ☐1 (1 有　2 無)　　(4 平成　5 令和)
2 無

（注）　外国人労働者（外交、公用、特別永住者を除く）の雇入れについては、「3　雇用保険　被保険者資格取得届（被保険者が外国人の場合）」で説明します。

雇用保険の被保険者になる外国人の雇用

様式第2号（第6条関係）

雇用保険被保険者資格取得届

標準字体 0123456789

（必ず第2面の注意事項を読んでから記載してください。）

帳票種別 191010

1.個人番号 60827625303X

2.被保険者番号 7416-168848X-1

3.取得区分 2（1 新規 2 再取得）

4.被保険者氏名 揚 芳蘭　フリガナ（カタカナ）ヤン　ファンクゥラン

5.変更後の氏名　フリガナ（カタカナ）

6.性別 2（1 男 2 女）

7.生年月日 3-XX0222（元号 1 明治 2 大正 3 昭和 4 平成 5 令和）

8.事業所番号 2703-12345X-7

9.被保険者となったことの原因 2

（1 新規雇用（新規学卒） 2 新規雇用（その他） 3 日雇からの切替 4 その他 8 出向元への復帰等（65歳以上））

10.賃金（支払の態様－賃金月額：単位千円） 3-200（百万 十万 万 千円）（1 月給 2 週給 3 日給 4 時間給 5 その他）

11.資格取得年月日 5-XX0401（元号 4 平成 5 令和）

12.雇用形態 4（1 日雇 2 派遣 3 パートタイム 4 有期契約労働者 5 季節的雇用 6 船員 7 その他）

13.職種 02（01～11）第2面参照

14.就職経路 4（1 安定所紹介 2 自己就職 3 民間紹介 4 把握していない）

15.1週間の所定労働時間 3000 時間 分

16.契約期間の定め 1（1 有）契約期間 5-XX0401 から 5-YY0331 まで（元号 4 平成 5 令和）

契約更新条項の有無 1（1 有 2 無）（2 無）

事業所名 三崎口機械株式会社　備考

------- 17欄から23欄までは、被保険者が外国人の場合のみ記入してください。-------

17.被保険者氏名（ローマ字）（アルファベット大文字で記入してください。）YAN FANGURAN

被保険者氏名〔続き（ローマ字）〕

18.在留カードの番号 CT314159 7XX

19.在留期間 20XX0224 まで（西暦）

20.資格外活動の許可の有無（1 有 2 無）

21.派遣・請負就労区分（1 派遣・請負労働者として主として当該事業所以外で就労する場合 2 1に該当しない場合）

22.国籍・地域 台湾

23.在留資格 人文知識 国際業務

※公安記載共定載職業所欄

24.取得時被保険者種類（1 一般 2 短期常態 3 季節 11 高年齢被保険者（65歳以上））

25.番号複数取得チェック不要（チェック・リストが出力されたが、調査の結果、同一人でなかった場合に「1」を記入。）

26.国籍・地域コード（22欄に対応するコードを記入）

27.在留資格コード（23欄に対応するコードを記入）

雇用保険法施行規則第6条第1項の規定により上記のとおり届けます。

住 所 大阪市西区立売堀3-4-X　令和　年　月　日

事業主 氏 名 三崎口機械株式会社 代表取締役 三崎 肇

公共職業安定所長 殿

電話番号 06-6XXX-XXXX

社会保険労務士記載欄 作成年月日・提出代行者・事務代理者の表示 氏 名 電話番号

※所長 次長 課長 係長 係 操作者

※備考 確認通知 令和　年　月　日

2021.9

（注）**E**～**G**は、「1 雇用保険被保険者資格取得届」「2 被保険者資格取得時の氏名変更」から引き続く一連の記号になります。

16 欄までの記入は「1　雇用保険　資格取得届」と同じです。

● 被保険者となる外国人の場合の記入方法（外国人雇用状況の届出）

　外国人労働者（「外交」又は「公用」の在留資格及び特別永住者を除く）の在留カード、パスポート等の原本を確認しながら、17 欄から 23 欄を記入します。

【17. 被保険者氏名（ローマ字）】　アルファベット大文字で記入します。

【18. 在留カード番号】　在留カードの右上に記載されている 12 桁の英数字（半角英大文字 2 桁＋半角数字 8 桁＋半角英大文字 2 桁）を記入します。

【19. 在留期間（西暦）、20. 資格外活動許可書の有無、22. 国籍・地域、23. 在留資格】　在留カードを確認して記入します。

・　**【20. 資格外活動許可の有無】**　家族滞在等は、本来就労できない資格ですが、例外的に資格外活動の許可を得れば、就労することが可能です。この許可の有無を記入します（**E**）。

　（注）　家族滞在の在留資格は、原則就労できませんが、資格外活動許可書があれば、1 週間 28 時間まで就労が可能ですから、被保険者資格を取得することができます。しかし、在留資格が留学の場合で昼間学生であれば、雇用保険の適用除外のため被保険者になることはできません。

・　**【21. 派遣・請負就労区分】**　本届出により資格取得する外国人が、派遣・請負労働者として主として 8 欄以外の事業所（**F**）で就労する人は、「「1」を記入し、該当しないときは「2」を記入します。

在留資格の確認

　在留カードを所持する人の、①氏名、②生年月日、③性別、④在留資格、⑤在留期間、⑥国籍、⑦資格外活動許可書の有無、⑧在留カード番号は、在留カードにより確認し記入します（裏面も確認します）。もし、在留カードを所持しない場合は①～⑥欄を旅券（パスポート）又は在留資格証明書、⑦欄は旅券、在留資格証明書、資格外活動許可書又は就労資格証明書を確認し記入します。

　また、特定技能の在留資格をもって在留する者については法務大臣が指定する特定産業分野を、特定活動の在留資格をもって在留する者については法務大臣が特に指定する活動を、指定書で確認します。

POINT

就労可能な在留資格

　在留資格によって、就労が可能なものとできないものがあります。

a．定められた範囲で就労が認められる在留資格

　外交、公用、教授、芸術、宗教、報道、投資・経営、法律・会計業務、医療、研究、教育、技術、人文知識・国際業務、企業内転勤、興行、技能、特定技能、技能実習、特定活動（ワーキングホリデー、EPA に基づく外国人看護師・介護福祉士、ポイント制等）

　なお、一般の事務所での雇用のケースが多いと考えられるものは次の 5 種類です。

POINT

技　　　術	コンピューター技師、自動車設計技師等
人文知識・国際業務	通訳、語学の指導、為替ディーラー、デザイナー等
企業内転勤	企業が海外の本店又は支店から期間を定めて受け入れる社員（活動は、「技術」、「人文知識・国際業務」に掲げるものに限る）
技　　　能	中華料理・フランス料理のコック等

特定技能	単純労働を含む幅広い業務（介護、ビルクリーニング、素形材産業、産業機械製造業、電気・電子情報関連産業、建設、造船・舶用工業、自動車整備、航空、宿泊、農業、漁業、飲食料品製造業、外食業）

b．原則として就労が認められない在留資格

　　文化活動、短期滞在、留学、研修、家族滞在

　「留学」及び「家族滞在」の在留資格をもって在留する外国人がアルバイト等の就労活動を行う場合には、地方出入国在留管理局で資格外活動の許可を受けなければなりません。

　　資格外活動の許可を得れば、「留学」の在留資格をもって在留する外国人については原則として1週間に28時間まで就労することが可能となります（在籍する教育機関が夏休み等の長期休業期間中については、1日8時間1週間40時間まで就労することが可能となる）。これらの就労は包括的に許可されますが、教育機関の長期休業期間等、具体的な許可の範囲については、「資格外活動許可書」により確認することができます。

　　また、「家族滞在」の在留資格をもって在留する外国人についても、資格外活動の許可を得れば、原則として1週28時間まで就労することが可能となります。

　　事業主は、これらの在留資格を有する人を雇用する際には、事前に「旅券の資格外活動許可証印」又は「資格外活動許可書」などにより就労の可否及び就労可能な時間数を確認しなければなりません。

　　なお、これらの人にあっては、風俗営業等に従事することはできません。

c．就労活動に制限がない在留資格

　　永住者、日本人の配偶者等、永住者の配偶者等、定住者

　　これらの在留資格をもって在留する外国人は就労活動に制限はありません。「短期滞在」の在留資格により在留している日系人は、地方入国在留管理局において在留資格の変更の許可を受けないと就労できません。

外国人雇用状況報告書（雇入れ・離職）

POINT

　　雇用保険の被保険者にならない外国人の雇入れと離職の際には、「外国人雇用状況報告書」を提出することになっています。

　　届出の対象となる外国人1人につき1枚を使用します（同一人が同一人を、複数回にわたり雇入れ又は離職が生じている場合は、雇入れ年月日又は離職年月日を書き足していく）。その際に、表面標題中「雇入れ」「離職」の該当しないほうを抹消します。

　　昼間学生の留学生や家族滞在も、短時間のアルバイトは可能ですから、その際は資格外活動許可書の確認を行います。

　　なお、本届出は、翌月の10日までに、事業所を管轄するハローワークに提出します。

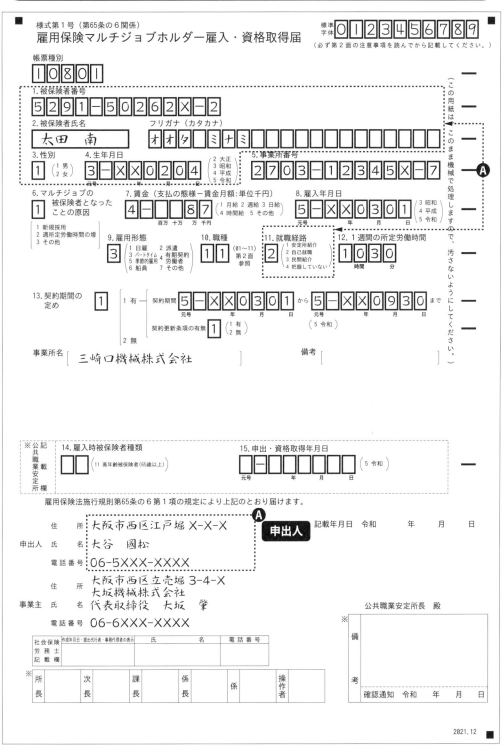

様式第1号（第65条の6関係）

雇用保険マルチジョブホルダー雇入・資格取得届

標準字体 0 1 2 3 4 5 6 7 8 9
（必ず第2面の注意事項を読んでから記載してください。）

帳票種別

1 0 8 0 1

1. 被保険者番号
5 2 9 1 - 5 0 2 6 2 X - 2

2. 被保険者氏名　　太田　南　　フリガナ（カタカナ）オオタ ミナミ

3. 性別　1（1 男 2 女）

4. 生年月日　3 - X X 0 2 0 4（1 明治 2 大正 3 昭和 4 平成 5 令和）

5. 事業所番号　2 7 0 3 - 1 2 3 4 5 X - 7

6. マルチジョブの被保険者となったことの原因　1
（1 新規採用 2 週所定労働時間の増 3 その他）

7. 賃金（支払の態様－賃金月額：単位千円）
4 - 　 8 7　百万 十万 万 千円
（1 月給 2 週給 3 日給 4 時間給 5 その他）

8. 雇入年月日　5 - X X 0 3 0 1（3 昭和 4 平成 5 令和）　元号 年 月 日

9. 雇用形態　3
（1 日雇 2 派遣 3 パートタイム 4 有期契約労働者 5 季節的雇用 6 船員 7 その他）

10. 職種　1 1　（01～11 第2面参照）

11. 就職経路　2
（1 安定所紹介 2 自己就職 3 民間紹介 4 把握していない）

12. 1週間の所定労働時間　1 0 3 0　時間 分

13. 契約期間の定め　1
1 有 — 契約期間 5 - X X 0 3 0 1 元号 年 月 日 から 5 - X X 0 9 3 0（5 令和）元号 年 月 日 まで
契約更新条項の有無 1（1 有 2 無）
2 無

事業所名 [三崎口機械株式会社]　備考 [ ]

※公共職業安定所記載欄

14. 雇入時被保険者種類　[ ]（11 高年齢被保険者（65歳以上））

15. 申出・資格取得年月日　[-]（5 令和）元号 年 月 日

雇用保険法施行規則第65条の6第1項の規定により上記のとおり届けます。

A
申出人

記載年月日 令和　年　月　日

申出人　住　所　大阪市西区江戸堀 X-X-X
　　　　氏　名　大谷　園松
　　　　電話番号　06-5XXX-XXXX

事業主　住　所　大阪市西区立売堀 3-4-X　大坂機械株式会社
　　　　氏　名　代表取締役　大坂　肇
　　　　電話番号　06-6XXX-XXXX

公共職業安定所長　殿

社会保険労務士記載欄	作成年月日・提出代行者・事務代理者の表示	氏　名	電話番号

※ 所長	次長	課長	係長	係	操作者

※ 備考

確認通知 令和　年　月　日

2021.12

（注）「 A 」の囲みは、申出人（本人）が記入して、勤務する事業所に提出します。提出を受けた事業所は、5.事業所番号以下を記入（11.就職経路を除く）して、添付書類と共に申出人に渡します。

65歳以上の人が、マルチ高年齢被保険者になろうとするときに、本人が、本人の住居地を管轄するハローワークに提出します。

● 本人が記入すべき欄の記入方法

【Ⓐ】 被保険者番号、氏名、性別、生年月日、就職経路及び申出人欄を記入します。

● 事業主が記入すべき欄の記入方法

【6. マルチジョブの被保険者になったことの原因】 申出人に確認の上、該当するものの番号を記入します。

1	新規採用	事業所に新たに雇入れられた場合や、取締役等委任関係であった者が新たに明確な雇用関係に基づいて就労したような場合
2	週所定労働時間の増	事業所における1週間の所定労働時間が増加したことにより、適用要件を満たした場合
3	その他	次に該当する場合、その他上記1又は2に該当しないとき イ 別の事業所に新たに雇入れられた場合や、別の事業所における1週間の所定労働時間が増加したことにより、適用要件を満たした場合 ロ 就労状況に変更はないが、65歳に達したことにより適用要件を満たした場合 ニ 適用事業に雇用されていた被保険者が、在籍出向し、出向先で新たに被保険者資格を取得していた場合であって、出向元に復帰し、出向元で再度被保険者資格を取得することになった場合(在籍専従の場合も同様) ホ 同一事業主の下で、船員と陸上勤務を本務とする労働者(船員でない労働者)との間の異動があった場合

その他の項目は、被保険者資格取得届と同じです。

(注) A社・B社のそれぞれの事業主は、「雇用保険マルチジョブホルダー雇入・資格取得確認通知書(事業主通知用)」を保管します。なお、通知書に記載された申出・資格取得年月日から雇用保険料の納付義務が発生します

第**4**章

在職時の手続

提出先等

1　健康保険　被扶養者（異動）届　（該当）	
いつまでに	・資格取得届と同時 ・資格取得後に被扶養者に異動（被扶養者になった）があったときから5日以内
どこへ	健康保険組合 / 日本年金機構事務センター（広域事務センター）
添付書類	協会けんぽ管掌事業所：所得税法上の控除対象配偶者又は扶養親族になっている場合は、添付書類は不要です。 ・　所得税法上の控除対象配偶者又は扶養親族になっていないとき又は60日以上遡及して届出をする場合は、「A．被保険者欄（第2号被保険者）の【⑦収入（年収）欄】」に記載した金額の所得証明に係る書類を添付 ・　同居を条件とする者の場合は、被保険者と被扶養者と認定しようとする人の住民票の写し（世帯全員のものでも可） ・　配偶者が外国籍の人は「国民年金第3号被保険者　ローマ字氏名届」 健保組合管掌事業所：所得証明等必要な添付書類があります。

2　健康保険　被扶養者（異動）届　（非該当・変更）	
いつまでに	被扶養者に異動（被扶養者でなくなった）があったときから5日以内 変更・訂正の際は、速やかに
どこへ	健康保険組合 / 日本年金機構事務センター（広域事務センター）
添付書類	被保険者証（70歳以上の人は、高齢受給資格者証も）。添付できないときは、「健康保険　被保険者証回収不能届」を提出します。
注意事項	被扶養者の「該当」と「非該当（変更）」は同時に1枚の届出書で提出はできません（「該当」「非該当」「変更」はそれぞれ別の用紙で提出します）

3　健康保険・厚生年金保険　被保険者資格喪失届 / 被保険者資格取得届（転勤）	
（1）　転勤元の手続	
いつまでに	転勤（出向）があったときから5日以内
どこへ	健康保険組合 /転勤元を管轄する日本年金機構事務センター（広域事務センター）
なにを 添付書類	健康保険・厚生年金保険被 保険者資格喪失届 被保険者証（70歳以上の人は、高齢受給資格者証も）。添付できないときは、「健康保険　被保険者証回収不能届」を提出します。
（2）転勤先の手続	
いつまでに	転勤（出向）があったときから5日以内
どこへ	健康保険組合 /転勤先を管轄する日本年金機構事務センター（広域事務センター）
なにを 添付書類	健康保険・厚生年金保険被 保険者資格取得届 被扶養者がいるときは、被扶養者異動届ほか
注意事項	一括承認を受けている事業所は転勤に係る届出は不要です。

4　雇用保険　被保険者転勤届	
いつまでに	転勤があったときから10日以内
どこへ	転勤先の事業所を管轄するハローワーク
添付書類	資格取得届提出した際に交付された、雇用保険　被保険者資格喪失届 （転勤先の事業所番号に書き換えた雇用保険　被保険者資格取得届が交付されます）

5　健康保険・厚生年金保険 被保険者資格喪失届 / 被保険者資格取得届（60 歳以上の退職 / 再雇用）	
いつまでに	退職した日の翌日から 5 日以内
どこへ	健康保険組合 / 日本年金機構事務センター（広域事務センター）
添付書類	健康保険・厚生年金保険被保険者資格喪失届に添付するもの ・　被保険者証（被扶養者の分も含めた全員の分、70 歳以上の被扶養者がいるときは、高齢需給資格者証も）、被保険者証が添付できないときは、健康保険被保険者証回収不能届 健康保険・厚生年金保険被保険者資格取得届に添付するもの ・　被扶養者がいるときは、健康保険 被扶養者（異動）届/国民年金第三号被保険者届 ・　次のいずれかの書類が必要です。 　　a．　就業規則・退職辞令のコピー等退職日が確認できる書類および継続して再雇用されたことが確認できる雇用契約書のコピー 　　b．　書類が添付できない場合、事業主の証明書（（事業主の証明は、特に様式は定められていないが、退職した日及び再雇用された日が記載されているものが必要）等

（1）被扶養者の範囲と認定要件（健康保険）

　健康保険では、被扶養者も医療に関する保険給付を受けることができます。被扶養者になるためには、①被保険者の三親等以内の親族で、その認定については、②生計同一関係、③主たる生計維持関係及び④国内居住要件（原則）を満たしていなければなりません。

① 被保険者の三親等以内の親族

　被保険者の三親等以内の親族とは、次の範囲になります。血族側は配偶者まで認定されます。また、事実婚（内縁関係）では、認定者は配偶者の父母と子（継子）に限定されます。

被扶養者の認定範囲

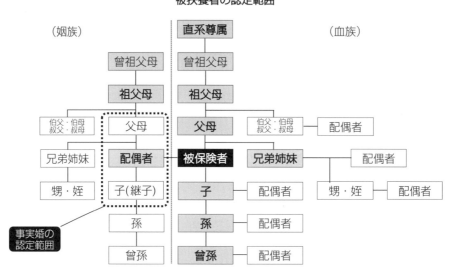

② 生計同一関係

　被保険者と同居し、生計を共にしていることを言います。ただし、配偶者、子（実子ないし養子）、父母、孫、祖父母、兄弟姉妹、直系尊属（上記図の　　に該当する人）は、同居していなくても認定されます。

　なお、被保険者が単身赴任するような場合や入院のため一時的に住所を移すような場合は、認定に際して一時的な別居として扱われるため、生計同一関係に影響を及ぼすことはありません。

③ 主たる生計維持関係

　簡単に言えば、「被保険者によって生計を維持（扶養）されている」という判断ができるのであれば、被扶養者として認定されます。具体的には次の要件を満たす必要があります。

　a. 認定対象者が被保険者と同一世帯の場合

　　認定対象者の年収が130万円未満で、かつ、被保険者の年収の半分未満であれば被扶養者になれます。

b．認定対象者が被保険者と同一世帯にない場合

　認定対象者の年収が 130 万円未満で、かつ、被保険者からの仕送り額（援助額）より少ない場合は、原則として被扶養者になれます（仕送り額を証明するために、通帳のコピーなどの書類を添付します）。

c．認定対象者が 60 歳以上の人又は障害者の年収要件の緩和

　認定対象者が 60 歳以上又は障害者（おおむね障害厚生年金を受けられる程度の障害のある人）の場合は、前記認定基準のうち年収要件の「130 万円未満」は「180 万円未満」に緩和されます。

（注）　a.〜c.の「年収」とは、諸手当込（所得税では非課税扱いの通勤費も含まれます）、税引き前の収入を意味します。また、年収には、パートタイマーに出た際の賃金、年金収入なども該当します。

被扶養者とパートタイマーの関係

　　次の図の「適用除外」に該当する範囲（ :::::: ）が、被扶養者として認められることになります（労働時間と年収要件）。

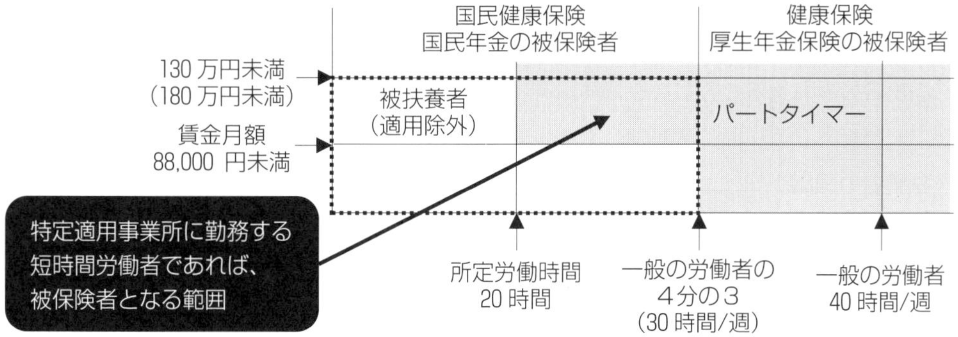

POINT

④　日本国内居住要件

　令和 2 年 4 月 1 より、健康保険の被扶養者（国民年金の第 3 号被保険者の認定も同様）となる人は、原則として「国内居住者」に限定されるようになりました。しかし、留学、海外転勤に同行する家族、外地で結婚・出産して家族が増えた場合などに該当していれば、海外居住でも被扶養者となることができます。

⑤　手続

　この被扶養者が増えたり減ったりしたときには、健康保険 被扶養者（異動）届にて届け出ます。また、同届出書の配偶者欄は国民年金第 3 号被保険者（被扶養配偶者）に係る届も兼ねています。

（2）国民年金第 3 号被保険者の手続

　国民年金第 3 号被保険者とは、厚生年金保険の被保険者の被扶養配偶者のうち 20 歳以上 60 歳未満の人で、国民年金第 1 号被保険者（自営業・無職など）や自身が厚生年金保険の被保

険者でない人をいいます。その認定要件は、健康保険の被扶養者の認定と同じです。

　国民年金第3号被保険者に関する届け出（第3号被保険者になったこと、なくなったことに関する届）は、本人が、配偶者の勤務する事業所を通じて提出することになっています。このときにマイナンバーカードのコピーなど（個人番号）を添付して届け出ることになります（郵送する際は、マイナンバーカードのコピー（表面・裏面）又はマイナンバーが確認できる書類と身元（実在）確認書類のコピーを添付）。

国民年金第3号被保険者の届出

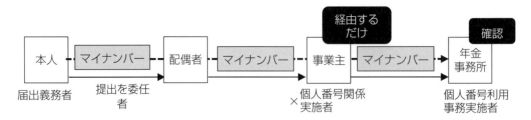

　健康保険の被扶養者に係る届出義務者は被保険者で、事業主は個人番号関係事務実施者^(*)になっているため、番号確認と身元確認を行い、健康保険組合もしくは年金機構事務センターへ届出書のみを送ることになります。

被扶養者の届出

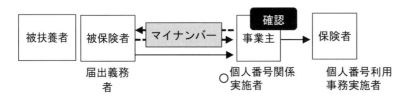

＊　個人番号関係事務実施者とは、法令や条例に基づき、マイナンバーに係る行政事務を処理する行政機関等（個人番号利用事務実施者）にマイナンバーを記載した書面の提出などを行う者のことをいいます。

1 健康保険 被扶養者（異動）届 （該当）

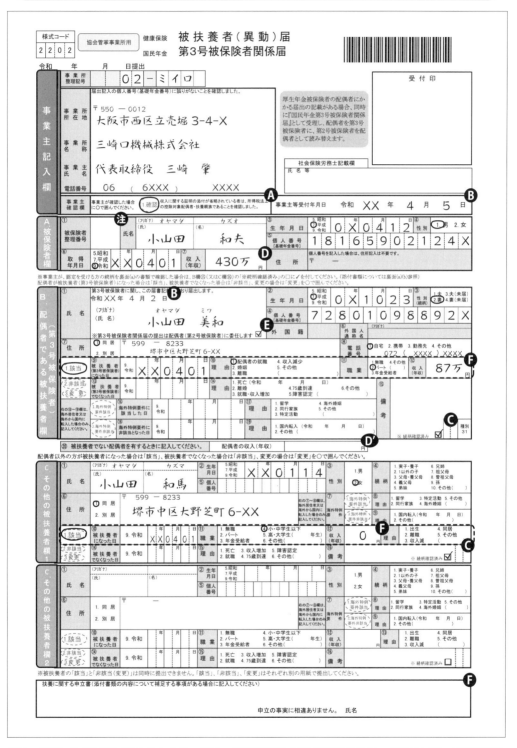

（注）【**F**】の「不要に関する申立書」欄は、添付書類の内容で説明できない点があれば、補足事項を記入し、被保険者が署名します。

121

被保険者の資格取得時に被扶養者となるべき人がいる場合、資格取得後に被扶養者の認定を受ける場合に届け出ます。

● 記入方法

●事業主確認欄の記入方法

【Ⓐ】 協会けんぽ管掌健康保険に加入している事業所の場合、次のa．又はb．に該当するときは、「収入金額が確認できる書類」の提出を省略できます。ただし、60日以上遡及して届書を提出する場合等、個別のケースによっては提出を求められることがあります。

a．認定対象者（扶養認定を受ける人）が所得税法上の控除対象配偶者・扶養親族であることを事業主が確認ししたときで、事業主確認欄の「1 確認」を○で囲んだとき（Ⓐ）。

b．認定対象者の年齢が16歳未満のとき

a．又はb．に該当しないときは、状況に応じて指定された書類を提出します。

状　　況	添付すべき書類
㋐ 退職により収入要件を満たす場合	退職証明書又は雇用保険被保険者離職票のコピー
㋑ 失業給付受給中・受給終了後に収入要件を満たす場合	雇用保険受給資格者証のコピー
㋒ 年金受給中の場合	現在の年金額がわかる年金額決定通知書等のコピー
㋓ 自営による収入・不動産収入等がある場合	直近の確定申告書のコピー
㋔ 上記㋑㋒㋓以外に他の収入がある場合	㋑㋒㋓に応じた書類及び課税（非課税）証明書

（注） 健康保険組合管掌の健康保険に加入している事業所の場合は、健康保険組合の規約で添付すべき書類が決められていますので、事前に確認をするようにしてください。

【Ⓑ】 事業主等受付年月日は、事業主が、被保険者を通じてB．欄の配偶者から本届書を受け取った日付を記入します（B．欄の配偶者の氏名欄に記入した日付と同じか、その後になる）。ただし、配偶者が被扶養者ではない場合は、必要はありません。

● A. 被保険者欄（第2号被保険者）の記入方法

【①被保険者整理番号】 資格取得時に払い出しされた被保険者整理番号を記入します。ただし、被保険者資格取得届と同時に提出する場合は記入不要です（㊟）。

（注） 例示は、健康保険・厚生年金保険 被保険者資格取得届と同時に提出する例です。

【②、③、④欄】 ②氏名（住民票に登録されている氏名）、③生年月日、④性別を記入します。

【⑤個人番号（基礎年金番号）】 マイナンバーを記入します。

基礎年金番号を記入する場合は、基礎年金通知書（年金手帳）等に記載されている10桁の番号を左詰めで記入します。

【⑥資格取得日】 被保険者が健康保険に加入した日付です。健康保険被保険者証に記載されています。

【⑦収入（年収）】 過去の収入、現時点の収入または将来の収入などから被保険者の今後1年間の収入を見込んだ額を算出します（Ⓓ）。

被保険者と被扶養者の年収要件

被扶養者の認定おける、被保険者、被扶養者の年収要件は次のように考えます。

① 認定対象者の年収が被保険者の年収の半分以上であるものの130万円（180万円）未満で、被保険者の年収を上回らない場合には、その世帯の生計状況から総合的に考え、被保険者の収入がその世帯の中心をなしていると認められれば、被扶養者になります。

② 自営業を営んでいる認定対象者の年間収入の算定にあたっては、収入から控除できる経費は事業所得の金額を計算する場合の必要経費とは異なります。

控除できる経費の例	売上原価（一般所得）、種苗費、肥料費（農業所得）等
控除できない経費の例	減価償却費（一般所得、農業所得、不動産所得）等

③ 夫婦共に被保険者である場合（配偶者は健康保険又は国民健康保険であるかは問わない）の被扶養者の認定は、家計の実態、社会通念などを総合的に勘案して行われます。

・ 被扶養者となるべき人の人数にかかわりなく、原則として年間収入の多い方の被扶養者となります。

・ 夫婦双方の年間収入が同程度（年間収入の多い方の1割以内）の場合は、被扶養者の地位の安定を図るため、届出により、主として生計を維持する方の被扶養者になります。

【⑧住所】 配偶者が被扶養者（第3号被保険者）となったときで「⑤個人番号」欄に個人番号を記入した場合は、被保険者の住所は記入は不要です。

● B. 配偶者である被扶養者欄（第3号被保険者）の記入方法（共通事項）

①～④及び⑦、⑧は必須記入項目です。

【①氏名（第3号被保険者届出人）】 は、住民票に登録されているものと同じ氏名を記入します。また、日付は配偶者が被保険者を通じて事業主にこの届書を提出する日付（Ⓑ）です。

（注） 配偶者が20歳未満又は60歳以上の場合は第3号被保険者に該当しないため、日付の記入は不要です（マイナンバーの添付も不要）。

【③性別（続柄）】 該当する番号を〇で囲んでください。

事実婚（内縁関係）の届け出は、「3.夫（未届）」「4.妻（未届）」のいずれかを〇で囲み、提出日から90日以内に発行された、両人の戸籍謄（抄）本を添付します。

【④個人番号（基礎年金番号）】 本人確認を行ったうえで、マイナンバーを記入します。

基礎年金番号を記入する場合は、年金手帳等に記載されている10桁の番号を左詰めで記入します。

（注）「死亡」により被扶養者（第3号被保険者）でなくなった場合は基礎年金番号を記入します。

【⑤外国籍】 配偶者が外国籍の人の場合に、国籍を記入します。そして、マイナンバーと基礎年金番号が結びついていない人、マイナンバー制度の対象外である人は、「国民年金第3号被保険者ローマ字氏名届」を併せて提出します。

・【⑥外国人通称名】 郵送物の宛名や保険証の氏名等について、通称名での登録を希望する場合は住民票に登録された通称名を記入します。

【⑦住所】 被保険者と「同居」又は「別居」のいずれかを〇で囲み、住民票の住所を記入します。これはマイナンバーを記入しても省略はできません。

別居の場合は、「⑮備考」欄に1回当たりの仕送り額を記入の上、通帳のコピーや現金書留控

え等、仕送りの事実及び仕送り額が確認できる書類を添付します。

　海外居住者については、国内における協力者住所（親族、第2号被保険者の勤務先住所等を記入の上、「⑮備考」欄に、海外居住先の住所及び国内協力者が親族の場合は、氏名及び続柄を記入します。

■認定対象者との続柄確認書類

　扶養認定を受ける人の続柄確認のため、提出日から90日以内に発行された戸籍謄（抄）本又は住民票を添付します。住民票による続柄の確認を行う場合は、被保険者と被扶養者が同一世帯であり、被保険者が世帯主である場合に限られます（配偶者が内縁関係にある場合は、両人の戸籍謄（抄）本を添付）。

　ただし、本様式の被扶養者（異動）届を提出する場合に、被保険者と扶養者認定を受ける人の個人情報が記載され、上記書類により事業主が続柄を確認し、備考欄の「※続柄確認済み」の□にチェックを入れた場合（**C**）は、添付書類は不要です（内縁関係を除く）。

※　健康保険組合管掌の事業所で被扶養者の続柄の確認書類は、当該健保組合へ確認してください。

■配偶者の個人番号の本人確認及び委任状

　第3号被保険者（配偶者）が事業主に届書を提出するときは、事業主においてマイナンバーが本人のものであることの確認とマイナンバーの記載された届書の提出を行う者が正当な番号の持ち主であることの確認を行います（第1章参照）。そして、マイナンバーカード(*)の表・裏両面又はマイナンバー記載の住民票及び身元（実在）確認書類のコピーを本届書に添付し提出します。

　なお、被保険者（第2号被保険者）が配偶者の代理人として届書を事業主に提出するときは、前述のマイナンバーに関する書類のコピー、及び代理権の確認ができる委任状を添付することになっています。ただし、配偶者①氏名欄の「※第3号被保険者関係届の提出は配偶者（第2号被保険者）に委任します」の□にチェックを付すことにより、委任状の添付を省略することができます（**E**）。

●被扶養者の認定を受ける場合の記入方法（配偶者）

　「1該当」を○で囲み、⑨～⑫及び⑮を記入します（　　　　）。

【⑨被扶養者（第3号被保険者）になった日】　⑨被扶養者（第3号被保険者）になった日は、⑩欄の理由により次のようになります。

⑩　理　由	⑨被扶養者（第3号被保険者）になった日
1．配偶者の就職	被保険者が資格取得した日
2．婚姻	婚姻した日
3．離職	退職日の翌日
4．収入減収(*)	今後1年間の年間収入が130万円（60歳以上・一定の障害がある場合は180万円）未満になると見込まれた日
5．その他（かっこ内にその理由を記入）	実際に被扶養者（第3号被保険者）になった日

＊　協会けんぽ管掌の事業所では、被扶養者がパートタイムなどで働いている場合で収入の減収により被扶養者の認定を受ける場合には、「年収見込証明書」や直近3か月の賃金明細などの提出を求められることがあります。また、事業を廃業したことによる場合は、税務署に提出し受理された廃業届のコピー等を添付します。なお、健康保険組合管掌事業所の場合は健康保険組合所定の添付書類が

必要になります。

【⑩理由】　被扶養者の認定を受ける理由です。該当する番号を○で囲みます。

【⑪職業】　該当する番号を○で囲みます。なお、「4.その他」を選択した場合には、その内容がわかるようにかっこ内に記入します。

【⑫収入（年収）】　年間収入は、過去の収入、現時点の収入または将来の収入などから被保険者の今後1年間の収入を見込んだ額を算出します（**F**）。収入には非課税対象のもの（障害・遺族の年金、基本手当（いわゆる失業保険といわれる失業等給付））も含まれます。非課税対象の収入がある場合は、受取金額が確認できる書類のコピーを添付し、「⑮備考」に具体的な理由を記入します。

状　　況	添付すべき書類	⑮備考に記入するべき内容
障害年金受給中	現在の年金額がわかる年金額決定通知書等のコピー	障害基礎年金、障害厚生年金（*1）、障害補償年金（●級）、障害年金（●級）等
遺族年金受給中		遺族基礎年金、遺族厚生年金 遺族補償年金、遺族年金　等
失業給付受給中	雇用保険受給資格者証のコピー	基本手当受給中（*2）
失業給付受給終了後に収入要件を満たす場合		基本手当受給終了（*3）

＊1　障害基礎年金、障害厚生年金を受給中の場合は、収入要件が180万円未満に拡大されます（備考欄に年金の種類及び等級を記入する。労災保険の障害の年金も同様）。労災保険の障害に係る年金の場合はその等級によって収入要件が130万円未満か180万円未満になるか異なります。
　　障害者手帳の等級によっては、収入要件を180万円未満まで拡大にすることができます。この場合は、障害者手帳のコピーを添付します。
＊2　基本手当の日額が3,611円（60歳以上又は障害者は4,999円）以下であれば、被扶養者としての収入要件を満たします（基本手当の日額は、雇用保険受給資格者証に記載がある）
＊3　基本手当をすべて受け終わると、ハローワークで雇用保険受給資格者証にその確認がなされます（その後、無職であれば、現在から将来の収入は0になる）。
（注）　⑫欄が130万円（180万円）未満であるか否か、そして、年収要件を満たしたときは、被保険者欄⑦収入（**D**）と本欄（**F**）を比較して、原則として被保険者の収入の2分の1未満であるかを確認して認定を行います。

【⑮備考】　被保険者、被扶養者の個人番号が記入され、事業主が戸籍謄本等で被保険者と扶養認定を受ける人の続柄を確認した場合は、「※続柄確認済み」の□にチェックを付けることで続柄確認の書類の添付を省略することができます。

●C. その他被扶養者欄の記入方法（共通事項）

　①〜⑥は必須記入項目です。

【④続柄】　被保険者から見た続柄に○印をつけます。なお、配偶者の継子は「2.1以外の子」に該当します。また、血族側の配偶者は「10.その他」を選択し、かっこ内に「●●（被保険者から見た続柄）の配偶者」と記入します。

【⑤個人番号欄】　被保険者が提出したマイナンバーの番号確認と身元確認行い記入します。その他の被扶養者は、マイナンバーの添付は不要です。

（注1）　「死亡」により被扶養者でなくなった場合は、個人番号の記入は不要です。

（注2）　出生時に緊急の治療が必要な状態になり、子の健康保険証の発行を優先させる必要がある場合で、マイナンバーが届出提出時点で不明でなときには、⑯備考欄に「出生のため、マイナンバーが不明」と記載し、提出することができます（後日判明した時点で改めて届け出ます）。

【⑥住所欄】　「1．同居」「2．別居」は、該当する項目を○で囲み、住民票記載の住所を記入します。また、別居している場合は、⑯備考欄に1回当たりの仕送り額を記入します。

●被扶養者の認定を受ける場合の記入方法（その他の被扶養者）

①～⑥は必須記入項目です。そして、「1　該当」を○で囲み、⑩～⑬及び⑯を記入します（□□□）。

【Ｄ'】　配偶者が被扶養者でない場合は、⑳欄の「配偶者の収入（年収）」に、その年収を記入します。

（注）　夫婦共に被保険者である場合にC欄に記入したその他の被扶養者の認定は、家計の実態などを総合的に勘案して行い、原則として年間収入の多い方の被扶養者とされますから、A.被保険者の⑦の金額（Ｄ）と、配偶者の年収（Ｄ'）比べて被保険者の年収が多い方の被扶養者に、ただし、多い方の年収の1割の範囲内であれば、被扶養者の地位の安定を図るため、この届出により、被扶養者の認定を受けることができます（「Point　被保険者と被扶養者の年収要件」参照）。

【⑩被扶養者になった日】　⑬欄の理由により次のようになります。

⑬　理　由	⑩被扶養者になった日
被保険者の資格取得届に添付する場合は記入不要	被保険者の資格取得日（A.被保険者欄⑥）
1．出生	出生年月日
2．離職	退職日の翌日
3．収入減収（＊）	今後1年間の年間収入が130万円（60歳以上・一定の障害がある場合は180万円）未満になると見込まれた日
4．同居	住民票で転入・転居を確認できた日

5. その他（かっこ内にその理由を記入）	実際に被扶養者になった日

＊　収入減収に係る証明に関しては「○被扶養者の認定を受ける場合の記入方法（配偶者）」を参照してください。

【⑬理由】　被扶養者の認定を受ける理由です。該当する番号を○で囲みます。なお、被保険者資格取得届と同時に本書を提出するときは、記入不要です。

【⑪職業欄】　該当する項目を○で囲みます。「6.その他」を選択した場合には、その内容がわかるように記入します。

　小中学生以下は就労可能年限に至っていないので学年を記入する必要がありませんが、16歳以上は就労可能年限に達しているため、「5.高・大学生」に該当すれば、現在の学年を記入します。

【⑫収入（年収）】　年間収入は、過去の収入、現時点の収入又は将来の収入などから被保険者の今後1年間の収入を見込んだ額を算出します（❻）。収入には非課税対象のもの（障害・遺族の年金、基本手当（いわゆる失業保険といわれる失業等給付））も含まれます。非課税対象の収入がある場合は、受取金額が確認できる書類のコピーを添付し、「⑮備考」に具体的な理由を記入します（「○被扶養者の認定を受ける場合の記入方法（配偶者」参照）。

【⑯備考】　被扶養者情報に変更がある場合は、変更の内容とその理由を記入します。

●海外特例要件に該当する場合の記入方法（配偶者・その他の被扶養者）

　「1 海外特例要件該当」を○で囲み、配偶者は⑯、⑰欄、その他の被扶養者は⑧欄を記入します。

【海外特例に該当した日】　被保険者の資格取得届と同時に提出する場合は、「A.被保険者欄」の「取得年月日」と同日、その後に該当した場合は海外居住者となった日を記入します。

【理由】　該当する番号を○で囲み、次の事実を確認できる書類のコピーを添付します。

海外特例で認定される人 B. 配偶者欄⑰、C. その他被扶養者欄⑧	認定時の添付書類
1.外国において留学をする学生	査証、学生証、在学証明書、入学証明書等の写し
2.外国に赴任する被保険者に同行する人	査証、海外赴任辞令、海外の公的機関が発行する居住証明書等の写し
3.観光、保養又はボランティア活動その他就労以外の目的で一時的に海外に渡航する人	査証、ボランティア派遣機関の証明、ボランティアの参加同意書等の写し
4.被保険者が外国に赴任している間に当該被保険者と被扶養者としての身分関係が生じた人（出生した場合は、「5.その他」を○で囲んで、かっこ内に「出生」と記入）	出生や婚姻等を証明する書類等の写し
5.上記のほか、渡航目的その他の事情を考慮して日本国内に生活の基礎があると認められる人	個別に判断

海外特例に該当する場合の添付書類

POINT

扶養認定を受ける人が海外に住所を有する場合は、上記の取扱いに関わらず、必ず現況申立書、続柄・収入金額が確認できる公的証明書、仕送りの事実及び仕送り額が確認できる書類（被保険者と同一世帯の場合は、同一世帯であることが確認できる公的証明書）、及び海外特例要件に該当していることを証明する書類（留学の場合は査証、学生証、在学証明書または入学証明書等の写しのいずれかの書類、同行家族の場合は査証、海外赴任辞令または海外の公的機関が発行する居住証明書等の写しのいずれかの書類）の添付が必要です。

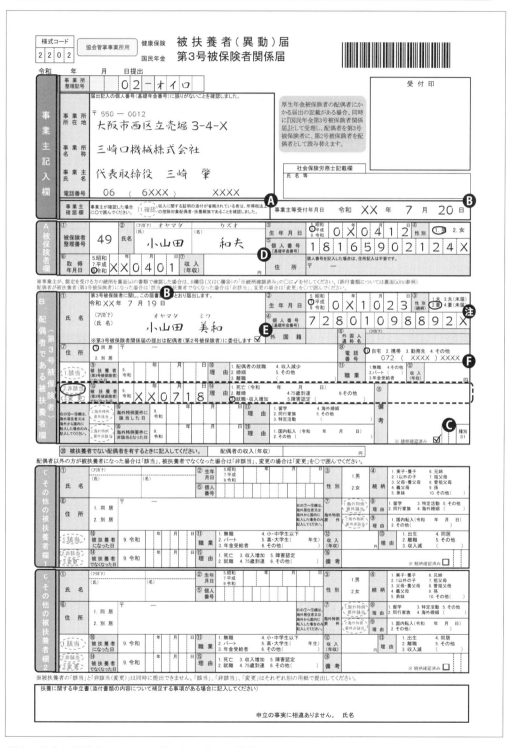

（注）　該当と非該当は同時に１枚の届出書に記載することはできません。

被扶養者が被扶養者の要件を満たさなくなったとき、被扶養者情報に変更がある場合に届け出ます。

● 記入方法

●事業主確認欄の記入方法

【Ⓐ】 非該当の際には主たる生計維持関係は求められないので、事業主の確認欄は、記入不要です。

【Ⓑ】 「事業主等受付年月日」は、事業主が、被保険者を通じて B.欄の配偶者から本届書を受け取った日付を記入します（配偶者の氏名欄に記入した日付と同じか、その後の日付になる）。ただし、配偶者が被扶養者ではない場合は記入の必要はありません。

● A. 被保険者欄（第 2 号被保険者）の記入方法

【①被保険者整理番号】 資格取得時に払い出しされた被保険者整理番号を記入します。

・ 非該当の際には主たる生計維持関係は求められないので、⑦収入（年収）の記入は不要です（Ⓓ）。

・ その他記入上の注意点は「1 健康保険 被扶養者（異動）届 （該当）」を参照してください。

● B. 配偶者である被扶養者欄（第 3 号被保険者）の記入方法（共通事項）

・ ①～④及び⑦、⑧は必須記入項目です。「1 健康保険 被扶養者（異動）届 （該当）」を参照してください。

●被扶養者から削除する場合の記入方法（配偶者）

「2 非該当該当」を○で囲み、⑬～⑮を記入します（ ⬚ ）。

【④個人番号（基礎年金番号）】 マイナンバーを記入します。

「死亡」により被扶養者（第 3 号被保険者）でなくなった場合は、マイナンバーではなく基礎年金番号を記入します（㊟）。基礎年金番号は基礎年金通知書（年金手帳）等に記載されている 10 桁の番号です。

【⑬被扶養者（第 3 号被保険者）でなくなった日】 ⑭理由により次のようになります。

⑭ 理 由	⑬被扶養者（第 3 号被保険者）でなくなった日
1. 死亡（かっこ内に死亡日を記入）	・ 死亡した日の翌日
2. 離婚	・ 離婚した当日
3. 就職・収入増加	・ 就職した日（その日） ・ 1 年間の収入が 130 万円（180 万円）以上になると見込まれた日
4. 75 歳到達	・ 75 歳の誕生日
5. 障害認定	・ 65 歳以上 74 歳以下の方で、寝たきり等の一定の障害があると認定された日
6. その他（かっこ内にその理由を記入）	・ 被扶養者でなくなった日（その日）

【⑭理由】 該当する番号を○で囲みます。なお、「1.死亡」の場合は、その後ろのかっこ内に死

亡日を記入します。

●被扶養者から削除する場合の記入方法（その他被扶養者）

- ①〜⑥は必須記入項目です。「1　健康保険被扶養者（異動）届　（該当）」を参照してください。

- 「2非該当」を○で囲み、⑭〜⑯を記入します（ ⋯⋯ ）。

【⑭被扶養者でなくなった日】　⑮の理由により次のようになります。

⑮　理　由	⑭被扶養者でなくなった日
1.　死亡（かっこ内に死亡日を記入）	・　死亡した日の翌日
2.　就職	・　就職した日（その日）
3.　収入増加	・　1年間の収入が130万円（180万円）以上になると見込まれた日
4.　75歳到達(＊)	・　75歳の誕生日
5.　障害認定	・　65歳以上74歳以下の人で、寝たきり等の一定の障害があると認定された日
6.　その他（かっこ内にその理由を記入）	・被扶養者でなくなった日（その日）

＊　本例は、被保険者の父が75歳になり、後期高齢者医療の被保険者となったことによる非該当の例です。②生年月日と⑭被扶養者でなくなった日の「月日」が同じになります。

【⑮理由】　該当する番号を○で囲みます。

●海外特例要件に非該当になった場合の記入方法（配偶者・その他の被扶養者）

「2海外特例要件非該当」を○で囲みます。

【理由】　国内転入の場合は「1」を○で囲み、転入した日を記入します。「1」以外の理由であるときは「2」を○で囲み、その理由をかっこ内に記入します（離婚・死亡等）。

【海外特例要件に非該当になった日】　配偶者のみ、⑲の理由に該当した日を記入します（国内転入の場合は、⑲欄と同じ日付となる）。

●被扶養者情報の変更の記入方法

- 届出名称の後ろに「変更届」（訂正の場合は、「訂正届」）と記入します。

- 事業主記入欄、A.被保険者欄及び該当する被扶養者欄の必須事項を記入します。

- 被扶養者欄の「3 変更」を○で囲み、変更又は訂正する項目の欄に

　下段に「変更前」と以前に届け出た内容記入したうえ、二重取消線で抹消し、上段には「変更後」と変更された内容（訂正の場合は「変更」ではなく「訂正」にする）を記入し、⑯備考欄に変更の内容と理由を記入します。

> **被扶養者の氏名変更について**
>
> **POINT**
>
> 　基礎年金番号とマイナンバーが紐づけされている被保険者であれば、日本年金機構がマイナンバーを活用して、地方公共団体システム機構に変更情報の照会を行い、協会けんぽに情報提供を行います。協会けんぽでは日本年金機構から提供を受けた変更情報をもとに氏名変更による新しい保険証の発行（届出省略）を行いますが、被扶養者については、氏名変更の届出省略は行われないため、従来同様に被扶養者（異動）届により変更の届出を日本年金機構（健康保険組合の場合は、組合に確認してください）へ提出します。

Guidance 転勤に係る手続

（1）転勤の際の健康保険・厚生年金保険の手続

　健康保険・厚生年金保険では、転勤あるいは退職した日に別の会社に就職して被保険者資格を取得するのであれば、その転勤日あるいは退職した日を喪失日とします。

　この理由は、保険料は資格を喪失した日の前月まで負担する義務がありますから、もし、5月末日に転勤した場合に原則どおり翌日に喪失させると、転勤元の事業所では資格喪失日は6月1日となり5月分の保険料を負担しなければなりません。また、転勤先の事業所では5月31日に資格取得するため5月分から保険料を負担することになります。結果として、5月分は保険料を二重払いすることになります。これでは不公平になりますから、例外的に、転勤が行われたその日に資格喪失と資格取得を行うことで、転勤元の事業所では4月分まで、転勤先では5月分から保険料を徴収することになるので、重複する被保険者期間がなくすための特例です。このように、資格喪失日に資格を取得させることから、「同日得喪」と言われています。

　ただし、本支社の事業主が同一であり、かつ、本社（一括事業所）で人事、給与等が集中的に管理されているなど、一定の基準を満たす場合には、本社を支社等を含めて、これらを1つの適用事業所とすることの申請を行うことができます。ここの一括適用の承認がなされると、適用・保険給付手続をすべて、本店が一括して担当することになるため、本社・支社等間の異動があっても、1つ事業所の中で行われる人事異動と同じ扱いにします。したがって、転勤の際に必要になる被保険者の資格取得・喪失届の提出が不要となり、手続の効率化を図ることができるようになります。

（2）転勤の際の雇用保険の手続

　雇用保険では、適用事業所番号に紐づけされている被保険者の情報を、転勤先の適用事業所番号に切り替える手続を行います。そのため、転勤先の事業所の住所地を管轄するハローワークに被保険者転勤届と、被保険者資格取得届を提出した際に交付された被保険者資格喪失届を添付して届け出ます。このとき被保険者の氏名が変更されていれば、同時に氏名変更も行います。

3 健康保険・厚生年金保険 被保険者資格喪失届／健康保険・厚生年金保険 被保険者資格取得届（転勤）

（1） 転勤元の手続

「健康保険・厚生年金保険 被保険者資格喪失届」抜粋

（注） 健康保険・厚生年金 被保険者資格喪失届の記入方法、添付書類は、第5章を参照してください。

　事業所間で転勤があったときに、転勤元では被保険者資格を喪失させ、同日に転勤先事業所で被保険者資格を取得させます。ただし、一括適用をしている事業所はこの届出は不要です。

●被保険者資格喪失届の記入方法

「Ⓐ」　⑤喪失年月日、⑥喪失（不該当）原因欄「4.退職等」の年月日は、転勤辞令の発令された日（転勤があった日）を記入します。

「Ⓑ」　備考欄「その他」のかっこ内に、「転勤」と記入します。

（注）　本来の喪失日は、退職した日の翌日になりますが、転勤の場合はその日を喪失日にします。そのため、資格取得日と喪失日が同じ日になるので同日得喪と言われています。通常の退職ではなく転勤のため、退職等の日に喪失させていることを示すために、備考欄に「転勤」と記入しています。

（2） 転勤先の手続

「健康保険・厚生年金保険 被保険者資格取得届」抜粋

（注）　健康保険・厚生年金 被保険者資格取得届の記入方法は、第3章を参照してください。

●被保険者資格取得届の記入方法

【Ⓐ】　⑦取得（該当）年月日は、転勤辞令の発令された日（転勤があった日）を記入します。

【Ⓑ】　備考欄「その他」のかっこ内に、「転勤」と記入します。

雇用保険被保険者転勤届

様式第10号（第13条関係）（第1面）　　**雇用保険被保険者転勤届**

（必ず第2面の注意事項を読んでから記載してください。）

帳票種別

`1 4 1 0 6`

1. 被保険者番号

`5 9 8 9 - 4 9 4 4 9 3 - 6`

2. 生年月日

`4 - X X 0 4 1 2` （2 大正　3 昭和　4 平成　5 令和）

元号　　年　　月　　日

3. 被保険者氏名　　　　　フリガナ（カタカナ）

`小山田　和夫`　　`オヤマタ゛　カス゛オ`

4欄は、被保険者が外国人の場合のみ記入してください。

4. 被保険者氏名（ローマ字）（アルファベット大文字で記入してください。）

被保険者氏名〔続き（ローマ字）〕

5. 資格取得年月日

`5 - X X 0 4 0 1` （3 昭和　4 平成　5 令和）

元号　　年　　月　　日

6. 事業所番号

`2 7 1 0 - 6 5 4 3 2 X - 4`

7. 転勤前の事業所番号

`2 7 0 3 - 1 2 3 4 5 X - 7`

8. 転勤年月日

`5 - X X 1 0 0 1` （4 平成　5 令和）

元号　　年　　月　　日

9. 転勤前事業所名称・所在地　　大阪市西区立売堀3-4-X　三崎口機械株式会社

10. （フリガナ）変更前氏名		11. 氏名変更年月日	令和　　　年　　　月　　　日

12. 備考	

雇用保険法施行規則第13条第1項の規定により上記のとおり届けます。　　　令和　　年　　月　　日

住　所　東大阪市水走5-3-X

事業主　氏　名　三崎口機械株式会社水走工場

電話番号　代表取締役　三崎肇

公共職業安定所長　殿

社会保険労務士記載欄	作成年月日・提出代行者・事務代理者の表示	氏　　　名	電話番号

※ 所長	次長	課長	係長	係	操作者

※ 備考
確認通知　令和　　年　　月　　日

2021. 9

135

従業員が転勤したときは、転勤後の事業所を管轄するハローワークに届け出ます。

● 記入方法

1.被保険者番号、2.生年月日、5.資格取得年月日を、記入します。

【3.被保険者氏名】 現在の氏名（漢字・フリガナ）を記入します。なお、前回の手続から今回の転勤までの間に氏名変更があったときは、変更後の氏名を記入し、10 欄に変更前の氏名、11 欄に氏名変更年月日を記入します。

【4.被保険者氏名（ローマ字)】 被保険者が外国人である場合に、在留カードに記載されている順にローマ字氏名を記入します（第3章参照）。

【6.事業所番号】 転勤先の事業所の事業所番号を記入します。

【7.転勤前の事業所】 転勤元の事業所番号を記入します。そして、9.欄には転勤元の事業所の事業所名称及び所在地を記入します。

【事業主】 転勤先の適用事業所設置届に記入した住所・氏名（事業所名、代表者氏名）を記入します。

従業員が適用除外に該当したとき/該当しなくなったとき

Guidance

（1）従業員が適用除外に該当したとき/該当しなくなったとき

　健康保険・厚生年金保険、雇用保険もそれぞれの法律に定められている適用基準（第3章参照）を満たさなくなると適用除外になりますから、資格喪失手続（第5章参照）を行います。反対に、適用基準を満たすと被保険者資格を取得させます（第3章参照）。

　ただし、一時的に適用除外に該当したり、適用基準を満たしたような場合は、被保険者資格を取得させたり喪失させたりすることはありません。

（2）特定適用事業所等勤務する短時間労働者の異動

　特定適用事業所等に勤務する従業員（被保険者）が短時間労働者（「Point 短時間労働者」参照）になったとき、短時間労働者の週の所定労働時間が、その事業所の1週間の所定労働時間又はその1月間の所定労働日数が「通常の労働者」の4分の3以上になったときには、健康保険 厚生年金保険被保険者区分変更届を提出します。ただし、一時的に該当した場合は、区分の変更は行わず、そのままの区分を維持させます。

従業員が40歳、60歳、65歳、70歳、75歳になった際の手続

（1）従業員が40歳になったとき（介護保険料）

　従業員が40歳に達する^(*)と、介護保険第2号被保険者の資格を取得をしますので、その翌月から健康保険料に介護保険料を含めて金額が控除されます（実際には、40歳に達する月の翌月から控除が始まる）。そのため、健康保険料の控除額が変更になる旨、該当する従業員に通知します。

　ただし、介護保険は日本国内に在住している人が対象ですから、40歳以上65歳未満の健康保険の被保険者で、国内に住所を有しなくなったときは、「介護保険 適用除外等該当届」を提出します（住民票の除票（コピー不可、個人番号のないもの）を添付）。また、国内に住所を有したときは「介護保険適用除外等非該当届」を提出します。

*　40歳に達する日とは、40歳の誕生日の前日になります。そのため、1日生まれの人は前月の末日が「40歳達する日」になり介護保険第2号被保険者の資格を取得します。介護保険料は健康保険料と合わせて徴収するため誕生月から、2日以後に生まれた人は誕生月が資格取得月ですから、誕生月の翌月から健康保険料の徴収金額が変わります。

標準報酬		報酬月額	全国健康保険協会管掌健康保険料				厚生年金保険料（厚生年金基金加入員を除く）	
			介護保険第2号被保険者に該当しない場合		介護保険第2号被保険者に該当する場合		一般、坑内員・船員	
等級	月額		保険料率は毎年変更されます。				18.300%※	
			全額	折半額	全額	折半額	全額	折半額

提出先等（介護保険 適用除外等 該当・非該当 届）

どんなときに	介護保険の適用除外になったとき、適用除外事由が消滅したとき
いつまでに	遅滞なく
どこへ	健康保険組合／日本年金機構事務センター（広域事務センター）
添付書類	介護保険の適用除外になったときは、以下の1.〜3.それぞれの場合に応じた添付書類が必要となります。 1. 適用除外等の事由が「国外居住者」である場合 　住民票の除票（コピー不可・個人番号の記載がないもの） 2. 適用除外等の事由が「身体障害者療護施設入居者」である場合 　施設等に入所・入院していることを証明する書類 3. 適用除外の事由が「在留資格3か月以下の外国人」である場合 　在留期間を証明する書類^(*)及び雇用契約期間を証明できる「雇用契約書」など 　*　旅券（パスポート）の裏面に押される「上陸許可認印（写）」、「資格外活動許可書（写）」など

（2）従業員が60歳以上で退職し再雇用したとき（健康保険・厚生年金保険）

　事業所の定年制の定めのあるなしにかかわらず、60歳以後に退職した後、1日も空白はなく、継続して再雇用された場合であって、給料が下がったのであれば同日に資格の得喪を行うことで、再雇用後の給料に応じた標準報酬月額にすることができます。この場合は、雇用関係に1

日も空白がないため、労働基準法の有給休暇の付与など、従業員の権利に関する部分については継続勤務扱いになります（有給休暇の付与などはリセットされない）。

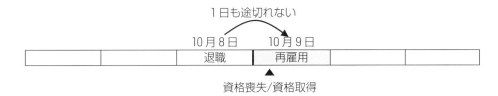

このときの手続は、「5　健康保険・厚生年金保険　被保険者資格喪失届／健康保険厚生年金保険　被保険者資格取得届（60歳以上の退職／再雇用)」を参照してください。

（3）従業員が65歳になったとき

① 介護保険料

従業員が65歳に達する[*1]と、介護保険第1号被保険者に区分が変更されます。介護保険第1号被保険者は、原則として公的年金から保険料が控除[*2]されるので介護保険料は徴収されなくなります。したがって、健康保険料の控除額が変更になる旨、該当する従業員に通知します。

＊1　65歳に達する日とは、65歳の誕生日の前日になります。そのため、1日生まれの人は前月の末日が「65歳達する日」になり、介護保険第2号被保険者から第1号被保険者に区分変更されます。介護保険料は年金から徴収されるようになるので誕生月から、2日以後に生まれた人は誕生月が資格取得月ですから誕生月の翌月から健康保険料のみ控除します。

＊2　65歳以上の人で、老齢もしくは退職、障害または死亡を支給事由とする年金を受給している人であって、年間の支給額が18万円以上あれば、介護保険第1号被保険者の介護保険料、国民年金保険料（税）、後期高齢者医療の保険料、住民税を、原則として公的年金から天引き（特別徴収）することになっています。ただし、年度途中に65歳に達した年度末までは、納付書による納付（普通徴収）になります。

標準報酬		報酬月額	全国健康保険協会管掌健康保険料				厚生年金保険料 (厚生年金基金加入員を除く)	
			介護保険第2号被保険者に該当しない場合		介護保険第2号被保険者に該当する場合		一般、坑内員・船員	
等級	月額		保険料率は毎年変更されます。				18.300%※	
			全額	折半額	全額	折半額	全額	折半額

② 雇用保険の取り扱い

雇用保険では、65歳の誕生日の前々日から前日にかけ引き続き雇用保険の被保険者であれば、一般の被保険者から高年齢被保険者に切り替わります。このときは、自動的に切り替えられるため、何ら手続は必要ありません。

（4）従業員が70歳になったとき（厚生年金保険）

厚生年金保険のみ被保険者資格を喪失し、以後、「70歳以上被用者」としての届け出が必要になります。

70歳到達時には、「厚生年金保険　被保険者資格喪失届70歳以上被用者該当届」（70歳到達

届）を提出することになっていますが、70歳の誕生日の前々日から前日にかけ引き続き厚生年金保険の被保険者で、両日の標準報酬月額と標準報酬月額相当額^{（＊）}が同額であるときは、日本年金機構側で処理されるため「70歳到達届」の提出が不要（届出省略）になります。両日の標準報酬月額と標準報酬月額相当額が異なる場合のみ、「70歳到達届」の提出が必要です。

＊　70歳以上の人は厚生年金保険の被保険者にはならないため、標準報酬月額というものがありません。しかし、在職老齢年金（老齢厚生年金の受給権者で70歳以上被用者といわれる人は、報酬と年金を同時に受けているため、老齢厚生年金を支給額調整する規定）があるため、標準報酬月額に相当する額と標準賞与に相当する額を届け出ることになっています。

（5）従業員が75歳になったとき（健康保険保険）

　健康保険は、後期高齢者医療の被保険者になったときには適用除外になりますから、健康保険の被保険者資格を喪失させます。70歳以上被用者としての届け出（厚生年金70歳以上被用者算定基礎届、70歳以上被用者不該当届等）は引き続き必要です。

健康保険・厚生年金保険 被保険者資格喪失届／健康保険・厚生年金保険 被保険者資格取得届（60歳以上の退職／再雇用）

様式：健康保険・厚生年金保険被保険者資格喪失届（抜粋）

① 被保険者整理番号	32	② 氏名	（フリガナ）コヤマ／モトシゲ （氏）小山 （名）元重	③ 生年月日	⑥昭和 7.平成 9.令和	XX 年 10 月 08 日 Ⓒ
④ 個人番号（基礎年金番号）	3 3 7 9 0 8 8 1 6 0 3 X	⑤ 喪失年月日	9.令和 XX 年 10 月 09 日 Ⓐ Ⓑ	喪失（不該当）原因	4.退職等（令和 XX 年 10 月 8 日退職）5.死亡（令和　年　月　日死亡）7.75歳到達（健康保険のみ喪失）9.障害認定（健康保険のみ喪失）11.社会保障協定	
⑦ 備考	該当する項目を○で囲んでください。 1. 二以上事業所勤務者の喪失　3. その他 ② 退職後の継続再雇用者の喪失	保険証回収	添付　2 枚 Ⓓ 返不能　　枚	⑧ 70歳不該当	□ 70歳以上被用者不該当（退職日または死亡日を記入してください）不該当年月日 9.令和　年　月　日	

様式：健康保険・厚生年金保険 被保険者資格取得届（抜粋）

① 被保険者整理番号	② 氏名（フリガナ）コヤマ／モトシゲ （氏）小山 （名）元重	③ 生年月日	5.昭和 7.平成 9.令和 XX 10 08	④ 種別	①男 5.男（基金）2.女 6.女（基金）3.坑内員 7.坑内員（基金）
⑤ 取得区分 ①健保・厚年 3.共済出向 4.船保任継	個人番号（基礎年金番号）3 3 7 9 0 8 8 1 6 0 3 X	取得（該当）年月日 9.令和 XX 10 09 Ⓐ	⑥ 被扶養者 0.無 ①有 Ⓑ		
⑥ 報酬月額	⑦（通貨）250,000 円 ⑦（現物）0 円 ⑦（合計⑦+⑦）250000 円	⑦ 備考	該当する項目を○で囲んでください。1. 70歳以上被用者該当　3. 短時間労働者の取得（特定適用事業所等）2. 二以上事業所勤務者の取得 ④ 退職後の継続再雇用者の取得　5. その他		
⑪ 住所	日本年金機構に提出する際、個人番号を記入した場合は、住所記入は不要です。〒　－（フリガナ）		理由	1. 海外在住 2. 短期在留 3. その他（　）	

141

参考：継続雇用にかかる事業主の証明

（注）　雇用継続に係る事業主の証明には、所定の様式がありません。

継続再雇用に関する証明書

　弊社の 60 歳以上の従業員について、以下のとおり退職日の翌日をもって継続再雇用したことを証明します。

[退職・再雇用した従業員]

住所　　　　大阪市港区築港 X-X-X

氏名　　　　小山　元重　　　　　　　　　年齢　　63　　歳

[退職日]

　　　　令和 XX 年 10 月 8 日　**C**

　　　　　　　　　　　　　　　　　　E

[再雇用日]

　　　　令和 XX 年 10 月 9 日　**A**

[証明者]

事業所所在地　　　大阪市西区立売堀 3-X-X

事業所名称　　　　三崎口機械株式会社

事業主氏名　　　　代表取締役　三崎　肇

電話番号　　　　　06-6XXX-XXXX

証明日　　令和 XX 年 10 月 10 日

---

　60 歳以上の厚生年金の被保険者が退職し、1 日も途切れることなく再雇用され賃金が下がった場合に、同日得喪させ、下がった標準報酬月額に即応させる手続になります。

● **被保険者資格取得届・喪失届に共通する事項の注意事項**

【**A**】　資格喪失日（⑤）（資格喪失日は、今回の手続に係る退職日（**C**）の翌日）と資格取得日（⑦）は同じ日になります。

● 被保険者資格喪失届の記入方法

　全体の記入方法は被保険者資格喪失届の項を参照してください。

【⑥喪失（不該当）要因】　「4.退職等」を〇で囲み、その後ろのかっこ内には、今回の再雇用に係る退職日を記入します（**C**）。

【⑦備考】　「2.退職後の継続再雇用者の喪失」の番号を〇で囲みます（**B**）

【保険証回収】　被保険者証（70歳以上の場合は高齢受給資格者証も回収する）を、被保険者から、被扶養者の分も合わせて回収し、回収した数を「添付」に、未回収となった数を「返不能」に記入します（**D**）。

（注）　この手続を行うと、新たに被保険者整理番号が払い出されますから、保険証（70歳以上の場合は、高齢受給資格者証も）を回収します。そして、資格取得手続が完了したら、保険者より新たな被保険者証が送られてきますので、被保険者に渡します（被保険者宅に直接送付されることもあります）。

● 被保険者資格取得届の記入方法

　全体の記入方法は被保険者資格取得届の項を参照してください。

【⑦取得（該当）年月日】　資格喪失届の資格喪失日（**A**）を記入します。

【⑩備考】　「4.退職後の継続再雇用者の取得」の番号を〇で囲みます（**B**）

● 継続雇用にかかる事業主の証明書の注意事項

　雇用継続に係る事業主の証明には、所定の様式がありませんので、雇用契約書のコピーや退職辞令を添付しても問題はありません。ただし、退職した日及び再雇用された日が記載されていなければなりません（**E**）。

POINT

60歳以上の同日得喪

　本来は、退職後1日の空白もなく再雇用された場合は、資格の得喪は行われないため、再雇用後の給与が下がっても、随時改定を待つことになります。しかし、60歳以上で退職し、再雇用され給与が下がったときは、実質5か月間の従前の標準報酬月額を基礎とした保険料を納付することになります。これでは、被保険者の負担が大きいので、同日に資格の取得と喪失を行うことで、その月から再雇用後の給与に応じた標準報酬月額改定することを目的としています（報酬額が変わらない場合はこの手続は不要）。

　そのため、事業所の定年制の定めのあるなしにかかわらず、60歳以後に退職した後、1日も空白はなく、継続して再雇用された場合であって、給料が下がったのであれば本取扱いの対象となっています。

第 **5** 章

退職時の手続

提出先等

1．健康保険・厚生年金保険の資格喪失

1 健康保険・厚生年金保険 被保険者資格喪失届	
いつまでに	資格喪失の日から5日以内
どこへ	健康保険組合 / 日本年金機構事務センター（広域事務センター）
添付書類	健康保険 被保険者証^(*)（本人及び被扶養者分、70歳以上は高齢受給資格者証も） ＊　健康保険被保険者証・高齢受給資格者証が回収できないときは、「健康保険 被保険者証回収不能届」を添付しまます。 （注）　被保険者資格喪失の際は、被扶養者（異動）届の提出は不要です。
留意点	被保険者が70歳に到達した際は、厚生年金保険の資格喪失が発生しますが、原則として手続は不要です。ただし、70歳到以後に、標準報酬月額相当額が変更になるときは「厚生年金保険 被保険者資格喪失届 70歳以上被用者該当届」を提出します。
2 健康保険 被保険者証回収不能届	
どんなときに	被保険者資格を喪失したとき、又は被扶養者が非該当になったときに健康保険 被保険者証（70歳以上の場合は高齢受給資格者証も）を、被保険者から回収できなかったとき
いつまでに	健康保険・厚生年金保険 被保険者資格喪失届、又は健康保険 被扶養者（異動）届に添付します。
注意	後日、健康保険 被保険者証（高齢受給資格者証）を回収できたときは、速やかに日本年金機構（健康保険組合）へ返納します。 （注）　健康保険 被保険者証（高齢受給資格者証）を紛失、減損・棄損したときは、本書ではなく、健康保険被保険者証再交付申請書を協会けんぽ又は健康保険組合へ提出します。

2．雇用保険の資格喪失

1 雇用保険 被保険者資格喪失届	
いつまでに	離職の日（適用除外になった日）の翌日から 10 日以内
どこへ	事業所を管轄するハローワーク
添付書類	・ 雇用保険 被保険者離職証明書（交付を希望されたとき） ・ 労働者名簿等 ・ 離職理由の確認書類 　　自己都合退職の場合→退職届　　定年退職の場合→就業規則 　　期間満了の場合→雇用契約書　　会社都合の場合→退職証明書 　　解雇の場合→解雇予告通知書　等

4 雇用保険 被保険者離職証明書	
どんなときに	被保険者が資格喪失し、雇用保険 被保険者離職証明書の交付を希望したとき。ただし、次の場合は、離職証明書交付の有無にかかわらず、必ず交付します。 ・ 被保険者でなくなった人が離職時においては妊娠、出産、育児、疾病、負傷、親族の看護等の理由により一定期間職業に就くことができない場合及び 60 歳以上の定年等による離職後一定の期間求職の申込みをしないことを希望する場合であって、その後に失業等給付を受けようとするとき ・ 離職の日において 59 歳以上の人
いつまでに どこへ	・ 雇用保険 被保険者資格喪失届に添付 ・ 当初希望しなかったが後日希望されたときは、速やかに本人に交付（本人がハローワークに提出）
添付書類	・ 勤怠・賃金額の確認書類（賃金台帳、タイムカード・出勤簿）

5 マルチジョブホルダー喪失・資格喪失届	
いつまでに・ どこへ	事実があった日の翌日から 10 日以内に、申出人（本人）の住所地を管轄するハローワークへ本人が申し出ます。
添付書類（確認資料）	各社ごとに ・ マルチジョブホルダー喪失・資格喪失届（すべての会社） ・ 離職証明書、賃金台帳（失業等給付の受給を予定している場合） ・ 出勤簿等（離職票交付希望の場合は 12 か月分、交付なしの場合 1 か月分） 申出人 ・ 被保険者資格喪失時アンケート ・ 本人確認書類

従業員が退職、適用除外になった際の喪失日と保険料の徴収

　健康保険・厚生年金保険、雇用保険も、従業員が退職、適用除外となったときには被保険者資格を喪失させることになります。このとき、雇用保険は賃金支払いの都度、雇用保険率を乗じて保険料を徴収してるので、何ら問題はありませんが、健康保険・厚生年金保険は当月の保険料を翌月に支払われる給与から控除しているので、資格喪失時の保険料徴収には注意をしなければなりません。

① 資格喪失日

　適用事業所で、社員が退職したとき、死亡したとき、又は適用除外となった場合には、その被保険者としての資格を喪失させます。このときの資格喪失日は、退職した日や死亡した日の翌日、適用除外になった日になります。これは、被保険者であった期間は日を単位にカウントするため、資格を取得した日の0時から資格喪失事由の発生した日の24時まで、保険給付を受けることができます。つまり、喪失事由の発生した退職等をした日の翌日の0時になった瞬間に被保険者資格が喪失し、保険給付を受けることができなくという意味で、「翌日喪失」と言われます。

　雇用保険でも同じ考え方ですが、「離職日」を基準に考えますから、喪失日を意識する必要はありませんが、週所定労働時間が20時間以上あったものが20時間未満になったような場合や、役員に就任したような場合に、資格喪失させることになります。この、20時間未満になった日あるいは役員に就任した日が喪失日になります（その前日が、離職に係る日）。

② 保険料徴収

　健康保険・厚生年金保険の保険料は月を単位に、資格を取得した月から資格を喪失した月の前月までが保険料徴収対象月になります。しかし、実際に給料から控除をするのは、前月から引き続き被保険者であるときは、当月の保険料は翌月に支払われる給料から控除します（資格取得月は保険料を控除しない代わり、資格喪失月は保険料を控除）。

　例えば、5月30日に退職したときは、喪失日は5月31日なります。保険料負担はその前月までですから、原則通り5月に支払われる給料から控除できます。ところが5月31日（末日）に退職したときは、喪失日は6月1日になります。つまり、その前月である5月まで保険料を納付することになります。このとき、6月に支払われる給与があれば原則どおり保険料を控除できますが、ないときは5月に支払われる給与から4月分と5月分の2か月分控除することになります（喪失月に支払われる賞与は、保険料を控除しません）。

　一方、雇用保険は被保険者に賃金支払う都度、賃金に雇用保険率を乗じて保険料を徴収してるため、このような問題はありません。

様式コード
2 2 0 1

健 康 保 険
厚生年金保険

被保険者資格喪失届
70歳以上被用者不該当届

厚生年金保険

令和 　年 　月 　日提出

| 事業所整理記号 | 0 2 － ミ イ ロ | 事業所番号 | 3 2 7 7 |

届書記入の個人番号に誤りがないことを確認しました。

提出者記入欄

事業所所在地	〒 550 － 0012　大阪市西区立売堀3-4-X
事業所名称	三崎口機械株式会社
事業主氏名	代表取締役　三崎　肇
電話番号	06 （ 6XXX ） XXXX

在職中に70歳に到達された方の厚生年金保険被保険者喪失届は、この用紙ではなく『70歳到達届』を提出してください。

受付印

社会保険労務士記載欄

氏名等

被保険者1

① 被保険者整理番号	56	② 氏名 (フリガナ)	(氏) カメダ 亀田	(名) シホ 志保	③ 生年月日	5. 昭和 7. 平成 9. 令和 ⑦ X X 0 3 0 3
④ 個人番号 [基礎年金番号]	2 1 2 4 5 9 0 1 8 6 2 X	⑤ 喪失年月日	令和 X X 1 0 0 1	⑥ 喪失(不該当)原因	4. 退職等（令和 XX 年 9 月 30 日退職） **B** 5. 死亡　（令和 　年 　月 　日死亡） 7. 75歳到達（健康保険のみ喪失） 9. 障害認定（健康保険のみ喪失） 11. 社会保障協定
⑦ 備考	該当する項目を○で囲んでください。 1. 二以上事業所勤務者の喪失 2. 退職後の継続再雇用者の喪失 3. その他 **C**	保険証回収 添付 2 **D** 返不能 1	⑧ 70歳不該当	□ 70歳以上被用者不該当 （退職日または死亡日を記入してください） 不該当年月日 9.令和 　年 　月 　日

被保険者2

① 被保険者整理番号	36	② 氏名 (フリガナ)	(氏) ニシダ 西田 **A**	(名) カズヒコ 一彦	③ 生年月日	5. 昭和 7. 平成 9. 令和 ⑦ X X 0 9 1 5 **B**
④ 個人番号 [基礎年金番号]	9 7 4 6 7 9 4 3 4 X	⑤ 喪失年月日	令和 X X 1 0 0 3	⑥ 喪失(不該当)原因	4. 退職等（令和 　年 　月 　日退職） 5. 死亡　（令和 XX 年 10 月 2 日死亡） 7. 75歳到達（健康保険のみ喪失） 9. 障害認定（健康保険のみ喪失） 11. 社会保障協定
⑦ 備考	該当する項目を○で囲んでください。 1. 二以上事業所勤務者の喪失 2. 退職後の継続再雇用者の喪失 3. その他	保険証回収 添付 2 枚 返不能 　枚	⑧ 70歳不該当	□ 70歳以上被用者不該当 （退職日または死亡日を記入してください） 不該当年月日 9.令和 　年 　月 　日

被保険者3

① 被保険者整理番号		② 氏名 (フリガナ)	(氏)	(名)	③ 生年月日	5. 昭和 7. 平成 9. 令和 　年 　月 　日
④ 個人番号 [基礎年金番号]		⑤ 喪失年月日	令和	⑥ 喪失(不該当)原因	4. 退職等（令和 　年 　月 　日退職等） 5. 死亡　（令和 　年 　月 　日死亡） 7. 75歳到達（健康保険のみ喪失） 9. 障害認定（健康保険のみ喪失） 11. 社会保障協定
⑦ 備考	該当する項目を○で囲んでください。 1. 二以上事業所勤務者の喪失 2. 退職後の継続再雇用者の喪失 3. その他	保険証回収 添付 　枚 返不能 　枚	⑧ 70歳不該当	□ 70歳以上被用者不該当 （退職日または死亡日を記入してください） 不該当年月日 9.令和 　年 　月 　日

被保険者4

① 被保険者整理番号		② 氏名 (フリガナ)	(氏)	(名)	③ 生年月日	5. 昭和 7. 平成 9. 令和 　年 　月 　日
④ 個人番号 [基礎年金番号]		⑤ 喪失年月日	令和	⑥ 喪失(不該当)原因	4. 退職等（令和 　年 　月 　日退職等） 5. 死亡　（令和 　年 　月 　日死亡） 7. 75歳到達（健康保険のみ喪失） 9. 障害認定（健康保険のみ喪失） 11. 社会保障協定
⑦ 備考	該当する項目を○で囲んでください。 1. 二以上事業所勤務者の喪失 2. 退職後の継続再雇用者の喪失 3. その他	保険証回収 添付 　枚 返不能 　枚	⑧ 70歳不該当	□ 70歳以上被用者不該当 （退職日または死亡日を記入してください） 不該当年月日 9.令和 　年 　月 　日

（注）　被保険者1は通常の退職（解雇）、被保険者2は死亡退職の例です。

適用事業所の従業員が退職（解雇）したとき、又は適用除外者になったとき、転勤等があったときに提出します。

● 記入方法

　①被保険者整理番号、②氏名、③生年月日まで記入します。

【④個人番号】　本人確認を行ったうえでマイナンバーを記入します。ただし、「死亡」による資格喪失の場合は、基礎年金番号（**Ⓐ**）を記入します。

【⑥喪失（不該当）原因】　該当する番号を○で囲み、「4. 退職等」「5. 死亡」には、該当する年月日を記入します（**Ⓑ**）。

【⑤資格喪失日】　⑥喪失（不該当）原因欄の理由により次のようになります。

⑥喪失（不該当）原因欄 の理由		②資格喪失日
原因	かっこ内に記入する日（**Ⓑ**）	
4. 退職等	退職・解雇日	退職・解雇日の翌日（＊）
	変更前の契約の最終日	雇用契約変更の当日（適用除外になった日）
5. 死亡	死亡した日（当日）	死亡日の翌日
7. 75 歳到達（健康保険のみ喪失）		75 歳の誕生日の当日
9. 障害認定（健康保険のみ喪失）		認定日の当日
11. 社会保障協定発効の当日		相手国法令の適用に受けた日
転勤	⑦備考「3. その他」を○で囲みかっこ内に「○年○月○日転勤」と記入（**Ⓒ**）	②資格喪失日：転勤した当日（転勤先では同じ日に資格取得をする）

＊　60 歳以上の人が退職後 1 日の空白もなく継続雇用されたときの資格取得日は、資格喪失日です。
（注）　⑥喪失（不該当）原因欄の理由が「7. 75 歳到達」「9. 障害認定」は、他の原因と分けて、別の用紙を使います。

【⑦備考欄】　該当するものの番号を○で囲みます。

・　「1. 二以上事業所勤務者の喪失」は、2 カ所以上の適用事業所で勤務している被保険者が喪失する場合に○で囲みます。

・　60 歳以上の者で、退職した者が 1 日の空白もなく引き続き再雇用された場合、「2. 退職後の継続再雇用者の喪失」を○で囲み、この届書と併せて被保険者資格取得届及び再雇用されたことが確認できる雇用契約書を提出します（「第 4 章 5　健康保険・厚生年金保険 被保険者資格喪失届 / 被保険者資格取得届（60 歳以上の退職 / 再雇用）」参照）。

・　転勤により資格喪失する場合は、「3. その他」を○で囲み、かっこ内に「○○年○○月○○日転勤」（＊）と記入します（「第 4 章 3　健康保険・厚生年金保険 被保険者資格喪失届 / 被保険者資格取得届（転勤）」参照）。

＊　転勤日と資格喪失日が同じ日になります。

・　厚生年金基金の加入員（＊）である被保険者であって被保険者の資格を取得した月にその資格を喪失した人については、「3. その他」を○で囲み、かっこ内に「加入員の資格同月得喪」と記入します。

＊　被保険者資格取得届の④種別で、「5」～「7」を選択した人が該当します。

【保険証回収欄（Ⓓ）】　被保険者証を回収した枚数を「添付」の欄に、回収できなかった枚数を「返不能」の欄に記入します。なお、返却不能の場合又は回収が遅れていて、資格喪失届を先行して提出する場合は、被保険者証回収不能届を添付します。

【70 歳不該当】　70 歳以上の人が、退職等により「70 歳以上被用者」でなくなったときは、⑧70 歳不該当欄にもチェックを入れ、不該当年月日に退職又は死亡日を記入します。

POINT

資格喪失後の医療保険・国民年金制度の手続
A．医療保険
　資格喪失後も何らかの公的医療保険制度に加入しなければならず、一般的には次のいずれかに加入することになります。
　　a　国民健康保険に加入（前年の所得に応じて保険料が決定。解雇などの非自発的離職の場合は、保険料の軽減制度がある）
　　b　任意加入被保険者（資格喪失日までに健康保険の被保険者期間が継続して 2 か月以上あり、資格喪失後 20 日以内に「任意継続被保険者資格取得申出書」を提出することが要件。資格喪失時の標準報酬月額に保険料率を掛けたものが保険料となる（上限額が決まっている））
　　c　家族の被扶養者となる（保険料は無料だが、年収に上限がある）
B．国民年金制度
　被保険者であった人、配偶者が被扶養者（被扶養配偶者）であった人の資格喪失時の年齢が、20歳以上 60 歳未満であれば、国民年金第 1 号被保険者に種別変更することになりますから、住所地の市区町村で、基礎年金番号通知書又は年金手帳を持参して手続を行います。
　注意が必要なのは、被保険者であった人が 60 歳以上で資格喪失をしたときです。この人は、原則として、国民年金の被保険者になりませんから、国民年金の種別変更はありません。しかし、被扶養配偶者（国民年金第 3 号被保険者）だった人が 60 歳未満だと、国民年金第 1 号被保険者になりますから、種別変更が発生ます。もし、手続を忘れ、保険料が未納になると将来の年金受給に影響を及ぼすことになりますから、この手続を忘れないようしてください。

健康保険　被保険者証回収不能届

被保険者証の（左づめ）	記号	番号	生年月日
	0 2 1 2 0 2 0 1	5 6	☐昭和 ☑平成 ☐令和　X X 0 3 0 3

被保険者情報

氏名（フリガナ）カメダ シホ　亀田　志保

住所（〒 561 － 0834）大阪（都道府県）豊中市庄内栄町 3-16-X

電話番号（日中の連絡先）TEL 06（4XXXX）XXXX　携帯電話 080 - 2XXX - XXXX

※「電話番号（日中の連絡先）」または「携帯電話番号」について必ず記入してください。

回収不能等の対象者

氏名	生年月日	性別	高齢受給者証 交付	返納	被保険者証を返納できない理由 Ⓐ
亀田　美子	☑昭和 ☐平成 ☐令和 XX年 8月 30日	☐男 ☑女	☑有 ☐無	☐有 ☑無	外出時、被保険者証と高齢受給資格者証の入った財布を紛失したため
	☐昭和 ☐平成 ☐令和 年 月 日	☐男 ☐女	☐有 ☐無	☐有 ☐無	
	☐昭和 ☐平成 ☐令和 年 月 日	☐男 ☐女	☐有 ☐無	☐有 ☐無	
	☐昭和 ☐平成 ☐令和 年 月 日	☐男 ☐女	☐有 ☐無	☐有 ☐無	

備考

上記の者について、被保険者証（高齢受給者証）が回収不能であるため届出します。
なお、被保険者証を回収したときは、ただちに返納します。　　令和 年 月 日

事業主欄

事業所所在地（〒 552 － 0012）大阪市西区立売堀 3-4-X

事業所名称　三崎口機械株式会社

事業主氏名　代表取締役 三崎 肇

電話　06（6XXX）XXXX

社会保険労務士記載欄　氏名等　　　　受付日付印

※この届は被保険者証を返納できない場合に提出します。
※回収不能対象者には、後日、被保険者あてに「健康保険被保険者証の無効のお知らせ」を送付します。

被保険者資格を喪失したとき、又は被扶養者が非該当になったときに健康保険被保険者証（70歳以上の場合は高齢受給資格者証も）を、被保険者から回収できなかったときに被保険者資格喪失届、被扶養者（異動）届に添付して提出します。

● 被保険者情報欄の記入方法

　被保険者の氏名、住所、電話番号（日中連絡のつく、電話番号又は携帯番号）を記入します。
【被保険者証の記号・番号】　被保険者証の回収ができなかった被保険者に払い出された、被保険者証の記号・番号を記入します。
＊　記号は、適用事業所固有のものです。

● 回収不能等の対象者欄欄の記入方法

【Ⓐ】　回収不能となった被保険者証の所持者の、氏名、生年月日、性別を記入します。
　高齢受給資格者証の「交付」「返納」欄は、高齢受給資格者証の交付の有無と返納の有無を記入します。実際には、次のようにチェックを入れます。

回収不能等の対象者		高齢受給者証	
		交付	返納
	被保険者又は被扶養者が70歳未満で被保険者証の回収ができないとき	☐ 有 ☑ 無	☐ 有 ☐ 無
	被保険者又は被扶養者が70歳以上で被保険者証の回収ができないとき	☑ 有 ☐ 無	☑ 有 ☐ 無
	被保険者又は被扶養者が70歳以上で高齢受給資格者証の回収ができないとき、又は両方の回収ができないとき	☑ 有 ☐ 無	☐ 有 ☑ 無

【被保険者証を返納できない理由】　被保険者証又は高齢受給資格者証を返納できない理由を記入します。

1 雇用保険 被保険者資格喪失届

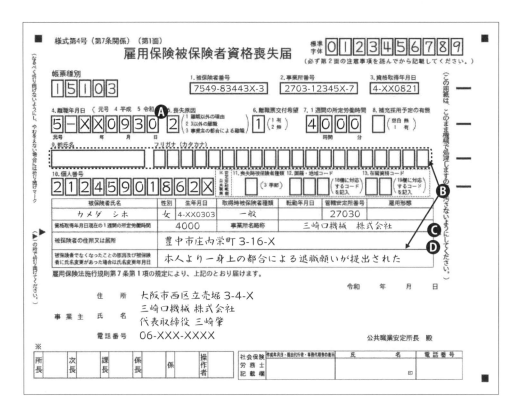

(注1)　雇用保険 被保険者資格取得届を提出した際に交付された、雇用保険 被保険者資格喪失届（本書）を使用します。

　　　この被保険者資格喪失届を紛失したとき、昭和56年7月6日以前に雇用保険の被保険者になって以後、転勤や氏名変更等の処理をしていない人は、「雇用保険被保険者資格喪失届（移行処理用）」の届出書を使用します。移行処理の被保険者資格喪失届は、被保険者番号、事業所番号、被保険者資格取得届、氏名も記入します。これ以外の事項は、項目番号が異なるものの、この様式の記入方法と変わりありません。

(注2)　**A**〜**L**は、雇用保険 被保険者離職証明書まで、一連の記号を割り振っています

(注3)　**A**・**C**・**D**は、雇用保険 被保険者離職証明書で参照します。

適用事業所の従業員が離職したとき、又は適用除外者になったとき、役員に就任したときに提出します。

● 記入方法

【4. 離職年月日⁽*⁾】 被保険者でなくなったことの原因となる事実のあった年月日を記入します（**Ⓐ**）。

*　離職日は資格喪失日ではなく、退職（定年退職・自己都合退職など）や解雇など、事業主との雇用関係が終了（適用除外事由に該当したことを含む）した日ことをいいます。

【5. 喪失原因】 次の区分に従い、該当する番号を記入します。

喪失原因	記入すべき番号
・　死亡、在籍出向、出向元への復帰、その他離職以外の理由⁽*⁾	1
・　天災その他やむを得ない理由によって事業の継続が不可能になったことによる解雇 ・　被保険者の責めに帰すべき重大な理由による解雇 ・　契約期間の満了 ・　上記以外の事業主の都合によらない離職（定年、自己都合退職等） ・　転籍出向（ただし、退職金又はこれに準じた一時金の支給が行われたもの以外の出向は「1」を選択） ・　船員として高年齢求職者給付金を受給した人が65歳以降に離職した場合	2
・　事業主の都合による解雇 ・　事業主の勧奨等による任意退職　など	3

*　離職以外の理由に該当するものとして、週の所定労働時間が20時間以上であったが、労働契約の変更で20時間未満となり引き続き雇用が継続している場合や、役員に就任したため、労働者性が認めれず資格喪失するときなどがあります。

【6. 離職票交付希望】 被保険者でなくなった者が離職票の交付を希望するときは「1」を、希望しない場合は「2」を記入します。ただし、次のa. b.に該当する場合は「1」を記入し、雇用保険 被保険者離職証明書を添付します。

a. 被保険者でなくなった人が離職時においては妊娠、出産、育児、疾病、負傷、親族の看護等の理由により一定期間職業に就くことができない場合及び60歳以上の定年等による離職後一定の期間求職の申込みをしないことを希望する場合であって、その後に失業等給付を受けようとするとき（受給期間の延長申請を予定しているとき）

b. 離職の日において59歳以上の人（高年齢雇用継続給付の受給の可能性があるため交付の希望の有無にかかわらず離職票を交付しなければならない）

【7. 1週間の所定労働時間】 離職日現在の1週間の所定労働時間を記入します。

【8. 補充採用予定の有無】 この資格喪失する人の補充をするため、この届書を提出する際に公共職業安定所又は地方運輸局の紹介、その他の方法による労働者の採用を予定している場合は「1」を記入します。予定していない場合は空欄になります。

【9. 新氏名】 在職中に被保険者に氏名変更があった場合は、9欄に新氏名を、「被保険者でなくなったことの原因及び被保険者に氏名変更があった場合は氏名変更年月日」欄に氏名変更年

月日を記入します（**Ⓑ**）。

【被保険者の住所又は居所】　離職後の住所又は居所が明らかであるときは、その住所又は居所を記入します（**Ⓒ**）。なお、住所又は居所が明らかでないときは、離職時の住所又は居所を記入します。

【被保険者でなくなったことの原因及び被保険者に氏名変更があった場合は氏名変更年月日】
離職の理由を記入します（**Ⓓ**）。

（注）　離職の理由は、「Point　ケース別離職事理由と具体的事情記載欄の記入方法」を参考にしてください。

（表面）

■ 様式第4号（第7条関係）（第1面）

標準字体　0 1 2 3 4 5 6 7 8 9

雇用保険被保険者資格喪失届

（必ず第2面の注意事項を読んでから記載してください。）

（なるべく折り曲げないようにし、やむをえない場合は折り曲げマーク）（この用紙は、このまま機械で処理しますので、汚さないようにしてください。）

帳票種別　1 5 1 0 3

1. 被保険者番号　7416-16848X-1
2. 事業所番号　2703-12345X-7
3. 資格取得年月日　4-XX0401

4. 離職年月日（元号 4 平成 5 令和）　5-YY0331
5. 喪失原因 2（1 離職以外の理由／2 3以外の離職／3 事業主の都合による離職）
6. 離職票交付希望 1（1 有／2 無）
7. 1週間の所定労働時間　3000 時間　分
8. 補充採用予定の有無（空白の 1 有）

9. 新氏名　フリガナ（カタカナ）

10. 個人番号　6 0 8 2 7 6 2 5 3 0 3 X

※ 確認通知記載欄　11. 喪失時被保険者種類（ 3 季節）　12. 国籍・地域コード　13. 在留資格コード（18欄に対応するコードを記入）（19欄に対応するコードを記入）

被保険者氏名	性別	生年月日	取得時被保険者種類	転勤年月日	管轄安定所番号	雇用形態
ヤン　ファングラン	女	5-XX0222	一般		27030	
資格取得年月日現在の1週間の所定労働時間	3000		事業所名略称	三崎口機械　株式会社		

被保険者の住所又は居所　大阪市西区北堀江6-3-X-408

被保険者でなくなったことの原因及び被保険者に氏名変更があった場合は氏名変更年月日　契約期間満了による離職

雇用保険法施行規則第7条第1項の規定により、上記のとおり届けます。

令和　年　月　日

事業主　住　所　大阪市西区立売堀3-4-X
三崎口機械　株式会社
氏　名　代表取締役　三崎肇
電話番号　06-XXX-XXXX

公共職業安定所長　殿

※ | 所長 | 次長 | 課長 | 係長 | 係 | 操作者 |

社会保険労務士記載欄	作成年月日・提出代行者・事務代理者の表示	氏　名	電話番号
		印	

（裏面）

■ 様式第4号（第7条関係）（第2面）

雇用保険被保険者資格喪失届

14欄から19欄は、被保険者が外国人の場合のみ記入してください。

帳票種別　1 5 1 0 5

14. 被保険者氏名（ローマ字）又は新氏名（ローマ字）（アルファベット大文字で記入してください。）
Y A N　F A N G R A N

被保険者氏名（ローマ字）又は新氏名（ローマ字）〔続き〕

15. 在留カードの番号（在留カードの右上に記載されている12桁の英数字）
C T 3 1 4 1 5 9 7 8 X X

16. 在留期間　2 0 X X 0 2 2 4（西暦　年　月　日）

17. 派遣・請負就労区分（1 派遣・請負労働者として主として当該事業所以外で就労していた場合／2 1に該当しない場合）

18. 国籍・地域（　台湾　）
19. 在留資格（　人文知識・国際業務　）

※ 確認通知 令和　年　月　日

注意
1 ■■■で表示された枠（以下「記入枠」という。）に記入する文字は、光学式文字読取装置（OCR）で直接読取を行うので、この用紙は汚したり、必要以上に折り曲げたりしないこと。
2 記載すべき事項のない欄又は記入枠は空欄のままとし、事項を選択する場合は該当番号を記入し、※印のついた欄又は記入枠には記載しないこと。

　外国人被保険者の場合、通常の資格喪失届の内容に加え、裏面に、ローマ字氏名、在留カード番号、在留期間、国籍・地域、在留資格を届け出ます。

（注）　表面の記入は「1　雇用保険 被保険者資格喪失届」を、・裏面の記入は、「第3章2　雇用保険被保険者資格取得届（雇用保険の被保険者になる外国人の雇用）」を参照してください。

様式第5号（第7条関係）　**雇用保険被保険者離職証明書（安定所提出用）**

①被保険者番号	7549-83443X-3	③フリガナ	カメダ シホ	④離職年月日	令和 XX 年 9 月 30 日
②事業所番号	2703-12345X-7	離職者氏名	亀田 志保		

⑤ 名称	大阪市西区立売堀3-4-X	⑥離職者の 住所又は居所	〒561-0834 豊中市庄内栄町3-16-X
事業所 所在地	三崎口機械 株式会社		電話番号 （ 06 ）3XXXX-XXXX
電話番号	06-6XXXX-XXXX		

この証明書の記載は、事実に相違ないことを証明します。
住所 大阪市西区立売堀3-4-X
事業主 三崎口機械 株式会社
氏名 代表取締役 三崎肇

※離職票交付 令和 年 月 日
（交付番号 番）

離 職 の 日 以 前 の 賃 金 支 払 状 況 等

⑧ 被保険者期間算定対象期間 ⓐ一般被保険者等	⑧ⓑ短期雇用特例被保険者	⑨⑧の期間における賃金支払基礎日数	⑩ 賃金支払対象期間	⑪⑩の基礎日数	⑫ 賃金額 ⓐ	⑫ ⓑ	⑫ 計	⑬ 備考
9月 1日～離職日	離職月	31日	9月21日～離職日	10日	93,000			
8月 1日～8月31日	月	31日	8月21日～9月20日	31日	307,000			
7月 1日～7月31日	月	31日	7月21日～8月20日	31日	299,500			
6月 1日～6月30日	月	30日	6月21日～7月20日	30日	303,000			
5月 1日～5月31日	月	31日	5月21日～6月20日	31日	311,000			
4月 1日～4月30日	月	30日	4月21日～5月20日	30日	315,500			
3月 1日～3月31日	月	31日	3月21日～4月20日	31日	309,500			
2月 1日～2月28日	月	28日	2月21日～3月20日	28日	293,000			
1月 1日～1月31日	月	31日	月 日～ 月 日	日				
12月 1日～12月31日	月	31日	月 日～ 月 日	日				
11月 1日～11月30日	月	31日	月 日～ 月 日	日				
10月 1日～10月31日	月	31日	月 日～ 月 日	日				
9月 1日～9月30日	月	30日	月 日～ 月 日	日				

⑭賃金に関する特記事項

⑮この証明書の記載内容（⑦欄を除く）は相違ないと認めます。
（離職者 氏名） 亀田 志保

※公共職業安定所記載欄
⑮欄の記載　有・無
⑯欄の記載　有・無
資・聴

本手続きは電子申請による申請も可能です。本手続きについて、電子申請により行う場合には、被保険者が離職証明書の内容について確認したことを証明することができるものを本離職証明書の提出と併せて送信することをもって、当該被保険者の電子署名に代えることができます。
また、本手続きについて、社会保険労務士が電子申請による本届書の提出に関する手続を事業主に代わって行う場合には、当該社会保険労務士が当該事業主の提出代行者であることを証明することができるものを本届書の提出と併せて送信することをもって、当該事業主の電子署名に代えることができます。

社会保険労務士記載欄	作成年月日・提出代行者・事務代理者の表示	氏 名	電話番号

※	所 長	次 長	課 長	係 長	係

（注1）　1枚に収まらないときは、2枚目の雇用保険被保険者離職証明書を用意し「Ｇ」の位置に「続紙」と記入して、「離職の日以前の賃金支払状況等」の1行目を二重取消線で抹消し、2行目から続きを記入します。

（注2）　余白は、斜線を引いて、書き込めなくします。

離職した被保険者であった人が、求職者給付の受給資格有無と支給額を決定するもので、雇用保険 被保険者資格喪失届に添付します。

● 記入方法

- ・　①被保険者番号、②事業所番号、③被保険者氏名（フリガナ）を記入します。
- ・　④離職日及び⑥離職者の住所又は居所は、被保険者資格喪失届からを転記します。

離職証明書	被保険者資格喪失届	
④離職年月日	4．離職年月日	（Ⓐ）
⑥離職者の住所又は居所	被保険者の住所又は居所	（Ⓒ）

● 離職日以前の賃金支払状況等-受給資格期間の記入欄（⑧-Ⓐ欄、⑨欄）

（注）　⑧-Ⓐ欄、⑨欄によって、求職者給付が受けられるかを確認します。原則として離職の日以前2年間に賃金支払い基礎日数が11日以上ある期間が通算して12か月あれば、求職者給付を受けることができます。特定受給資格者、特定理由資格者、高年齢被保険者は、離職の日以前1年間に6か月以上あれば受給資格を満たします。

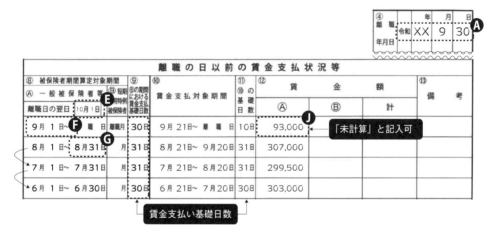

【離職日の翌日】　「Ⓐ」の翌日を、Ⓕの枠内に記入します。

【⑧被保険者算定対象期間（Ⓐ一般の被保険者等）の記入】　「Ⓔ」の1か月前の日付を「Ⓕ」に記入し、「Ⓕ」の前日を「Ⓖ」に記入ます。そして、1か月ずつさかのぼっていきます。そして、その期間の賃金の支払いの基礎となった日（⑨欄）が11日以上ある期間が12[*]になるまでさかのぼって記入します。ただし、雇用保険の被保険者であった期間が2年に満たないときなど、失業等の受給資格を得られないときは、資格取得後の全期間を記入することになります（一番古い期間の最初は資格取得日）。

*　本来は、12行（12か月分）でよいのですが、念のため13行記入するように指導されています。

【⑨欄「⑧の期間における賃金支払い基礎日数」】　⑧被保険者期間算定対象期間又は⑩賃金支払い対象期間内に労働し、賃金が支払われた日数を記入します。有給休暇を取得した日、半日勤務の日、休業手当が支払われた日も含めます。

● 離職日以前の賃金支払状況等−賃金支払状況の記入欄（⑩欄、⑪欄）の記入方法

（注）　⑧-Ⓐ欄、⑨欄によって、受給資格があると確認された場合は、求職者給付の日額を算定します。それが、⑫賃金額欄になります。⑩欄の期間に賃金支払い基礎日数が 11 日以上ある最後の 6 か月間の合計を 180 で割った額が日額になります。日給・時間給等で働いていた被保険者には、その期間の労働日数で割って 70％ で計算する特例があります（週所定労働時間 30 時間未満の被保険者であった者にはこの特例は適用されない）。

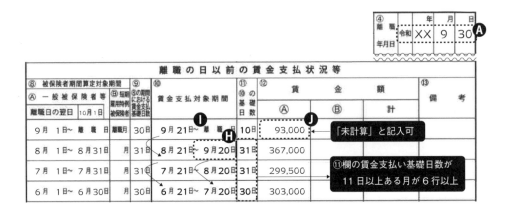

【⑩賃金支払い対象期間の記入】　「Ⓗ」には、離職の日（Ⓐ）の直前の賃金締切日を記入します。「Ⓘ」は、「Ⓗ」の翌日を記入します。そして、そして、1 か月ずつさかのぼっていき、⑪欄「⑩（賃金支払対象期間の賃金支払）の基礎日数」が 11 日以上ある期間が、8 行（Ⓗの行から 7 行）以上記入します。

＊　本来は、6 行（最後の 6 か月分）でよいのですが、念のため 7 行記入するように指導されています。

【⑪欄「⑩の基礎日数」】　⑨欄と同じ記入方法になります。

● 賃金支払基礎日数⑨欄⑪欄の記入方法

a-1　月間全部を基本給の支給対象とする月給制（月給制）

⑧-Ⓐ欄、⑩欄の期間の歴日数を⑨欄又は⑪欄へ記入します。

ただし、欠勤し賃金が控除されたときは、歴日数から欠勤した日数を差し引いた日数を記入します。

例示：月給 250,000 円、7 月 4 日から 5 日間欠勤　欠勤控除額　41,104 円

（注）　欠勤控除は単純に 30.41 分の 1（365 日÷12 月≒30.41）で控除額を計算しています。実際の控除額は就業規則等に記載された方法で計算します。

	期間	賃金支払基礎日数	歴日数	欠勤控除日数
⑧	7月1日〜7月31日	26日＝31日－5日欠勤	31日	5日
	6月1日〜6月30日	30日 ←	30日	0日
⑩	7月21日〜8月20日	31日 ←	31日	0日
	6月21日〜7月20日	25日＝30日－5日欠勤	30日	5日

原則、歴日数を記入

離職の日以前の賃金支払状況等

⑧ 被保険者期間算定対象期間		⑨	⑩ 賃金支払対象期間	⑪ ⑩の基礎日数	⑫ 賃　金　額			⑬ 備考
Ⓐ 一般被保険者等		Ⓑ 短期雇用特例被保険者 ⑧の期間における賃金支払基礎日数			Ⓐ	Ⓑ	計	
離職日の翌日 10月1日								
7月 1日〜 7月31日	離職月 26日		7月21日〜 8月20日	31日	250,000			
6月 1日〜 6月30日	月 30日		6月21日〜 7月20日	25日	208,896			

7月1日〜7月31日…26日（31日－5日）/6月21日〜7月20日…25日（30日－5日）

a-2　月間の内、土曜日、日曜日、祝日等の所定休日を基本給の支給対象から除外する場合（一般的な日給月給の場合）

⑧-Ⓐ欄、⑩欄の期間の所定労働日数（労働すべき日）を⑨欄又は⑪欄へ記入します。

ただし、欠勤し賃金が控除されたときは、所定労働日数から欠勤した日数を差し引いた日数記入します。

例示：月給250,000円、7月4日から5日間欠勤　欠勤控除額　62,500円

（注1）　給与計算上月の所定労働日数20日（欠勤控除額1日＝250,000円÷20日＝12,500円）で計算しています。実際の控除額は就業規則等に記載された方法で計算します。

（注2）　健康保険・厚生年金 被保険者算定基礎届の月給制のように、就業規則等で定められている、1か月の所定労働から欠勤日数を控除するのではありません。

	期間	賃金支払基礎日数	所定労働日数（歴日数－所定休日）	欠勤控除
⑧	7月1日〜7月31日	16日（21日－5日欠勤）	21日＝31日－10日	5日
	6月1日〜6月30日	22日 ←	22日＝30日－8日	0日
⑩	7月21日〜8月20日	20日 ←	20日＝30日－11日	0日
	6月21日〜7月20日	16日（21日－5日欠勤）	21日＝30日－9日	5日

原則は所定労働日数

離職の日以前の賃金支払状況等

⑧ 被保険者期間算定対象期間		⑨	⑩ 賃金支払対象期間	⑪ ⑩の基礎日数	⑫ 賃　金　額			⑬ 備考
Ⓐ 一般被保険者等		Ⓑ 短期雇用特例被保険者 ⑧の期間における賃金支払基礎日数			Ⓐ	Ⓑ	計	
離職日の翌日 10月1日								
7月 1日〜 7月31日	離職月 16日		7月21日〜 8月20日	20日	250,000			
6月 1日〜 6月30日	月 20日		6月21日〜 7月20日	16日	187,500			

7月1日〜7月31日…16日（21日－5日）/6月21日〜7月20日…16日（21日－5日）

b 基本給が、日給制、時間給制又は出来高支払制によって支払われる賃金の場合

⑧欄、⑩欄の期間の労働日数（半日勤務の日も参入する）を記入します。

例示：日給 12,000 円、7 月 4 日から 5 日間欠勤

	期間	所定労働日	欠勤日数	労働日数
⑧	7 月 1 日～7 月 31 日	21 日	5 日	16 日
	6 月 1 日～6 月 30 日	22 日	0 日	22 日
⑩	7 月 21 日～8 月 20 日	20 日	0 日	20 日
	6 月 21 日～7 月 20 日	21 日	5 日	16 日

労働日数

離 職 の 日 以 前 の 賃 金 支 払 状 況 等

⑧ 被保険者期間算定対象期間		⑨⑧の期間における賃金支払基礎日数	⑩ 賃金支払対象期間	⑪⑩の基礎日数	⑫ 賃　金　額　額			⑬ 備　考
Ⓐ 一般被保険者等	Ⓑ 短期雇用特例被保険者				Ⓐ	Ⓑ	計	
離職日の翌日	10月1日							
7 月 1 日～ 7 月 31 日	離職月 16日		7 月 21 日～ 8 月 20 日	20日		240,000		
6 月 1 日～ 6 月 30 日	月 22日		6 月 21 日～ 7 月 20 日	16日		187,500		

7 月 1 日～7 月 31 日…16 日（21 日－5 日）/6 月 21 日～7 月 20 日…16 日（21 日－5 日）

● ⑫賃金額欄の記入方法

【⑫賃金額「Ⓐ・Ⓑ・計」のⒶ欄】　月・週その他一定の期間によって支払われる賃金を、Ⓑ欄には日もしくは時間又は出来高制等によって支払われる賃金を記入します。このときの賃金額には、臨時に支払われる賃金（慶弔見舞金や大入袋等）、賞与は含みません。具体的には、次のように取り扱います。

（注）　1 行目の離職日までの期間、給料の計算ができない場合は、「未計算」とすることも可能です（❶）。この期間の賃金支払い基礎日数が 10 日以下であれば、賃金日額に影響はありません。しかし、11 日以上あると賃金日額の計算に含まれるので、後日ハローワークから問い合わせがありますから、回答できるようにしておいてください（b．日給制・時間給制又は出来高支払制の場合においても同じです）。

（注）　⑬の備考欄の使い方は後述します。

a 月給制（日給月給）の場合

例示：　賃金締切日が毎月 20 日で、基本給 250,000 円（月給制）、通勤手当、12,000 円（各月支払）、家族手当 10,000 円、残りが割増賃金）の場合です。

離職の日以前の賃金支払状況等

⑧ 被保険者期間算定対象期間		⑨ ⑧の期間における賃金支払基礎日数	⑩ 賃金支払対象期間	⑪ ⑩の基礎日数	⑫ 賃金 額			⑬ 備考
Ⓐ 一般被保険者等	Ⓑ 短期雇用特例被保険者				Ⓐ	Ⓑ	計	
離職日の翌日 10月1日								
9月1日~離職日	離職月	30日	9月21日~離職日	10日	93,000			
8月1日~8月31日	月	31日	8月21日~9月20日	31日	307,000			
7月1日~7月31日	月	31日	7月21日~8月20日	31日	299,500			
6月1日~6月30日	月	30日	6月21日~7月20日	30日	303,000			

Ⓙ 「未計算」と記入可

【⑫賃金額】　⑩欄の賃金計算期間のおける賃金額を、すべてをⒶ欄に記入します。

b．日給制・時間給制又は出来高支払制の場合

例示：　賃金締切日が毎月20日で、日給12,000円（Ⓑ欄の日給×⑩の基礎日数の残りが割増賃金、通勤手当、12,000円（各月支払、9月21日以後は実費支払（800円×7日））、家族手当10,000円の場合です。

（注）　9月21日以後は実費支払（800円×7日）のように通常と異なる取り扱いをしたときは、⑭賃金に関する特記事項欄にその旨を記入します。

離職の日以前の賃金支払状況等

⑧ 被保険者期間算定対象期間		⑨ ⑧の期間における賃金支払基礎日数	⑩ 賃金支払対象期間	⑪ ⑩の基礎日数	⑫ 賃金 額			⑬ 備考
Ⓐ 一般被保険者等	Ⓑ 短期雇用特例被保険者				Ⓐ	Ⓑ	計	
離職日の翌日 10月1日								
9月1日~離職日	離職月	20日	9月21日~離職日	7日	0	89,600	89,600	
8月1日~8月31日	月	21日	8月21日~9月20日	20日	22,000	275,000	297,000	
7月1日~7月31日	月	21日	7月21日~8月20日	20日	22,000	267,500	289,500	
6月1日~6月30日	月	22日	6月21日~7月20日	21日	22,000	283,000	305,000	

【⑫賃金額】　⑩欄の賃金計算期間のおける賃金額のうち、一定期間に対して支給額が決まっている手当の合計をⒶ欄に、稼働状況によって変動する賃金の合計をⒷ欄に記入します。

　例示では各月一定額で支払われる通勤手当と家族手当がⒶ欄に、日給による月額賃金と割増賃金はⒷ欄に記載）してます。そして、両方の合計額を「計」欄に記入します。また、⑫賃金額には、臨時に支払われる賃金（慶弔見舞金や大入袋等）、賞与は含みません。

（1） 賃金支払基礎日数が 11 日未満であって、当該期間の労働時間が 80 時間以上ある場合の記入方法（失業等給付の受給資格を作れないとき）

例示： 月給 250,000 円（月間の内、土曜日、日曜日、祝日等の所定休日を基本給の支給対象から除外する）、通勤手当、12,000 円（各月支払）、家族手当 10,000 円、残りが割増賃金。

7 月 1 日から 20 日まで病気欠勤 欠勤控除額 162,500 円（13 日分）。当該期間の賃金払基礎日数は共に 8 日（8 日間の労働時間は 87 時間と 85 時間）。

給与計算上月の所定労働日数 20 日（欠勤控除額 1 日＝ 250,000 円÷ 20 日＝ 12,500 円）

（注） 欠勤控除額の計算は例示です。実際には就業規則等による方法で計算します。

	期間	賃金支払基礎日数	所定労働日数 （歴日数－所定休日）	欠勤控除	労働時間
⑧	7 月 1 日～7 月 31 日	8 日＝ 21 日－ 13 日	21 日＝ 31 日－ 10 日	13 日分	85 時間
	6 月 1 日～6 月 30 日	22 日 ←	22 日＝ 30 日－ 8 日	0 日	
⑩	7 月 21 日～8 月 20 日	20 日 ←	20 日＝ 31 日－ 11 日	0 日	
	6 月 21 日～7 月 20 日	8 日＝ 21 日－ 13 日	21 日＝ 30 日－ 9 日	13 日分	87 時間

賃金支払基礎日数が 10 日以下の期間でも、労働時間が 80 時間以上あれば、1 か月の被保険者期間となる。

離 職 の 日 以 前 の 賃 金 支 払 状 況 等

⑧ 被保険者期間算定対象期間		⑨⑨の期間における賃金支払基礎日数	⑩ 賃金支払対象期間	⑪ ⑩の基礎日数	⑫ 賃 金 額			⑬ 備 考
Ⓐ 一般被保険者等	Ⓑ短期雇用特例被保険者				Ⓐ	Ⓑ	計	
離職日の翌日 10月1日								
7 月 1 日～ 7 月 31 日	離職月	8 日	7 月 21 日～ 8 月 20 日	20 日	299,500			欠勤のため 162,500 円控除 ⑧欄の労働時間 85 時間、⑩欄の労働時間 87 時間
6 月 1 日～ 6 月 30 日	月	22 日	6 月 21 日～ 7 月 20 日	8 日	150,520			
5 月 1 日～ 5 月 31 日	月	23 日	5 月 21 日～ 6 月 20 日	22 日	303,000			

・ ⑬備考欄に、欠勤控除した額と、10 日以下かつ 80 時間以上となった⑧欄及び⑩欄の労働時間を記入します（例示の では、「欠勤のため、162,500 円控除、⑧欄の労働時間 85 時間、⑩欄の労働時間 87 時間」と記入）。

（2） 3 か月・6 か月分の通勤定期代を支払ったときの記入方法

賃金台帳には支払った月の欄に定期代の総額を記入し、備考欄に「3 か月（6 か月）分の定期代支払」と記入します。⑫賃金額Ⓐ欄に参入する金額を算定する際は、3 等分して 1 円未満の端数は切り捨て、切り捨てた端数は定期代を支払った月にまとめて加算します（6 か月定期の場合は 6 等分して、同様の取り扱い）。

（注） 3 か月（6 か月）の定期代の通勤手当の処理は、各月 1 円未満の端数は切り捨てますが、切り捨

てた端数は、当月分から支給しているときは端数は初月に、翌月分から支給であれば端数は最後の月に加算します（結局、端数は定期代を支払った月に加算することになる）。なお高年齢雇用継続給付の申請の際の賃金額は、初月に加算します。

（3） 本給と割増賃金の支払日が異なるとき

賃金計算期間が毎月1日から末日までで、基本給当月20日締めで末日払い、割増賃金は翌月末日に支払うような場合は、翌月末に支払われる割増賃金を当月の本給に加算した額を⑫賃金額欄に記入します（各月に実際に支払われた額ではなく修正額で記入）。

	4月30日支払	5月31日支払い	6月30日支払
賃金計算期間	4/1～4/30	5/1～5/31	6/1～6/30
本給（月給制）	272,000円	272,000円	272,000円
割増賃金	37,500円（3月分）	43,500円（4月分）	39,000円（5月分）
賃金支払額	309,500円	315,500円	311,000円
⑫賃金額に記入する額	315,500円（272,000円＋43,500円）	311,000円（272,000円＋31,000円）	

（4） 毎月支払われる賃金以外に3か月に1回賞与（手当）を支払っている場合

年に4回以上支給されている賞与・手当など（毎月決まって支払われる賃金以外の賃金で、3か月以内の期間ごとに支払われるもの）は、賃金日額の算定対象になりますので、これらの支払いがあったときには、「⑭賃金に関する特記事項」欄に、離職の日以前1年間支払われた賞与・手当について、支給年月日、手当の名称、支給額を記入します。

⑭賃金に関する特記事項	令和●年9月30日 ●●手当 100,000	令和●年7月31日 ●●手当 300,000
	令和●年12月28日 ●●手当 300,000	令和●年3月31日 ●●手当 150,000

（注）　事夏冬のボーナスのように3ヵ月を超える期間ごとに支払われる賃金、臨時に支払われるものは、賃金日額の算定の基礎にはなりません。

（5） 病気やけが、出産、育児などのため引き続き30日以上欠勤をし、その間に賃金が支払われなかったとき（賃金額証明欄）

① 傷病等で休職し、その後復職した例

基本給250,000円。5月1日から6月30日まで61日間、傷病のため欠勤し賃金の支払いなし。給与計算上月の所定労働日数20日（欠勤控除額1日＝250,000円÷20日＝12,500円）

【基本的な考え方】

⑧被保険者期間算定対象期間、⑩賃金支払い対象期間で、全部欠勤した期間は、その期間を

詰めて記入することができます（一部でも労働したときは、賃金の支払いがあるため省略できません）。例示では、「＞─＜」で示した箇所が省略した期間になります。

	4/1 ～ 4/30	5/1 ～ 5/31	6/1 ～ 6/30	7/1 ～ 7/31
⑧被保険者期間算定対象期間	記入	全休	全休	記入
		傷病欠勤（賃金の支払いなし）		
⑩賃金支払い対象期間	記入	全休	記入	
	4/21 ～ 5/20	5/21 ～ 6/20	6/21 ～ 7/20	

④離職年月日	令和 XX	年 9	月 30	日

離 職 の 日 以 前 の 賃 金 支 払 状 況 等

⑧ 被保険者期間算定対象期間		⑨⑩の期間における賃金支払基礎日数	⑩ 賃金支払対象期間	⑪⑩の基礎日数	⑫ 賃 金 額			⑬ 備 考
Ⓐ 一 般 被 保 険 者 等	Ⓑ短期雇用特例被保険者				Ⓐ	Ⓑ	計	
離職日の翌日 10月 1日								
9月 1日～ 離 職 日	離職月	31日	9月21日～ 離 職 日	10日	83,400			令和●年5月1日から令和●年6月30日までの61日間疾病のため欠勤資金の支払いなし
8月 1日～ 8月31日	月	31日	8月21日～ 9月20日	31日	250,000			
7月 1日～ 7月31日	月	31日	7月21日～ 8月20日	31日	250,000			
4月 1日～ 4月30日	月	30日	6月21日～ 7月20日	20日	166,700			
3月 1日～ 3月31日	月	31日	4月21日～ 5月20日	10日	83,400			
2月 1日～ 2月28日	月	28日	3月21日～ 4月20日	28日	250,000			
月 日～ 月 日		日	月 日～ 月 日	日				

- ⑬備考欄に、欠勤した期間とその日数及び理由を記入します。

② **傷病等で休職し、その後復職せず離職した例**

基本給250,000円。7月1日から傷病のため欠勤し9月30日退職。92日間賃金の支払いなし。給与計算上月の所定労働日数20日（欠勤控除額1日＝250,000円÷20日＝12,500円）

【基本的な考え方】

例示1と同様に、全部欠勤した期間は、その期間を詰めて記入することができます。ただし、離職の日以前の1か月間と離職の日の直前の賃金締切日の翌日までの期間（1行目）は省略できません。

例示では、「＞─＜」で示した箇所が省略した期間になります。

	6/1 ～ 6/30	7/1 ～ 7/31	8/1 ～ 8/31	9/1 ～ 9/30
⑧被保険者期間算定対象期間	記入	全休	全休	全休（記入）
		傷病欠勤（賃金の支払いなし）		
⑩賃金支払い対象期間	記入	全休	全休	全休（記入）
	6/21～7/20	7/21～8/20	8/21～9/20	

	④離職年月日	令和	年 XX	月 9	日 30

離 職 の 日 以 前 の 賃 金 支 払 状 況 等

⑧ 被保険者期間算定対象期間		⑨ ⑧の期間における賃金支払基礎日数	⑩ 賃金支払対象期間	⑪ ⑩の基礎日数	⑫ 賃　　金　　額			⑬ 備　　考
Ⓐ 一 般 被 保 険 者 等	Ⓑ 短期雇用特例被保険者				Ⓐ	Ⓑ	計	
離職日の翌日 ～ 10月1日								
9月 1日～ 離 職 日	離職月	0日	9月21日～ 離 職 日	0日	0			令和●年7月1日から令和●年9月30日までの92日間疾病のため欠勤資金の支払いなし
6月 1日～ 6月30日	月	30日	6月21日～ 7月20日	10日	83,400			
5月 1日～ 5月31日	月	31日	5月21日～ 6月20日	31日	250,000			
4月 1日～ 4月30日	月	30日	4月21日～ 5月20日	30日	250,000			
3月 1日～ 3月31日	月	31日	3月21日～ 4月20日	31日	250,000			
2月 1日～ 2月28日	月	28日	2月21日～ 3月20日	28日	250,000			
月 日～ 月 日	月	日	月 日～ 月 日	日				

・　⑬備考欄に、欠勤した期間とその日数及び理由を記入します。

（注）　育児休業給付金を申請するに添付するの「雇用保険被 保険者休業開始時賃金月額証明書」もこの書き方になります。

（6）（1）～（5）の例に該当せず、特別の事情があるとき

⑬欄、⑭欄にその事情を記入します。

⑦**離職理由欄**…離職者の方は、主たる離職理由が該当する理由を1つ選択し、左の離職者記入欄の□の中に○印を記入の上、下の具体的事情記載欄に具体的事情を記載してください。

【離職理由は所定給付日数・給付制限の有無に影響を与える場合があり、適正に記載してください。】

事業主記入欄	離職者記入欄	離　職　理　由	※離職区分
□	□	1　事業所の倒産等によるもの … (1) 倒産手続開始、手形取引停止による離職	1 A
□	□	… (2) 事業所の廃止又は事業活動停止後事業再開の見込みがないため離職	1 B
□	□	2　定年によるもの … 定年による離職（定年　　歳） 定年後の継続雇用 { を希望していた（以下のaからcまでのいずれかを1つ選択してください） { を希望していなかった 　　a　就業規則に定める解雇事由又は退職事由（年齢に係るものを除く。以下同じ。）に該当したため 　　（解雇事由又は退職事由と同一の事由として就業規則又は労使協定に定める「継続雇用しないことができる事由」に該当して離職した場合も含む。） 　　b　平成25年3月31日以前に労使協定により定めた継続雇用制度の対象となる高年齢者に係る基準に該当しなかったため 　　c　その他（具体的理由：　　　　　　　　）	2 A
			2 B
			2 C
□	□	3　労働契約期間満了等によるもの … (1) 採用又は定年後の再雇用時等にあらかじめ定められた雇用期限到来による離職 　（1回の契約期間　　箇月、通算契約期間　　箇月、契約更新回数　　回） 　（当初の契約締結後に契約期間や更新回数の上限を短縮し、その上限到来による離職に該当　する・しない） 　（当初の契約締結後に契約期間や更新回数の上限を設け、その上限到来による離職に該当　する・しない） 　（定年後の再雇用時にあらかじめ定められた雇用期限到来による離職で　ある・ない） 　（4年6箇月以上5年以下の通算契約期間の上限が定められ、この上限到来による離職で　ある・ない） 　→ある場合（同一事業所の有期雇用労働者に一様に4年6箇月以上5年以下の通算契約期間の上限が平成24年8月10日前から定められて　いた・いなかった）	2 D
			2 E
□	□	… (2) 労働契約期間満了による離職 　①　下記②以外の労働者 　（1回の契約期間　　箇月、通算契約期間　　箇月、契約更新回数　　回） 　（契約を更新又は延長することの確約・合意の　有・無（更新又は延長しない旨の明示の　有・無）） 　（直前の契約更新時に雇止め通知の　有　・　無） 　（当初の契約締結後に不更新条項の追加が　ある・ない） 　労働者から契約の更新又は延長 { を希望する旨の申出があった 　{ を希望しない旨の申出があった 　{ の希望に関する申出はなかった 　　　　　　　　　　　　　【契約の更新又は延長の希望の　有　・　無　】	3 A
			3 B
			3 C
		②　労働者派遣事業に雇用される派遣労働者のうち常時雇用される労働者以外の者 　（1回の契約期間　　箇月、通算契約期間　　箇月、契約更新回数　　回） 　（契約を更新又は延長することの確約・合意の　有・無（更新又は延長しない旨の明示の　有・無）） 　労働者から契約の更新又は延長 { を希望する旨の申出があった 　{ を希望しない旨の申出があった 　{ の希望に関する申出はなかった	3 D
			4 D
			5 E
		a　労働者が適用基準に該当する派遣就業の指示を拒否したことによる場合 　　b　事業主が適用基準に該当する派遣就業の指示を行わなかったことによる場合（指示した派遣就業が取りやめになったことによる場合を含む。） 　　（aに該当する場合は、更に下記の5のうち、該当する主たる離職理由を更に1つ選択し、○印を記入してください。該当するものがない場合は下記の6に○印を記入した上、具体的な理由を記載してください。） 　　　　　　　　　　　　　【契約の更新又は延長の希望の　有　・　無　】	1 A
			1 B
			2 A
□	□	… (3) 早期退職優遇制度、選択定年制度等により離職	
□	□	… (4) 移籍出向	2 B
□	□	4　事業主からの働きかけによるもの … (1) 解雇（重責解雇を除く。）	
□	□	… (2) 重責解雇（労働者の責めに帰すべき重大な理由による解雇）	2 C
□	□	(3) 希望退職の募集又は退職勧奨 …… ①　事業の縮小又は一部休廃止に伴う人員整理を行うためのもの	
□	□	…… ②　その他（理由を具体的に　　　　　　　　　　　　　　　　　　）	2 D
□	□	5　労働者の判断によるもの (1) 職場における事情による離職 …… ①　労働条件に係る問題（賃金低下、賃金遅配、時間外労働、採用条件との相違等）があったと労働者が判断したため	2 E
□	□	…… ②　事業主又は他の労働者から就業環境が著しく害されるような言動（故意の排斥、嫌がらせ等）を受けたと労働者が判断したため	
□	□	…… ③　妊娠、出産、育児休業、介護休業等に係る問題（休業等の申出拒否、妊娠、出産、休業等を理由とする不利益取扱い）があったと労働者が判断したため	3 A
□	□	…… ④　事業所での大規模な人員整理があったことを考慮した離職	
□	□	…… ⑤　職種転換等に適応することが困難であったため（教育訓練の　有・無）	3 B
❤K	□	…… ⑥　事業所移転により通勤困難となった（なる）ため（旧(新)所在地：　　　　　）	
	□	…… ⑦　その他（理由を具体的に　　　　　　　　　　　　　　　　　　）	3 C
◉	□	… (2) 労働者の個人的な事情による離職（一身上の都合、転職希望等） …… ①　職務に耐えられない体調不良、けが等があったため	3 D
	□	…… ②　妊娠、出産、育児等のため	
	□	…… ③　家庭の事情と急変（父母の扶養、親族の介護等）があったため	4 D
	□	…… ④　配偶者等との別居生活が継続困難となったため	
	□	…… ⑤　転居等により通勤困難となったため（新住所：　　　　　　）	5 E
□	□	…… ⑥　その他（理由を具体的に　　　　　　　　　　　　　　　　　　）	
□	□	…6　その他（1〜5のいずれにも該当しない場合） 　（理由を具体的に　　　　　　　　　　　　　　　　　　）	

具体的事情記載欄（事業主用）**本人より一身上の都合による退職願が提出された。** **D**

具体的事情記載欄（離職者用）事業主が記載した内容に異議がない場合は「同上」と記載してください。

⑯離職者本人の判断（○で囲むこと）　　**L**
事業主が○を付けた離職理由に異議　有り（無し）
　　　　　　　亀田　志保

⑰⑦欄の自ら記載した事項に間違いがないことを認めます。
（離職者氏名）

離職理由を証明します。ここに記入する項目によって給付制限を受けたり、給付日数に影響を与えますので、正しく記入しなければなりません。

● 離職理由欄の記入方法

【Ⓚ】　事業主記入欄の該当する離職理由の「□」に○印を付けます。

【具体的事情記入欄（事業主用）】　被保険者資格喪失届の被保険者でなくなったことの原因に記載した内容を記入します（「1　雇用保険被保険者資格喪失届」Ⓓ参照）。

● ケース別離職事理由と具体的事情記載欄の記入方法

【破産手続が開始され、離職を申し出たとき】　確認資料：裁判所の破産開始の決定通知書など、事実がわかるもの

> 　　　　1　事業所の倒産等によるもの
> Ⓞ……… （1）倒産手続開始、手形取引停止による離職
> □……… （2）事業所の廃止又は事業活動停止後事業再開の見込みがないため離職
>
> 具体的事情記載欄（事業主用）
> 　　破産手続が開始（令和●年●月●日、本人から●月●日付け離職の申し出がなされた

【事業場が廃止したとき】　確認資料：雇用保険 適用事業所廃止届（控）等、事実がわかるもの

> 　　　　1　事業所の倒産等によるもの
> □……… （1）倒産手続開始、手形取引停止による離職
> Ⓞ……… （2）事業所の廃止又は事業活動停止後事業再開の見込みがないため離職
>
> 具体的事情記載欄（事業主用）
> 　　　　令和●年●月●日事業場廃止に伴い離職した

【定年退職】　確認書類：就業規則（定年年齢を定めたページのコピー）など

> 　　　　2　定年によるもの
> Ⓞ……… 　定年による離職（定年 65歳）
> 　　　　定年後の継続雇用 ⎛を希望していた（以下のaからcまでのいずれかを1つ選択してください）
> 　　　　　　　　　　　　 ⎝を希望していなかった
> 　　　　　a　就業規則に定める解雇事由又は退職事由（年齢に係るものを除く。以下同じ。）に該当したため
> 　　　　　　（解雇事由又は退職事由と同一の事由として就業規則又は労使協定に定める「継続雇用しないことができる事由」に該当して離職した場合も含む。）
> 　　　　　b　平成25年3月31日以前に労使協定により定めた継続雇用制度の対象となる高年齢者に係る基準に該当しなかったため
> 　　　　　c　その他（具体的理由：　　　　　　　　　　　　　　　　　　　）
>
> 具体的事情記載欄（事業主用）
> 　　　　令和●年●月●日定年年齢に達したため退職

【定年（60歳）退職後、65歳を期限に再雇用することがあらかじめ定められており、65歳に達したとき】　確認書類：労働契約書（労働条件明示書・雇入通知書でも可）、就業規則など

> 　　　　3　労働契約期間満了等によるもの
> Ⓞ……… （1）採用又は定年後の再雇用時等にあらかじめ定められた雇用期限到来による離職
> 　　　　　（1回の契約期間　12箇月、通算契約期間　60箇月、契約更新回数　5回）
> 　　　　　（当初の契約締結後に契約期間や更新回数の上限を短縮し、その上限到来による離職に該当　する・しない）
> 　　　　　（当初の契約締結後に契約期間や更新回数の上限を設け、その上限到来による離職に該当　する・しない）
> 　　　　　（定年後の再雇用時にあらかじめ定められた雇用期限到来による離職で　ある・ない）
> 　　　　　（4年6箇月以上5年以下の通算契約期間の上限が定められ、この上限到来による離職で　ある・ない）
> 　　　　　→ある場合（同一事業所の有期雇用労働者に一様に4年6箇月以上5年以下の通算契約期間の上限が平成24年8月10日前から定められて　いた・いなかった）
>
> 具体的事情記載欄（事業主用）　定年退職後、65歳を期限に再雇用することがあらかじめ定められて
> 　　　　　　　　　　　　　　おり、65歳に達したことに伴い離職

【雇用期間満了に伴う雇止め（あらかじめ更新しないことが明確な場合）】 確認書類：労働契約書（労働条件明示書・雇入通知書でも可）

```
  │    │ 3  労働契約期間満了等によるもの
 ◎┄┄┄┄┄ (2) 労働契約期間満了による離職
  │        ①  下記②以外の労働者
  │            (1 回の契約期間  12 箇月、通算契約期間  12 箇月、契約更新回数   0 回)
  │            (契約を更新又は延長することの確約・合意の  有・無 (更新又は延長しない旨の明示の (有)・無 ))
  │            (直前の契約更新時に雇止め通知の  有 ・(無))
  │            (当初の契約締結後に不更新条項の追加が   ある・ない)
  │                                 ┌ を希望する旨の申出があった
  │            労働者から契約の更新又は延長 ┤ を希望しない旨の申出があった
  │                                 └ の希望に関する申出はなかった
  ┌─────────────────────────────────────────────────────┐
  │ 具体的事情記載欄（事業主用）                              │
  │          あらかじめ定めた契約期間満了に伴う離職            │
  └─────────────────────────────────────────────────────┘
```

（注）　契約期間の月数、通算した契約期間の月数、契約更新回数を記入し、契約内容、更新の状況で該当するものを○で囲みます。

【雇用期間満了に伴う雇止め（更新条項がある場合）】 確認書類：労働契約書（労働条件明示書・雇入通知書でも可）

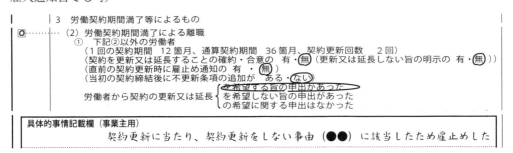

```
  │    │ 3  労働契約期間満了等によるもの
 ◎┄┄┄┄┄ (2) 労働契約期間満了による離職
  │        ①  下記②以外の労働者
  │            (1 回の契約期間  12 箇月、通算契約期間  36 箇月、契約更新回数   2 回)
  │            (契約を更新又は延長することの確約・合意の  有・(無) (更新又は延長しない旨の明示の  有・(無) ))
  │            (直前の契約更新時に雇止め通知の  有 ・(無))
  │            (当初の契約締結後に不更新条項の追加が   ある・ない)
  │                                 ┌ を希望する旨の申出があった
  │            労働者から契約の更新又は延長 ┤ を希望しない旨の申出があった
  │                                 └ の希望に関する申出はなかった
  ┌─────────────────────────────────────────────────────┐
  │ 具体的事情記載欄（事業主用）                              │
  │      契約更新に当たり、契約更新をしない事由（●●）に該当したため雇止めした │
  └─────────────────────────────────────────────────────┘
```

（注1）　契約期間の月数、通算した契約期間の月数、契約更新回数を記入し、契約内容、更新の状況で該当するものを○で囲みます。

（注2）　派遣労働者の場合は②に同様に記入します。

【解雇したとき】 確認書類：解雇予告通知書、退職（解雇の理由）証明書、就業規則（解雇事由記載ページ）、解雇予告除外認定書（重責解雇の場合）など

```
  │    │ 4  事業主からの働きかけによるもの
 ◎┄┄┄┄┄ (1) 解雇（重責解雇を除く。）
 □┄┄┄┄┄ (2) 重責解雇（労働者の責めに帰すべき重大な理由による解雇）
  │        (3) 希望退職の募集又は退職勧奨
 □┄┄┄┄┄ ①  事業の縮小又は一部休廃止に伴う人員整理を行うためのもの
 □┄┄┄┄┄ ②  その他（理由を具体的に                          ）
  ┌─────────────────────────────────────────────────────┐
  │ 具体的事情記載欄（事業主用）  就業規則第●条に定める解雇事由に該当したため、令和●年●月●日│
  │                        解雇した（解雇予告日令和●年×月×日）        │
  └─────────────────────────────────────────────────────┘
```

（注）　本例は、普通解雇の例です。人員削減の必要があり整理解雇をした場合の具体的事情記入欄には、「令和●年●月●日、人員整理のため解雇（解雇予告日令和●年×月×日）」というように記入します。重責解雇の場合は（2）を選択します、一般的には懲戒解雇が該当します。

【従業員の申し出により退職したとき】 確認書類：退職届など、内容がわかる書類

```
☐ .......... 5  労働者の判断によるもの
               （1）職場における事情による離職
☐ .......... ①  労働条件に係る問題（賃金低下、賃金遅配、時間外労働、採用条件との相違等）があったと
                   労働者が判断したため
☐ .......... ②  事業主又は他の労働者から就業環境が著しく害されるような言動（故意の排斥、嫌がらせ等）を
                   受けたと労働者が判断したため
☐ .......... ③  妊娠、出産、育児休業、介護休業等に係る問題（休業等の申出拒否、妊娠、出産、休業等を理由とする
                   不利益取扱い）があったと労働者が判断したため
☐ .......... ④  事業所での大規模な人員整理があったことを考慮した離職
☐ .......... ⑤  職種転換等に適応することが困難であったため（教育訓練の 有・無 ）
☐ .......... ⑥  事業所移転により通勤困難となった（なる）ため（旧(新)所在地：　　　　　　　　）
☐ .......... ⑦  その他（理由を具体的に　　　　　　　　　　　　　　　　　　　　　　　　　　）
◉ .......... （2）労働者の個人的な事情による離職（一身上の都合、転職希望等）
┌─────────────────────────────────────────────┐
│ 具体的事情記載欄（事業主用）                        │
│      本人が転職を希望し離職した                      │
└─────────────────────────────────────────────┘
```

【その他の事情があるとき】 以上のいずれにも該当しないときは、6に○印を付け、その下の
かっこ内に理由を記入します。

● 被保険者の確認欄の記入

　離職証明書の記入が終われば、離職した被保険者に間違いがないか確認を取ります。

　離職証明書の左面、賃金証明欄の内容に間違いがなければ、2枚目の「安定所提出用」の⑮
欄、右面⑦離職理由欄の内容に異議がなければ^{（＊）}「無し」を○で囲み、署名してもらいます
（**Ⓛ**）。

　⑰欄は、被保険者であった人が記入する欄ですから、もし、異議がある場合は、「有り」を○
で囲み本人の署名を受け、さらに3枚目の「雇用保険 被保険者離職票-2 下側」の、具体的事情
記載欄（離職者用）に、意見の記入と、⑰欄にも改めて署名してもらうことになります（**Ⓜ**）。
異議については、離職後求職の申し込みの際に記入しても問題はありませんが、ここは、被保
険者であった人の自由意思で記入してもらう項目ですので、事業主は口を挟む余地のないとこ
ろです。

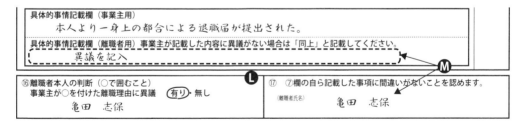

（注）　離職事由欄は、ハローワークが受給資格者、特定受給資格者、特定理由離職者を判断するための
　　　ものですから、当事者の意見が異なった場合は、問い合わせがありますので、その際に意見を述べ
　　　ることになります。

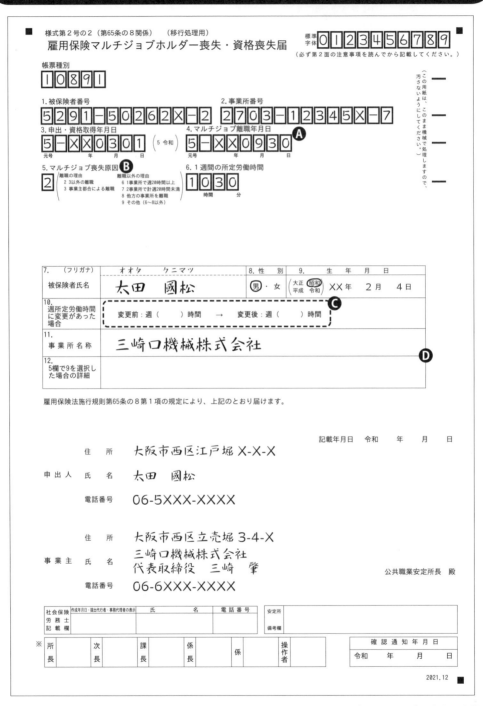

- 様式第2号の2（第65条の8関係）　（移行処理用）
  雇用保険マルチジョブホルダー喪失・資格喪失届

標準字体 0 1 2 3 4 5 6 7 8 9
（必ず第2面の注意事項を読んでから記載してください。）

この用紙は、このまま機械で処理しますので、汚さないようにしてください。

帳票種別
1 0 8 9 1

1.被保険者番号
5 2 9 1 - 5 0 2 6 2 X - 2

2.事業所番号
2 7 0 3 - 1 2 3 4 5 X - 7

3.申出・資格取得年月日
5 - X X 0 3 0 1　（5 令和）
元号　　年　　月　　日

4.マルチジョブ離職年月日　Ⓐ
5 - X X 0 9 3 0
元号　　年　　月　　日

5.マルチジョブ喪失原因　Ⓑ
2
離職の理由
　2 3以外の離職
　3 事業主都合による離職
離職以外の理由
　6 1事業所で週20時間以上
　7 2事業所で計週20時間未満
　8 他方の事業所を離職
　9 その他（6〜8以外）

6.1週間の所定労働時間
1 0 3 0
時間　　分

7.（フリガナ）	オオタ　クニマツ	8.性別	9.　生　年　月　日
被保険者氏名	太田　國松	男・女	大正 昭和 平成 令和　XX年　2月　4日
10. 週所定労働時間に変更があった場合	変更前：週（　　）時間　→　変更後：週（　　）時間　Ⓒ		
11. 事業所名称	三崎口機械株式会社　Ⓓ		
12. 5欄で9を選択した場合の詳細			

雇用保険法施行規則第65条の8第1項の規定により、上記のとおり届けます。

記載年月日　令和　　年　　月　　日

申出人
　住　所　大阪市西区江戸堀 X-X-X
　氏　名　太田　國松
　電話番号　06-5XXX-XXXX

事業主
　住　所　大阪市西区立売堀 3-4-X
　氏　名　三崎口機械株式会社
　　　　　代表取締役　三崎　肇
　電話番号　06-6XXX-XXXX

公共職業安定所長　殿

社会保険労務士記載欄	作成年月日・提出代行者・事務代理者の表示	氏　名	電話番号	安定所備考欄

※	所長	次長	課長	係長	係	操作者	確認通知年月日 令和　年　月　日

2021.12

(注)　本来は、マルチ雇入届を提出した際に交付される、雇用保険マルチジョブホルダー喪失・資格喪失届（マルチ喪失届）を用いるべきところですが、本書の編集時には公開されていないため、移行措置用のマルチ喪失届で説明しています。マルチ喪失届も、被保険者資格喪失届と同様の様式になっており、マルチジョブ離職年月日、マルチジョブ喪失原因、週所定労働時間に変更があった場合の項目が異なります。

B 社：離職証明書（雇用が継続しており雇用契約に変更がない事業所）

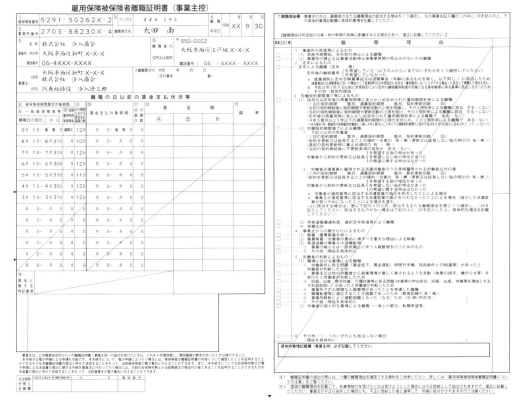

(注1) 申出人が離職証明書の交付を希望するときは、離職証明書を添付します。
　・　離職等をした事業所…この場合の記載は通常の被保険者と同様です（「3　雇用保険 被保険者離職証明書（賃金額証明欄）」「4　雇用保険 被保険者離職証明書（離職理由欄）」参照）。
　・　雇用が継続しており雇用契約に変更がない事業所…離職証明書の⑦、⑩、⑪、⑫、⑭、⑯欄は、記載不要ですので、斜線を引いて書き込めなくします。

(注2) 雇用を継続している会社に離職証明書を求めるときとは、資格喪失事由が発生した事業所で高年齢求職者給付金の受給要件を満たしていない（賃金支払い基礎日数11日（又は労働時間が8時間）以上ある月が6か月以上）のでに離職証明書の交付を希望するわけです。

　マルチ高年齢被保険者の要件を満たさなくなったとき、マルチ高年齢被保険者を雇い入れているすべての会社が、マルチジョブホルダー喪失・資格喪失届に記入して、本人（申出人）に渡します。

(注)　3社以上で雇用されていて、マルチ喪失届を提出したA社を除いた残りの会社（B社、C社など）が2社以上で、1社の週所定労働時間が5時間以上かつ合計して20時間以上であれば、マルチ喪失届（A社＋B社＋C社）提出後、改めてマルチ雇入届（B社＋C社）の提出を行います。

● 記入方法

　被保険者番号、事業所番号、申出・資格取得年月日。被保険者氏名、性別、生年月日を記入します。

（注）　申出人は、7.被保険者氏名、8.性別、9.生年月日、10.所定労働時間に変更があった場合と申出人の住所、氏名、電話番号を記入します。他は、会社が記入します。

マルチ雇入届を提出した際に交付される、雇用保険マルチジョブホルダー喪失・資格喪失届には、これらの情報は印刷されています。

【Ⓐ】　マルチジョブ離職年月日は、マルチジョブ喪失原因が、「6」ないし「7」のときは、その事実があった日の前日を記入します。それ以外はその事実があった日を記入します。

【Ⓑ】　マルチジョブ喪失原因は、次に該当する番号を記入します。なお、雇用が継続され、雇用契約に変更がない事業所では、申出人に確認のうえ、記入します。

離職等をした事業所	雇用が継続され、雇用契約に変更がない事業所
離職の理由 2　3以外の離職 3　事業主都合による離職	8　他方の事業所を離職
離職以外の理由 6　1事業所で週20時間以上^(＊)	9　その他 　　Ⓓ欄に「別の事業所で週所定20時間以上となったため」と記入
7　2事業所で計週20時間未満	7　2事業所で計週20時間未満
（注）　いずれの事業所も週所定労働時間が5時間以上である場合であって、週所定労働時間が変更になった側の事業所のⒸ欄に変更前と後の週所定労働時間を記入します（記載例は後述）。	
9　その他（6～8以外）	9　その他（6～8以外）
（注）　「9」を選択した場合には、Ⓓ欄に詳細を記入します。	

＊　「6」週所定労働時間が20時間以上となった事業所では、マルチ高年齢被保険者資格を喪失させ、改めて被保険者資格取得届を提出し、高年齢被保険者にします。

【Ⓓ】　マルチジョブ喪失原因で「9」を選択し場合のみ、その詳細を記入します（他の番号を選択した場合は、記入不要）。

例示：A事業所（三崎口機械株式会社）の所定労働時間が5時間未満となり、B事業所（株式会社汐入商会）の雇用が継続され、雇用契約に変更がない場合の記載例

●A事業所：喪失原因が発生した事業所

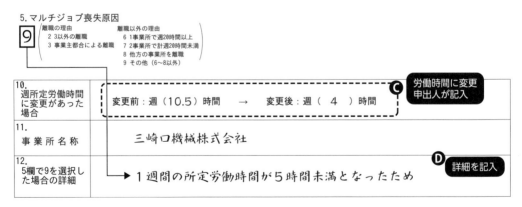

（注）　マルチジョブ喪失原因「9」を選択したので、Ⓓに詳細を記入します。詳細が週の所定労働時間の変更であったため、変更前と後の労働時間も記入します。

5.マルチジョブ喪失原因

9

離職の理由	離職以外の理由
2 3以外の離職	6 1事業所で週20時間以上
3 事業主都合による離職	7 2事業所で計週20時間未満
	8 他方の事業所を離職
	9 その他（6〜8以外）

10. 週所定労働時間に変更があった場合	変更前：週（　　　）時間　→　変更後：週（　　　）時間	**C** 労働時間に変更がないので記入は不要
11. 事 業 所 名 称	株式会社汐入商会	**D** 詳細を記入
12. 5欄で9を選択した場合の詳細	→別の事業所で1週間の所定労働時間が5時間未満となったため	

（注）　マルチジョブ喪失原因「9」を選択したので、**D**に詳細を記入します。ただし、Bの事業所では、週の所定労働時間の変更はなかったので、**C**の記入は不要です。

第6章

出産・育児休業の手続と保険給付

提出先等

1. 出産

1　健康保険・厚生年金保険　産前産後休業取得者申出書/変更（終了）届	
いつまでに	産前産後休業期間中に（必ず）
どこへ	健康保険組合 / 日本年金機構　事務センター（広域事務センター）
添付書類	なし
注意事項	・出産前に提出する場合は、「共通記載事項」を記入し提出します。そして、出産後に、「共通記載事項」と「A.変更」を記入したものを、もう一度提出します（予定日に生まれた場合は不要）。 ・出産後に提出する場合は、「共通記載事項」を記入したものを提出します。
2　健康保険　被保険者・家族　出産育児一時金支給申請書（協会けんぽ様式）	
いつまでに	被保険者又は被扶養者の出産後
どこへ	健康保険組合 / 日本年金機構　事務センター（広域事務センター）
添付書類	2ページ目下側の医師・助産師又は市町村長の証明が必要です。 ・日本国内で出産した場合は、直接支払制度を利用していないことを証明する書類のコピー ・海外出産の場合は、次の3点の書類を添付します。 　a．出産を担当した海外の医療機関等の医師・助産師の証明書 　b．出産した日（期間）において、実際に海外に渡航していた事実が確認できる書類（パスポートのコピー、査証（ビザ）のコピー、航空チケット等のコピー等） 　c．海外出産の事実、内容について、協会けんぽが当該海外出産を担当した海外の医療機関等に照会することに関する当該海外出産をした人の同意書
3　健康保険　出産手当金支給申請書（協会けんぽ様式）	
いつまでに	速やかに
どこへ	健康保険組合 / 日本年金機構　事務センター（広域事務センター）
添付書類	なし。ただし、2ページ目下側の医師・助産師又は市町村長の証明と3ページ目の事業主の証明が必要（退職後の期間は不要）です。

2. 育児休業

1　健康保険・厚生年金保険　育児休業等取得者申出書（新規・延長）/終了届	
いつまでに	それぞれの期間ごとに申出書を提出します。 ①　0歳から1歳の誕生日前日まで（パパママ育休プラスに該当する場合は1歳2か月に達するまでの1年間が限度になります） ②　1歳誕生日から1歳6か月目の前日まで ③　1歳6か月目から2歳の誕生日前日まで ④　1歳から3歳までの子を養育するための育児休業に準ずる期間（1歳の誕生日から3歳誕生日前日まで） ⑤　産後パパ育休は、出産時育児休業期間中及びその後の1か月以内。なお、産後パパ育休は、パパママ育休プラスにすることも可能です） （注1）　①の育児休業の後、②の育児休業の申し出をするような場合は、延長ではなく、新規申出になります。 （注2）　②と③は認可保育所の待機等の特別な事情がある場合に限られます。
どこへ	健康保険組合 / 日本年金機構　事務センター（広域事務センター）
添付書類	なし
注意事項	役員・経営担当者等の使用者に該当する人は、原則として保険料免除には該当しないので、注意が必要です。
2　雇用保険　育児休業給付受給資格確認票・（初回）育児休業給付金支給申請書	
いつまでに	対象期間の初日から起算して4か月を経過する日の末日まで

どこへ	事業所管轄のハローワーク
添付書類	雇用保険 被保険者休業開始時賃金月額証明書 ・賃金月額証明書内容及び初回申請の期間の賃金の支払い状況が確認できるの賃金台帳、出勤簿（タイムカード） ・育児の事実を確認できる書類の写し（母子手帳・住民票記載事実証明書等） ・振込先金融機関の通帳、キャッシュカードもしくは口座情報が確認できるものの写し ・育児休業の申出書（産後休業に引き続き育児休業をする場合は不要）

3　2回目以後の申請（雇用保険 育児休業給付金支給申請書）

いつまでに	ハローワークの指定する支給申請期間内に
添付書類	・支給単位期間の賃金の支払い状況が確認できるの賃金台帳、出勤簿（タイムカード）等。 （注）　ハローワークによっては、事業主の休業に関する申告書で省略することができる場合があります。 ・延長申請の際には、延長する事由を証明する書類

4　雇用保険 育児休業給付受給資格確認票・出生時育児休業給付金支給申請書

いつまでに	子の出生日（出産予定日前に子が出生した場合は出産予定日）から8週間を経過する日の翌日から、2か月を経過する日の属する月の末日までに
どこへ	事業所管轄のハローワーク
添付書類	雇用保険 被保険者休業開始時賃金月額証明書 ・賃金月額証明書内容及び初回申請の期間の賃金の支払い状況が確認できるの賃金台帳、出勤簿（タイムカード） ・育児の事実を確認できる書類の写し（母子手帳・住民票記載事実証明書等） ・振込先金融機関の通帳、キャッシュカードもしくは口座情報が確認できるものの写し ・育児休業の申出書 ・出生時育児休業の申出書

6　健康保険・厚生年金保険 育児休業等終了時報酬月額変更届

いつまでに	育児休業等が終了し要件に該当したら速やかに
どこへ	健康保険組合 / 日本年金機構　事務センター（広域事務センター）
添付書類	なし。ただし、被保険者以外が電子申請する場合、申請者と実際に申請する代理人双方の電子署名が必要です。申請者が作成した「事業主を代理人とする旨の委任状」をJpeg又はPDFで添付する場合は、申請者の電子申請の添付を省略することが可能です。
注意事項	・育児休業等終了日の翌日の属する月以後3か月のうち、少なくとも1月における「報酬の支払の基礎となる日数」が17日（特定適用事業所に勤務する短時間労働者は11日、パートは15日）以上であること ・育児休業終了日の翌日から、産前産後休業を行う場合はこの届出はできません。

7　厚生年金保険 養育期間標準報酬月額特例申出書・終了届

いつまでに	要件に該当したら速やかに
どこへ	健康保険組合 / 日本年金機構 事務センター（広域事務センター）
添付書類	次の書類の原本（コピー不可）、提出日からさかのぼって90日以内に発行されたもの ・戸籍謄本（抄本）又は戸籍記載事項証明書（申出者と子の身分関係および子の生年月日を証明できるもの） （注）　申出者が世帯主の場合は、申出者と子の身分関係が確認できる住民票の写しでも代用できます。 ・住民票の写し（申出者と子が同居していることを確認できるもの） （注）　申出者と養育する子の個人番号が記載されている場合は、住民票の添付は必要ありません（戸籍謄本等の代用としての住民票は添付が必要）。 ・退職後に事業主を経由せず提出する場合で、マイナンバーを記載して提出する場合は、マイナンバーカードの写し等を添付します。

出産（産前産後期間の手続）

　女性労働者が妊娠すると、労働基準法の規定で、出産の日（実際の出産が予定日後のときは出産予定日）以前 42 日（多胎妊娠の場合 98 日）、出産の翌日から 56 日目^{（*）}までは、産前・産後休業をすることができます。産前は請求があれば、産後は請求の有無にかかわらず就労制限がかかります。なお、ここでいう出産とは、妊娠 85 日（4 か月）以後の生産、流産、死産、人工妊娠中絶をいいます。

　産前産後休業期間中の手続には、次のようなものがあります。

① **出産手当金（保険給付）**

　被保険者がこの産前・産後休業をし、事業主から賃金が支払われないときは、出産手当金が支給されます。そして、

② **出産育児一時金・家族出産育児一時金（保険給付）**

　被保険者が出産すると健康保険から出産育児一時金、被扶養者が出産したときには被保険者に家族出産育児一時金が保険給付されます。

③ **産前産後休業期間中の保険料免除**

　被保険者が産前産後休業を取得したときは、事業主が申し出ることによって、健康保険料・厚生年金保険料が免除されます。

④ **産前産後休業終了時改定**

　被保険者が産前産後休業を終え、時間短縮等の措置を講じた結果、その後の標準報酬月額が 1 等級以上低下するときは、産前産後休業終了時改定が行われます。ただし、産前産後休業に引き続いて育児休業を開始したときは当該改定はできません。

＊　出産の翌日から 42 日経過し、医師がその仕事に就いてよいと判断したときは、請求により就労制限が解除されます。

1 健康保険・厚生年金保険 産前産後休業取得者 申出書／変更（終了）届

（1） 出産後に申出をする場合

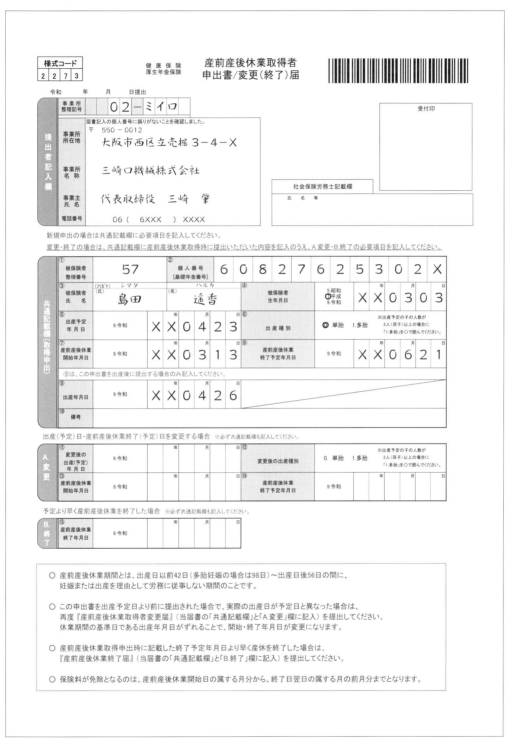

（注） 出産後に提出すれば、原則として、これで完結します。

（2） 出産前に申出をする場合

● 記入方法

(1)(2) 【①～⑨欄】 共通記載欄（取得申出）

・①被保険者整理番号、②個人番号、③被保険者氏名、④被保険者生年月日を記入します。

【⑤出産予定日】 出産後の申し出であっても記入します。

【⑥出産種別】 出生児が1人（予定）の場合は「0.単胎」、2人以上（予定）のときは「1.多胎」を○で囲みます。

【⑦産前産後休業開始年月日】 ⑥出産種別が「0.単胎」の場合は、出産予定日（⑤）以前42日の範囲内、「1.多胎」の場合は出産予定日以前98日の範囲内で産前休業を開始した日付を記入します。

【⑧産前産後休業終了年月日】 ⑤出産予定日（出産後に申出するときは出産日）の翌日以後56日以内で産後休業を終了（予定）の日付を記入します。

　産前に申出する場合は、以上で提出します。

【⑨出産年月日】 産後に申出する場合に限り、出産年月日を記入します。

(3) 出産予定日年月日と実際の出産年月日が異なった場合（Ａ）

出産（予定）日・産前産後休業終了（予定）日を変更する場合 ※必ず共通記載欄も記入してください。

Ａ.変更	⑪変更後の出産（予定）年月日	9.令和	年 ✕ ✕	月 0 4	日 2 6	⑫変更後の出産種別	⓪.単胎 1.多胎	※出産予定の子の人数が2人（双子）以上の場合に「1.多胎」を○で囲んでください。
	⑬産前産後休業開始年月日	9.令和	年 ✕ ✕	月 0 3	日 1 3	⑭産前産後休業終了予定年月日	9.令和	年 ✕ ✕ 月 0 6 日 2 1

・共通記載欄（①～⑧）は、最初に申出したとおりに記入します。

【A.変更⑪変更後の出産（予定）年月日】 実際の出産年月日を記入します。変更の場合は⑪欄は変更後の出産（予定）日になります。

【⑬産前産後休業開始年月日】 実際の出産年月日が出産予定日より前だった時は、実出産年月日を基準に42日（多胎は98日）の範囲内で休業を開始した日を記入します。また、実出産日が予定日より後の場合は、当初の開始年月日を記入します。

【⑭産前産後休業終了予定日】 実際の出産日の翌日以降56日以内で産後休業を終了（予定）の日付を記入します。

(4) 申出書に記入した終了予定日より早く産前産後休業を終了した場合（Ｂ）

予定より早く産前産後休業を終了した場合 ※必ず共通記載欄も記入してください。

Ｂ.終了	⑮産前産後休業終了年月日	9.令和	年 ✕ ✕	月 0 6	日 1 0

・共通事項記載欄（①～⑨）は、最初に申出したとおりに記入します。

【⑯産前産後休業終了年月日】 実際に産前産後休業を終了した日付を記入します。

（注） 最初に産前産後休業の申出をした際に記入した終了予定年月日と同日の場合は、提出の必要はありません。

健康保険 被保険者／家族 出産育児一時金 支給申請書　被保険者記入用

1 / 2 ページ ①

加入者が出産し、医療機関等で出産育児一時金の直接支払制度を利用していない場合の出産費用の補助を受ける場合にご使用ください。
なお、記入方法および添付書類等については「記入の手引き」をご確認ください。

この申請書は、令和5年1月以降にご使用ください。

被保険者（申請者）情報

被保険者証	記号（左づめ） 4 6 1 2 0 2 0 1 5 7　　番号（左づめ）	生年月日
		2 令和　XX 年 03 月 03 日 （1.昭和 2.平成 3.令和）

氏名（カタカナ）　シマダ　ハルカ
姓と名の間は1マス空けてご記入ください。濁点（゛）、半濁点（゜）は1字としてご記入ください。

氏名　島田　遥香

※申請者はお勤めされている（いた）被保険者です。
被保険者がお亡くなりになっている場合は、相続人よりご申請ください。

郵便番号（ハイフン除く）　6 3 1 0 0 3 3

電話番号（左づめハイフン除く）　0 7 4 2 X X X X X

住所　奈良 （都・道・府・県）　奈良市あやめ池南1-6-X

振込先指定口座

振込先指定口座は、上記申請者氏名と同じ名義の口座をご指定ください。

金融機関名称	あやめ （銀行・金庫・信組 農協・漁協 その他（　））	支店名	学園前 （本店・支店 代理店・出張所・本店営業部 本所・支所）
預金種別	1 普通預金	口座番号（左づめ）	1 2 3 4 5 X

ゆうちょ銀行の口座へお振り込みを希望される場合、支店名は3桁の漢数字を、口座番号は振込専用の口座番号（7桁）をご記入ください。
ゆうちょ銀行口座番号（記号・番号）ではお振込できません。

「被保険者・医師・市区町村長記入用」は2ページ目に続きます。 ≫≫

被保険者証の記号番号が不明の場合は、被保険者のマイナンバーをご記入ください。
（記入した場合は、本人確認書類等の添付が必要となります。）　▶

社会保険労務士の
提出代行者名記入欄

--- 以下は、協会使用欄のため、記入しないでください。 ---

MN確認（被保険者）	□	1. 記入有（添付あり） 2. 記入有（添付なし） 3. 記入無（添付あり）		
添付書類	出産証明書 □	1. 添付 2. 不備	合意文書等 □	1. 添付 2. 不備
	戸籍（法定代理） □	1. 添付	口座証明 □	1. 添付
産科医療補償制度	□	1. 該当 2. 非該当		

6 2 1 1 1 1 0 1　　その他 □ 1. その他（理由　）　枚数 □□

受付日付印

(2022.10)

全国健康保険協会　協会けんぽ

1 / 2

健康保険 被保険者 家 族 出産育児一時金 支給申請書

被保険者・医師・市区町村長記入用

被保険者氏名 島田 遥香 **A**

	申請内容		
①	①-1 出産者	1	1. 被保険者 2. 家族（被扶養者）

①	①-2 出産者の氏名（カタカナ）	シ マ タ゛ ＿ ハ ル カ

姓と名の間は1マス空けてご記入ください。濁点（゛）、半濁点（゜）は1字としてご記入ください。

①	①-3 出産者の生年月日	2	1.昭和 2.平成 3.令和	X X 年 0 3 月 0 3 日

②	出産年月日	令和 X X 年 0 4 月 2 6 日

③	出産した国	1	1. 日本 2. 海外 ➡ 国名（　　　　　　　　　　　）

④	④-1 出生児数	1 人	④-2 死産児数	☐ 人

同じ

⑤	同一の出産について、健康保険組合や国民健康保険等から出産育児一時金を受給していますか。	2	1. 受給した 2. 受給していない

※医師・助産師、市区町村長のいずれかより証明を受けてください。

B

医師・助産師による証明

出産者の氏名（カタカナ）																			

姓と名の間は1マス空けてご記入ください。濁点（゛）、半濁点（゜）は1字としてご記入ください。

出産年月日	令和 ☐☐ 年 ☐☐ 月 ☐☐ 日

出生児数	☐ 人	死産児数	☐ 人	死産の場合の妊娠日数	☐☐ 日

上記のとおり相違ないことを証明します。

医療施設の所在地　　　　　　　　　　　　　　　　　令和 ☐☐ 年 ☐☐ 月 ☐☐ 日

医療施設の名称

医師・助産師の氏名

電話番号

市区町村長による証明（生産の場合のみ）

本籍		筆頭者氏名	

母の氏名（カタカナ）																			

姓と名の間は1マス空けてご記入ください。濁点（゛）、半濁点（゜）は1字としてご記入ください。

母の氏名

出生児数	☐ 人	出生年月日	令和 ☐☐ 年 ☐☐ 月 ☐☐ 日

出生児氏名

上記のとおり相違ないことを証明します。

市区町村長名　　　　　　　　　　　㊞　　令和 ☐☐ 年 ☐☐ 月 ☐☐ 日

`6 2 1 2 1 1 0 1`

全国健康保険協会 協会けんぽ

(2／2)

妊娠 85 日目以後に被保険者及びその被扶養者が出産したときに、保険者へ申請すると出産育児一時金（家族出産育児一時金）が被保険者に支給されます。

（注）　出産前に被保険者等と医療機関等が出産育児一時金の支給申請及び受取りに係る契約（直接払制度)をしている場合は申請が不要です。ただし、出産費用が出産育児一金の額より少ないときは、差額支給の申請を行います。

● 1ページ目の記入方法

【被保険者（申請者）情報/振込口座情報欄】　1ページ目の記入は、1章を参照してください。

● 2ページ目の記入方法

【🅐】　被保険者の氏名を記入します。

【①-1 出産者】　被保険者の出産であれば「1」を、家族（被扶養者）の場合は「2」を記入します。

【①-1 出産者の氏名】　出産した人の氏名をカタカナで記入します。

【①-3 出産者の生年月日】　出産した人の生年月日を記入します。

【②出産年月日】　出産した年月日を記入します（死産、人工妊娠中絶の場合はその日）。

【③出産した国】　日本国内で出産した場合は「1」を記入し、医療機関等から交付される直接払制度^(＊)を利用していないことを証明する書類のコピーを添付します。

海外で出産した場合は「2」を記入し、所定の書類を添付します。

＊　直接支払制度の契約を行うと、医療機関等が被保険者に代わって、出産育児一時金の支給申請及び受取ります。そして、出産したときは、医療機関では実際にかかった費用と出産育児一時金の額との差額を窓口で支払うだけでよくなります。

直接払制度を利用し、出産費用が出産育児一時金の額より少ない場合

出産費用が出産育児一時金の額より少ない場合、その差額を被保険者等に支給されます。差額の申請方法は「健康保険出産育児一時金内払金支払依頼書」と「健康保険 出産育児一時金差額申請書」の2種類があります。

直接支払制度を利用した場合で、医療機関等への支給が終了したときは「支給決定通知書」が届きます。この通知が届く前に申請する場合が「内払金支払依頼書」、通知が届いた後に申請する場合が「差額申請書」です。申請で添付書類が以下のように異なります。

内払金支払依頼書の場合	差額申請書の場合
・　医療機関等から交付される直接支払制度に係る代理契約に関する文書の写し ・　出産費用の領収・明細書の写し ・　申請書の証明欄に医師・助産婦または市区町村長の出産に関する証明を受けること	・　添付書類不要

申請書は、「出産育児一時金 内払金支払依頼書・差額申請書」になりますが、記入すべき内容は、医療機関に支払った金額**【🅒】**を記入することになります。

健康保険	被保険者 家　族	**出産育児一時金**	内 払 金 支払依頼書

被保険者・医師・市区町村長記入用　　1　2　ページ

被保険者氏名　　島田　遙香

①-1 出産者	**1**	1. 被保険者 2. 家族（被扶養者）
①-2 出産者の氏名（カタカナ）	シ　マ　タ゛　　　ハ　ル　カ	
	姓と名の間は1マス空けてご記入ください。濁点（゛）、半濁点（゜）は1字としてご記入ください。	
①-3 出産者の生年月日	**2** 1.昭和 2.平成 3.令和　**X X** 年 **0 3** 月 **0 3** 日	
② 出産年月日	令和 **X X** 年 **0 4** 月 **2 6** 日	
③-1 出生児数	**1** 人	③-2 死産児数 □ 人
④ 同一の出産について、健康保険組合や国民健康保険等から出産育児一時金を受給していますか。	**2** 1. 受給した 2. 受給していない	
⑤ 出産費用の額 （領収・明細書の額）	**2 2 2 0 0 0** 円 **C**	

申請内容

【④出産児数】　出産した子の数を④-1に記入します。死産の場合は、④-2に子の数を記入します。

【⑤同一の出産について、健康保険組合や国民健康保険等から出産育児一時金を受領しますか】
通常は「2」を記入します（＊）。

＊　資格喪失前1年以上被保険者であった人が資格喪失日から6か月以内に出産した場合、直前の加入医療保険から出産育児一時金と、被扶養者になったときの家族出産育児一時金のどちらかを選択して受給することになるため、他の医療保険者から受けるのであれば、協会けんぽからの保険給付はなされないことになっています。

【B】　出産の事実について医師・助産師又は市町村で証明を受けて、保険者に提出します。

187

健康保険 出産手当金 支給申請書

被保険者記入用 手

被保険者本人が出産のため会社を休み、その間の給与の支払いを受けられない場合の生活保障として、給付金を受ける場合にご使用ください。なお、記入方法および添付書類等については「記入の手引き」をご確認ください。

この申請書は、令和5年1月以降にご使用ください。

被保険者証	記号（左づめ）	番号（左づめ）	生年月日
	4 6 1 2 0 2 0 1 5 7		2 1.昭和 2.平成 3.令和 X X 年 0 3 月 0 3 日

被保険者（申請者）情報

氏名（カタカナ）	シ マ タ゛ ハ ル カ

姓と名の間は1マス空けてご記入ください。濁点（゛）、半濁点（゜）は1字としてご記入ください。

氏名	島田　遥香

※申請者はお勤めされている（いた）被保険者です。被保険者がお亡くなりになっている場合は、相続人よりご申請ください。

郵便番号（ハイフン除く）	6 3 1 0 0 3 3	電話番号（左づめハイフン除く）	0 7 4 2 X X X X X X

住所	奈良 都道府県 奈良市あやめ池南1-6-X

振込先指定口座は、上記申請者氏名と同じ名義の口座をご指定ください。

振込先指定口座

金融機関名称	あやめ	銀行 金庫 信組 農協 漁協 その他（ ）	支店名	学園前	本店 支店 代理店 出張所 本店営業部 本所 支所
預金種別	1 普通預金		口座番号（左づめ）	1 2 3 4 5 X	

ゆうちょ銀行の口座へお振り込みを希望される場合、支店名は3桁の漢数字を、口座番号は振込専用の口座番号（7桁）をご記入ください。
ゆうちょ銀行口座番号（記号・番号）ではお振込できません。

「被保険者・医師・助産師記入用」は2ページ目に続きます。》》》

被保険者証の記号番号が不明の場合は、被保険者のマイナンバーをご記入ください。
（記入した場合は、本人確認書類等の添付が必要となります。）▶ _____

社会保険労務士の提出代行者名記入欄	

——— 以下は、協会使用欄のため、記入しないでください。 ———

MN確認（被保険者）	☐ 1.記入有（添付あり） 2.記入有（添付なし） 3.記入無（添付あり）				受付日付印
添付書類	職歴 ☐ 1.添付 2.不備	戸籍（法定代理） ☐ 1.添付	口座証明 ☐ 1.添付		
6 1 1 1 1 1 0 1	その他 ☐ 1.その他 （理由）		枚数 ☐☐		

(2022.10)

1 / 3

健康保険 出産手当金 支給申請書

被保険者・医師・助産師記入用

被保険者氏名　島田　遙香　Ⓐ

Ⓑ

申請内容	①	申請期間 (出産のために休んだ期間)	令和 XX 年 03 月 13 日 から 令和 XX 年 06 月 21 日
	②	今回の出産手当金の申請は、出産前の申請ですか、出産後の申請ですか。	2　1. 出産前　2. 出産後
	③	③-1 出産予定日	令和 XX 年 03 月 13 日
		③-2 出産年月日 (出産後の申請の場合はご記入ください。)	令和 XX 年 04 月 26 日
	④	④-1 出生児数	1 人　　出産前の申請の場合、予定の出生児数をご記入ください。
		④-2 死産児数	人
	⑤	⑤-1 申請期間(出産のために休んだ期間)に報酬を受けましたか。	2　1. はい　➡ ⑤-2へ　2. いいえ
		⑤-2 受けた報酬は事業主証明欄に記入されている内容のとおりですか。	1　1. はい　2. いいえ ➡ 事業主へご確認のうえ、正しい証明を受けてください。

Ⓒ

医師・助産師による証明

出産者氏名 (カタカナ)	
	姓と名の間は1マス空けてご記入ください。濁点(ﾞ)、半濁点(ﾟ)は1字としてご記入ください。
出産予定日	令和 　年 　月 　日
出産年月日	令和 　年 　月 　日
出生児数	人　　出産前の申請の場合、予定の出生児数をご記入ください。
死産児数	人
死産の場合の妊娠日数	日

上記のとおり相違ないことを証明します。　　　　　　　　令和 　年 　月 　日

医療施設の所在地

医療施設の名称

医師・助産師の氏名

電話番号

「事業主記入用」は3ページ目に続きます。 ≫≫≫

6 1 1 2 1 1 0 1

全国健康保険協会　協会けんぽ

(2 / 3)

健康保険 出産手当金 支給申請書

事業主記入用

労務に服さなかった期間を含む賃金計算期間の勤務状況および賃金支払い状況等をご記入ください。

被保険者氏名 (カタカナ)	シ マ タ ゙ ハ ル カ

姓と名の間は1マス空けてご記入ください。濁点(゛)、半濁点(゜)は1字としてご記入ください。

勤務状況 2ページの申請期間のうち、出勤した日付を【〇】で囲んでください。「年」「月」については出勤の有無に関わらずご記入ください。

令和	XX 年	03 月	(1) (2) (3) (4) (5) (6) (7) (8) (9) (10) (11) (12) (13) (14) (15)
			(16) (17) (18) (19) (20) (21) (22) (23) (24) (25) (26) (27) (28) (29) (30) (31)
令和	XX 年	04 月	(1) (2) (3) (4) (5) (6) (7) (8) (9) (10) (11) (12) (13) (14) (15)
			(16) (17) (18) (19) (20) (21) (22) (23) (24) (25) (26) (27) (28) (29) (30) (31)
令和	XX 年	05 月	(1) (2) (3) (4) (5) (6) (7) (8) (9) (10) (11) (12) (13) (14) (15)
			(16) (17) (18) (19) (20) (21) (22) (23) (24) (25) (26) (27) (28) (29) (30) (31)
令和	XX 年	06 月	(1) (2) (3) (4) (5) (6) (7) (8) (9) (10) (11) (12) (13) (14) (15)
			(16) (17) (18) (19) (20) (21) (22) (23) (24) (25) (26) (27) (28) (29) (30) (31)
令和	年	月	(1) (2) (3) (4) (5) (6) (7) (8) (9) (10) (11) (12) (13) (14) (15)
			(16) (17) (18) (19) (20) (21) (22) (23) (24) (25) (26) (27) (28) (29) (30) (31)

2ページの申請期間のうち、出勤していない日(上記【〇】で囲んだ日以外の日)に対して、報酬等(※)を支払した日がある場合は、支給した日と金額をご記入ください。
※有給休暇の場合の賃金、出勤等の有無に関わらず支給している手当(扶養手当・住宅手当等)、食事・住居等現物支給しているもの等

事業主が証明するところ

例	令和	05 年 02 月 01 日	から	05 年 02 月 28 日	3 0 0 0 0 0
①	令和	年 月 日	から	年 月 日	
②	令和	年 月 日	から	年 月 日	
③	令和	年 月 日	から	年 月 日	
④	令和	年 月 日	から	年 月 日	
⑤	令和	年 月 日	から	年 月 日	
⑥	令和	年 月 日	から	年 月 日	
⑦	令和	年 月 日	から	年 月 日	
⑧	令和	年 月 日	から	年 月 日	
⑨	令和	年 月 日	から	年 月 日	
⑩	令和	年 月 日	から	年 月 日	

上記のとおり相違ないことを証明します。

事業所所在地	大阪市西区立売堀 3-4-X		
事業所名称	三崎口機械株式会社	令和	XX 年 07 月 01 日
事業主氏名	代表取締役 三崎 肇		
電話番号	06-6XXX-XXX		

6 1 1 3 1 1 0 1

全国健康保険協会
協会けんぽ

(3/3)

(注) 足りない場合は、3ページ目を追加して、続紙として記入します。

190

産前産後休業し、その間の報酬（賃金）の支払いがないときに申請します。

（注）　賃金の支払いがあった場合は、原則として支給されませんが、報酬の額が出産手当金より少ないときは差額が支給されます。

● 記入方法

1ページ目の記入は、1章を参照してください。

● 申請内容欄の記入方法（2ページ目）

【**Ⓐ**】　被保険者の氏名を記入します。

【**①申請期間**】　出産のため労務に就かなかった期間（公休日を含む）を記入します（**Ⓑ**）。

・　出産前に申請するときは、出産予定日以前42日（多胎妊娠の場合は96日）の範囲内で産前休業を開始した日から、申請日の前日までの任意の期間を記入します。

　（注）　2回目の申請は、1回目の申請期間の末日の翌日から出産日の翌日から56日目までの任意の期間になります。

・　出産後に申請するときは、出産日（出産日が予定日より後にあるときは、予定日）以前42日（多胎妊娠の場合は96日）の範囲内で産前休業を開始した日から、申請日の前日までの任意の期間、ないしは、出産日の翌日から56日目までとします。

　（注）　例示は、産前産後休業終了に1回で申請する場合です。

【**②今回の出産手当金の申請は出産前の申請ですか、出産後の申請ですか**】　【②】及び【③】は、次のように記入します。

②欄	③欄
出産前の申請…「1」	③-1 出産予定日のみ記入
出産後の申請…「2」	③-1 出産予定日と③-2 出産日を記入

【**④-1 出産児数**】　出産した子の数を記入します（出産前の申請の場合は、予定の出産児の数を記入します）。なお、死産のときは④-2にその子の数を記入します。

【**⑤-1 申請期間（出産のため休んだ期間）に報酬を受けましたか**】　①申請期間（【**Ⓑ**】）に報酬（賃金）を受けた場合(*)は「1」を記入して「⑤-2」へ進みます。受けないときは「2」を記入して、次の項目へ進みます。

【**⑤-2**】　申請期間（**Ⓑ**）に受けた報酬が事業主証明欄のとおりであれば、「1」を記入して、次の項目へ進みます。異なっていれば、事業主に正しい証明を依頼して訂正します。

＊　申請期間内に、報酬（賃金）の支払いがあれば、原則として傷病手当金は支給されませんが、支払われた報酬の額が傷病手当金の額より少ないときは差額支給されます。そのため、事業主は3ページ目に報酬支払の証明を行います。

【**医師・助産師による証明欄**】　申請内容欄の③及び④の項目について、医師・助産師の証明を受けます（**Ⓒ**）。

● 事業主が証明するところ欄の記入方法（3 ページ目）

【Ⓓ】 被保険者の氏名をカタカナで記入します。

【勤務状況欄（Ⓔ）】 2 ページ目の「①申請期間（Ⓑ）」の年月を記入し、申請期間の各日は、出勤した日付にのみ「○」を付けます。なお、出勤した日付には、所定労働時間の一部を労働した日は、「出勤した日」として扱います（有給休暇や公休日は記入不要）。

　例示では、令和 XX 年 3 月 13 日以後、6 月 21 日までの申請期間はすべて休業していますから、年月のみの記入で、日の欄は記入の必要はありません。

【2 ページの申請期間のうち、出勤していない日（上記【○】で囲んだ日以外の日）に対して、報酬等を支給した日がある場合は、支給した人金額を記入する欄（Ⓕ）】 出勤していない日に対して、報酬等を支給した日がある場合には、支給した日と金額を記入します。

　例示では、申請期間はすべて休業し、賃金の支払いがないため空欄になります。

（注）　賃金の支払いがあった場合の例示は、傷病手当金の項目を参照してください（第 7 章参照）。

【Ⓖ】 Ⓔ欄、Ⓕ欄の記入が終われば、事業主の所在地、名称、代表者の氏名を記入し、賃金の支払い状況を証明します。このときの日付は「①申請期間（Ⓑ）」経過後の日付を記入します。

　なお、賃金の支払状況は退職日までは証明する必要がありますが、退職後は証明する必要がないため、空欄で提出します。

POINT

資格喪失後の出産手当金について

　被保険者期間が引き続き 1 年以上ある人が、資格喪失時に出産手当金の支給を受けているか、受けられる要件を満たしている場合には資格喪失後も続けて出産手当金を受けることができます。

支給要件

① 　退職前に被保険者期間（任意継続期間は除く）が 1 年以上あること
② 　分娩予定日又は分娩日の 42 日前（多胎の場合は 98 日前）以降に退職していること
③ 　退職日に出産手当金の支給を受けているか、受けられる状態にあること
　　退職日に「受けられる状態にある」というのは、資格喪失日の前日（退職日）に就労しておらず、かつ、給料を受けていない状態にあることをいいます（この日から出産手当金が支給される）。

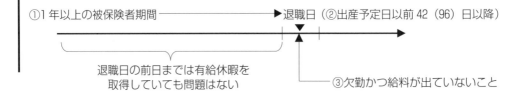

①1 年以上の被保険者期間 ────────▶ 退職日（②出産予定日以前 42（96）日以降）

退職日の前日までは有給休暇を取得していても問題はない

③欠勤かつ給料が出ていないこと

Guidance 育児休業

　この項でいう育児休業は、育児・介護休業法[*1]に基づき、1歳に達するまでの子を養育するために休業することをいいます。

　子が1歳に達するまでの育児休業は、出産した日を起算に1年間ですが、母の場合は産後休業が優先されるため、産後休業終了日の翌日から子が1歳に達するまでの期間になります。母以外の人が育児休業を取得する場合は出産予定日を基準に1歳に達する日まで（予定日より遅れて出産したときは延長が可能で、子が1歳まで）取得できます。

　そして、両親が共に育児休業を取得する場合は、原則1歳までの休業可能期間は子が1歳2か月に達するまで1年間（2か月分はパパのプラス分）に延長されます。これをパパ・ママ育休プラス制度[*2]と呼んでいます。この育児休業は開始予定日の1か月前までに申出をします。

　1歳に達する前に保育所に申し込んでいながら、1歳以後の期間について入所できないような場合や、常態として子の養育を行っている配偶者の死亡、負傷・疾病、離婚などによって子を養育することができなくなった場合などの理由があれば、子が1歳6か月になるまで休業することとができます。引き続き育児休業している場合に1歳6か月前に、同様の事由があれば2歳になるまで育児休業を取得できます。この申し出はそれぞれ2週間前までに行います。

　令和4年10月1日以後の育児休業として、産後パパ育休[*2]（出生時育児休業）がスタートし、子の出生後8週間以内に最長4週間まで育児休業ができ、分割して2回取得することも可能です（最初にまとめて申し出ることが必要）。なお、産後パパ育休の申し出は2週間前までに行います。

　これ以外にも、1歳に達するまでの育児休業も分割して2回まで取得可能なったので、夫婦で育児休業を交代で取得することも可能になりました。そして、1歳以後の育児休業も開始日を柔軟に取り扱うことになり夫婦が育児休業を途中で交代することもできます。

令和4年10月1日以後の育児休業

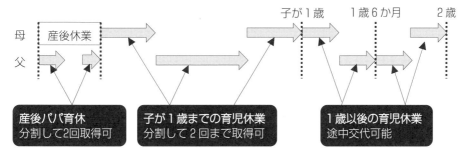

＊1　育児休業、介護休業等育児又は家族介護を行う労働者の福祉に関する法律
＊2　パパ・ママ育休プラスは、子の出生後8週間以内に育児休業を取得し終了していれば、再度育児休業を取得できます（パパとママの育児休業期間がどこかで1日以上重複していなければなりません）。

（1） 育児休業期間中の手続

① 育児休業期間中の保険料免除（健康保険・厚生年金保険）

被保険者が育児休業を取得したときは、事業主が申し出ることによって、健康保険料・厚生年金保険料が免除されます。なお、1歳までの育児休業及び出生時育児休業、1歳6か月、2歳まで育児休業を延長する際には、都度、健康保険・厚生年金保険育児休業等取得者申出書（新規・延長）／終了届を提出します。

POINT

育児休業期間中の保険料免除

育児休業期間中は保険料が免除されます。これまで同一月に取得と終了がある育児休業は、月末時点で育児休業で出勤していなければ、その月の社会保険料が免除されていましたが、これに加えて、育児休業期間がその月内に2週間以上ある場合も免除されます。ただし、賞与における保険料は、1か月を超える育児休業を取得している場合に限り、免除対象になります。

② 育児休業給付金・出生時育児休業給付金

育児休業期間中は賃金の支給がないのが通常ですから、雇用保険から育児休業給付金、出生時育児休業給付金が支給されます。

POINT

育児休業給付、出生時育児休業給付金の支給要件

育児休業期間中、雇用保険から育児休業給付金・出生時育児休業給付金が支給されます。支給要件は、育児休業を開始した日前2年間に被保険者期間が通算して12か月以上必要となります（被保険者期間の考え方は離職の場合と同じ。第5章参照）。

育児休業給付金は、育児休業を開始した日から将来に向かって1か月ごとに区切った期間を支給単位期間と言います。受給要件を満たした被保険者又は高年齢被保険者が、各支給単位期間の初日から末日まで継続して被保険者であること、就業している日数が各支給単位期間(*)に10日以下（就労している日が11日以上ある支給単位期間の場合、労働時間が80時間以下）のときに、育児休業給付金が支給されます。ただし、この要件を満たしたとしても、1つの支給単位期間において賃金月額（休業開始前の賃金日額の30日分）の8割以上の賃金が支払われていると支給されません。

*　最後の支給単位期間は労働日数が10日以下かつ育児休業による全日休業が1日以上であることが受給要件になります。

原則の育児休業（母の場合）

出産日　産前産後休業　育児休業開始

○	○〜○	支給単位期間	支給単位期間	…	支給単位期間	最後の支給単位期間
4/26	4/27〜6/21	6/22〜7/21	8/22〜9/21	…	3/21〜4/21	4/22〜4/24

（注）　育児休業給付金の支給対象期間は、育児休業開始日から育児休業に係る子が1歳に達する日の前日（1歳の誕生日の前々日）までの期間、1歳6か月に達する日の前日、2歳に達する日の前日までの期間です。出生時育児休業給付金の支給要件は、育児休業給付金と同様です。

産後パパ育休期間中に就労ができる場合

　産後パパ育休では、事業場で労使協定を締結している場合に限り、産後パパ育休する労働者が合意した範囲内で休業中に就業することが可能です。具体的な手続の流れは次の①〜④のとおりです。

① 労働者が就業してもよい場合は、事業主にその条件を申し出ること

② 事業主は、労働者が申し出た条件の範囲内で候補日・時間を提示（候補日等がない場合はその旨）していること

③ 労働者の同意があること

④ 事業主が通知すること

　なお、就業可能日等には上限があります。

・ 休業期間中の所定労働日・所定労働時間の半分

・ 休業開始・終了予定日を就業日とする場合は当該日の所定労働時間数未満

例示：所定労働時間が1日8時間、1週間の所定労働日が5日の労働者が、休業2週間・休業期間中の所定労働日10日・休業期間中の所定労働時間80時間の場合

(2) 育児休業終了後の手続

① 育児休業等終了時改定

　育児休業が終了し職場復帰したときは、所定労働時間を短縮して働くことも可能です。そうすると賃金額が減ることになりますから、これにより標準報酬月額が1等級でも下がると、届け出により育児休業等終了時改定が行われます。

② 養育期間の特例措置

　3歳未満の子を養育しているため標準報酬月額が下がったときは、「厚生年金保険 養育期間標準報酬月額特例申出書・終了届」を提出することで、子どもを養育する前の標準報酬月額に基づく年金額を受け取ることができる措置があます。

1 健康保険・厚生年金保険 育児休業等取得者申出書（新規・延長）／終了届

| 様式コード | 2 2 6 3 | | 健康保険 厚生年金保険 | 育児休業等取得者 申出書(新規・延長)/終了届 | |

令和 　年 　月 　日提出

提出者記入欄

| 事業所整理記号 | 0 2 － ミイ口 |

受付印

届書記入の個人番号に誤りがないことを確認しました。

事業所所在地 　〒 550-0012　大阪市西区立売掘 3-4-X

事業所名称 　三崎口機械株式会社

事業主氏名 　代表取締役 　三崎 　肇

電話番号 　06（ 6XXX ）XXXX

社会保険労務士記載欄　氏 名 等

新規申出の場合は共通記載欄に必要項目を記入してください。

延長・終了の場合は、共通記載欄に育児休業取得時に提出いただいた内容を記入のうえ、A.延長 B.終了の必要項目を記入してください。

≪「⑩育児休業等開始年月日」と「⑪育児休業等終了（予定）年月日の翌日」が同月内の場合≫

・共通記載欄の⑫育児休業等取得日数欄と⑬就業予定日数欄を必ず記入してください。
・同月内に複数回の育児休業を取得した場合は、⑩育児休業等開始年月日欄に、初回の育児休業等開始年月日を、⑪育児休業等終了予定年月日欄に最終回の育児休業等終了予定年月日を記入のうえ、C.育休等取得内訳を記入してください。

共通記載欄（新規申出）

| ① 被保険者整理番号 | 57 | 個人番号[基礎年金番号] | 6 0 8 2 7 6 2 5 3 0 2 X |

| ③ 被保険者氏名 | (フリガナ) シマダ ハルカ (氏)島田 (名)遥香 | ④ 被保険者生年月日 | 5.昭和 7.平成 9.令和 | X X 0 3 0 3 | ⑤ 被保険者性別 1.男 ②女 |

| ⑥ 養育する子の氏名 | (フリガナ) シマダ アユム (氏)島田 (名)歩 | ⑦ 養育する子の生年月日 | 9.令和 | X X 0 4 2 6 |

| ⑧ 区分 | ①実子 2.その他 ※「2.その他」の場合は、⑨養育開始年月日も記入してください。（実子以外） | ⑨ 養育開始年月日（実子以外） | 9.令和 | 　年　月　日 |

| ⑩ 育児休業等開始年月日 | 9.令和 | X X 0 6 2 2 | ⑪ 育児休業等終了（予定）年月日 | 9.令和 | Y Y 0 4 2 5 |

| ⑫ 育児休業等取得日数 | ⑬ 就業予定日数 | ⑭ パパママ育休プラス該当区分 □ 該当 | ⑮ 備考 |

A.延長 終了予定日を延長する場合　※必ず共通記載欄も記入してください。

| ⑯ 育児休業等終了（予定）年月日（変更後） | 9.令和 | 　年　月　日 | ※延長後の「⑯育児休業等終了（予定）年月日の翌日」が「⑩育児休業等開始年月日」と同月内の場合は、⑰変更後の育児休業等取得日数欄も記入してください。 | ⑰ 変更後の育児休業等取得日数 |

B.終了 予定より早く育児休業を終了した場合　※必ず共通記載欄も記入してください。

| ⑱ 育児休業等終了年月日 | 9.令和 | 　年　月　日 | ※「⑱育児休業等終了年月日の翌日」が「⑩育児休業等開始年月日」と同月内の場合は、⑲変更後の育児休業等取得日数欄も記入してください。 | ⑲ 変更後の育児休業等取得日数 |

C.育休等取得内訳 「育児休業等開始年月日」と「育児休業等終了（予定）年月日の翌日」が同月内、かつ複数回育児休業等を取得する場合　※必ず共通記載欄も記入してください。

		育児休業等開始年月日		育児休業等終了（予定）年月日		育児休業等取得日数	就業予定日数
1	育児休業等開始年月日 9.令和		育児休業等終了（予定）年月日 9.令和				
2	育児休業等開始年月日 9.令和		育児休業等終了（予定）年月日 9.令和				
3	育児休業等開始年月日 9.令和		育児休業等終了（予定）年月日 9.令和				
4	育児休業等開始年月日 9.令和		育児休業等終了（予定）年月日 9.令和				

（注）　記載例は、健康保険・厚生年金保険 産前産後休業取得者申出書/変更（終了）届（出産後に申出をする場合）に引き続き子が1歳の誕生日の前日まで育児休業の申し出をする場合です。

196

被保険者が育児休業を取得し、事業主が申し出ると、健康保険・厚生年金保険の保険料が育児休業等開始月から終了予定日の翌日の属する月の前月まで、保険料が免除されます。また、同一月に育児休業等開始日と終了日がある月は 14 日以上育児休業等を取得した場合も免除となります。

賞与・期末手当等にかかる保険料についても免除されますが、賞与支払月の末日を含んだ連続した 1 か月を超える育児休業等を取得した場合に限り免除の対象となります。

● 共通記載欄（新規申出）の記入方法（①〜⑪欄。⑫〜⑭欄は該当する場合）

・①被保険者整理番号、②個人番号、③被保険者氏名、④被保険者生年月日、⑤性別、⑥養育する子の氏名と⑦養育する子の生年月日を記入します。

【⑧区分】 実子であれば「1.実子」を、実子でないときは「2.その他」を〇で囲みます。「2.その他」を選んだ場合のみ、⑨欄に、実際に養育開始した年月日を記入します。

【⑩育児休業等開始年月日、⑪育児休業終了予定年月日】 ⑩と⑪欄は次の期間内で従業員が申出をした期間を記入します。

育児休業の期間	⑩育児休業等開始年月日 （もっとも早い育児休業開始日） ⑳・㉔・㉘・㉜	⑪育児休業終了（予定）年月日 （最も遅い終了日） ㉑・㉕・㉙・㉝
０歳から１歳まで	実子を出産した母 子の生年月日から起算して 58 日目（例示 XX 年 6 月 22 日） 父 出産予定日又は出産日から ⑧欄で「2.その他」を選択したとき、養育を開始した日（⑨欄の日）	1 歳の誕生日の前日 （例示 YY 年 4 月 25 日） （注） パパママ育休プラスは、1 歳 2 か月に達する日までの 1 年間
産後パパ育休 （出産時育児休業）	出産日又は出産予定日のいずれか早い方	子の生年月日から起算して 57 日目（例示 XX 年 6 月 21 日）までの内の 4 週間まで（2 回に分割取得可能）
１歳から１歳６か月まで	1 歳の誕生日 （例示 YY 年 6 月 26 日）	1 歳 6 か月目の前日まで （例示 YY 年 12 月 25 日）
１歳６か月から２歳まで	1 歳 6 か月目 （例示 YY 年 12 月 26 日）	2 歳の誕生日の前日まで （例示 ZZ 年 6 月 25 日）
１歳から３歳までの子を養育するための育児休業に準ずる期間	1 歳の誕生日	3 歳誕生日前日まで（最大）
「A 延長」「B 終了」の届出をする場合	最初に育児休業等の申出書を提出した際に記入した日	

（注 1） 1 歳 6 か月、2 歳までの育児休業は、被保険者又は配偶者のどちらかが 1 歳到達時、1 歳 6 か月到達時に育児休業をしていることが必要です。

（注 2） かっこ内は、例示の誕生日（「父など」の場合は出産予定日）を基準にした日になります。XX 年→ YY 年→ ZZ 年と、年次が重なって行きます。

【⑫育児休業取得日数、⑬就業予定日数】 この２つの項目は、育児休業等開始日と終了日の翌日が同一月にある場合に記入します。

・【⑫育児休業取得日数】 「育児休業等開始年月日」から「育児休業等終了（予定）年月日」までの日数（出生時育児休業にあっては「就業予定日数」を差し引いた日数）を記入します。

・【⑬就業予定日数】 出産児育児休業では、育児休業期間中に就労が可能ですから、その際の就業予定日数を記入します。このとき、就業予定期間を時間単位で定めた場合は、期間内の就業予定時間数を一日の所定労働時間数で除した数（小数点以下切り捨て）を記入してください。なお、出生時育児休業ではない場合には、「０日」と記入します。

例示：出産時育児休業期間中に、半日（４時間）労働を３回する予定

$$4 時間 \times 3 日 = 12 時間$$

$$12 時間 \div 8 時間（１日の所定労働時間） ＝ 1.5 日 \rightarrow 1 日と記入$$

【⑭その他】 パパママ育休プラスに該当する場合は、「該当」にチェックを入れます。

（注） 同一月に、複数回育児休業等の取得と終了日の翌日がある育児休業を、複数回取得する場合は、「C育児休業等取得内訳」も記入します。

● A.変更（終了予定日を延長するとき）の記入

・共通事項記載欄（①～⑭）は、最初に申出したとおりに記入します。

【⑯育児休業等終了（予定）年月日（変更後）】 変更後の終了予定日を記入します。

申出された際の育児休業等開始日時点で、養育する子が１歳未満だった場合は１歳誕生日前日、１歳に到達していた場合は１歳６か月目の前日、２歳又は３歳誕生日の前日以前の日付を記入します。

（注） 例えば、０歳から１歳の区分で当初「子の生年月日から起算して58日目から８か月まで」の期間を申し出ていたが、「１歳に達するまで」の期間に変更するような場合が、これに該当します。

【⑰変更後の育児休業等取得日数】 ⑫欄に準じて記入します。

● B.終了（予定より早く育児休業を終了するとき）の記入

・共通事項記載欄（①～⑭）は、最初に申出したとおりに記入します。

【⑭育児休業等終了年月日】 実際に育児休業等を終了した日付を記入します。ただし、育児休業終了年月日が、申出された際に記入した終了予定日と同日の場合、あるいは、引き続き「健康保険・厚生年金保険産前産後休業取得申出書」を提出する場合は、終了届の提出の必要ありません。

【⑲変更後の育児休業等取得日数】 ⑫欄に準じて記入します。

● C.育児休業取得内訳（同月内に複数回育児休業等を取得する場合）の記入

育児休業等開始日と育児休業等終了日の翌日が同一月内で、複数回に分割して取得する場合にのみ記入します。

C.育児休業取得内訳欄	参照項目（欄）
⑳㉔㉘㉜ 育児休業等開始年月日	⑩ 育児休業等開始年月日
㉑㉕㉙㉝ 育児休業終了（予定）年月日	⑪ 育児休業終了（予定）年月日
㉒㉖㉚㉞ 育児休業取得日数	⑫ 育児休業取得日数
㉓㉗ 就業予定日数	⑬ 就業予定日数

（注）　同一月内に育児休業等開始日と育児休業等終了日がある育児休業の場合、14日以上の育児休業でないときは、保険料免除されません。そのための確認事項になります。

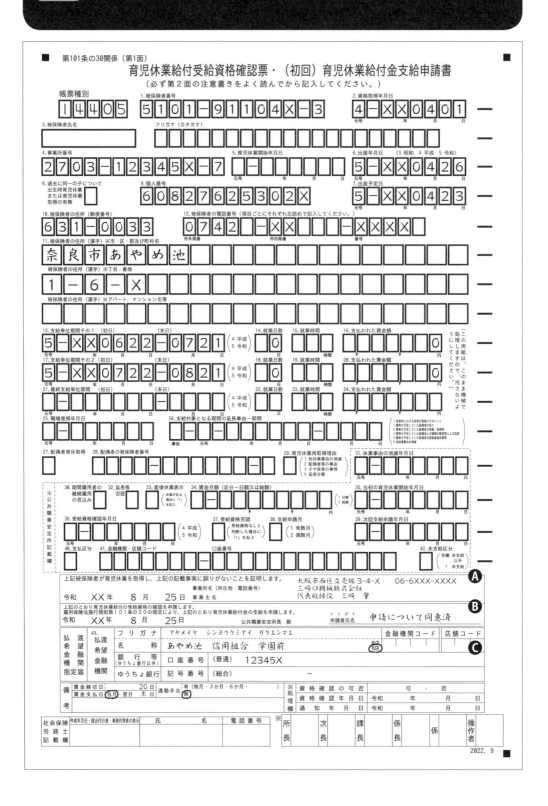

■ 第101条の30関係（第1面）

育児休業給付受給資格確認票・（初回）育児休業給付金支給申請書

（必ず第2面の注意書きをよく読んでから記入してください。）

帳票種別 `14405`

1. 被保険者番号 `5101－91104X－3`

2. 資格取得年月日 `4－XX0401`

3. 被保険者氏名　　　　フリガナ（カタカナ）

4. 事業所番号 `2703－12345X－7`

5. 育児休業開始年月日 `－`

6. 出産年月日（3 昭和 4 平成 5 令和）`5－XX0426`

8. 過去に同一の子について 出生時育児休業 または育児休業 取得の有無

9. 個人番号 `60827625302X`

7. 出産予定日 `5－XX0423`

10. 被保険者の住所（郵便番号）`631－0033`

12. 被保険者の電話番号（項目ごとにそれぞれ詰めて記入してください。）`0742－XX－XXX`
市外局番　市内局番　番号

11. 被保険者の住所（漢字）※市・区・郡及び町村名
`奈良市あやめ池`

被保険者の住所（漢字）※丁目・番地
`1－6－X`

被保険者の住所（漢字）※アパート、マンション名等

13. 支給単位期間その1（初日）`5－XX0622`（末日）`－0721`（4 平成 5 令和）

14. 就業日数 `0`

15. 就業時間

16. 支払われた賃金額 `0`

17. 支給単位期間その2（初日）`5－XX0722`（末日）`－0821`（4 平成 5 令和）

18. 就業日数 `0`

19. 就業時間

20. 支払われた賃金額 `0`

21. 最終支給単位期間（初日）（末日）（4 平成 5 令和）

22. 就業日数

23. 就業時間

24. 支払われた賃金額

25. 職場復帰年月日

26. 支給対象となる期間の延長事由－期間
事由　元号

27. 配偶者育休取得

28. 配偶者の被保険者番号

29. 育児休業再取得理由
1 他休業事由の消滅
2 配偶者等の事由
3 子や保育の事情
4 延長交替

31. 休業事由の消滅年月日

※公共職業安定所記載欄

30. 期間雇用者の継続雇用の見込み

32. 延長等否認

33. 産後休業表示（休業がある場合に「1」を記入）

34. 賃金月額（区分－日額又は総額）（1 日額 2 総額）

35. 当初の育児休業開始年月日

36. 受給資格確認年月日（4 令和 5 令和）

37. 受給資格否認（受給資格なしと判断した場合に「1」を記入）

38. 支給申請月（1 奇数月 2 偶数月）

39. 次回支給申請年月日

40. 支払区分

41. 金融機関・店舗コード　口座番号

42. 未支給区分（空欄 未支給以外 1 未支給）

上記被保険者が育児休業を取得し、上記の記載事実に誤りがないことを証明します。
事業所名（所在地・電話番号）
令和 XX 年 8 月 25 日 事業主名
大阪市西区立売堀3-4-X 06-6XXX-XXXX
三崎口機械株式会社 代表取締役 三崎 肇 **A**

上記のとおり育児休業給付の受給資格の確認を申請します。
雇用保険法施行規則第101条の30の規定により、上記のとおり育児休業給付金の支給を申請します。
令和 XX 年 8 月 25 日 公共職業安定所長 殿
申請者氏名 フリガナ 申請について同意済 **B**

43. 払渡希望金融機関指定届
フリガナ アヤメイケ シンヨウクミアイ ガクエンマエ
名称 あやめ池 信用組合 学園前 本店・（支店）
銀行等（ゆうちょ銀行以外）口座番号（普通）12345X
ゆうちょ銀行 記号番号（総合）－
金融機関コード　店舗コード **C**

備考 賃金締切日 20 日 賃金支払日 当月・翌月 末日 通勤手当 有（毎月・3か月・6か月・ ）無

※処理欄 資格確認の可否 可・否 資格確認年月日 令和 年 月 日 通知 年 月 日 令和 年 月 日

社会保険労務士記載欄 作成年月日・提出代行者・事務代理者の表示 氏 名 電話番号

※所長 次長 課長 係長 係 操作者

2022. 9

被保険者が育児休業等を取得し、育児休業給付金の支給を受けるときに、育児休業を開始した日から起算して4か月を経過する日の末時までに申請します。

● 記入方法

1. 被保険者番号欄から7. 出産年月日まで、12. 電話番号を記入します。

【3. 被保険者氏名】 氏名変更があった場合のみ記入します（通常は空欄）。

【5. 育児休業開始年月日】 育児休業を開始した日を記入します。ただし、女性被保険者で、労働基準法の規定により産後休業に引き続いて育児休業を取得したときは、記入する必要はありません（6. 欄から育児休業開始年月日がわかるため）。

【8. 過去に同一の子について出生時育児休業または育児休業取得の有無】 同一の子について、過去に出生時育児休業又は育児休業取得をている場合は、「1」を記入します（取得をしていなければ記入不要）。

【9. 個人番号】 被保険者のマイナンバーを記入します。ただし、過去に同一の子について、過去に出生時育児休業又は育児休業取得をしたことがあり、マイナンバーをを登録している場合は記入は不要です。

【10. 被保険者の住所（郵便番号）、11. 被保険者の住所（漢字）】 被保険者の郵便番号、住所を記入します。住所は、1行目が市町村及び町名まで、2行目に丁目・番地まで、3行目にはマンション名、部屋番号等に分けて記入します。また、過去に同一の子について、過去に出生時育児休業又は育児休業取得をしたことがあり、そのときに登録した住所から変更がないときは、記入は不要です。

(注) 育児休業の受給資格確認に使用する場合は、ここまで記入して、事業主証明欄（**Ⓐ**）、申請人の署名（**Ⓑ**）、払渡口座の情報（**Ⓒ**）を記入（15. 支給単位期間欄から29. 育児休業再取得理由欄までの記入は不要）して、被保険者休業開始時賃金月額証明書と共に提出し、受給資格の確認を受けます。なお、「（初回）育児休業給付金支給申請書」を取り消し線で抹消します。

【13. 及び17. 支給単位期間(*)】 それぞれの支給期間の初日と末日を記入します。

13欄の初日は育児休業を開始した日、末日は1か月目の日。17欄の初日は育児休業を開始した日の1か月後の応当日、末日は同じく初日から1か月目の日を記入します。

* 支給単位期間とは、育児休業を開始した日から1か月ごと（最後の支給単位期間は、育児休業終了日まで）に区切った期間をいいます。

【14. 及び18. 就業日数、15. 及び19. 就業時間】 13及び17欄の支給単位期間において、就業した日数及び時間を記入します（他の事業所で就業した分も含む）。

なお、15. 及び19. の就業時間については、就業日数が11日未満の場合は記載不要ですが、11日以上ある支給単位期間の場合は、それぞれの支給単位期間における労働時間を記入し、申請時にタイムカード等を提出し就労時間が80時間以下であることの確認を受けます。

例示：上段…就業日数 11 日未満、下段…就業日数 11 日以上就労時間 80 時間以下の例

13. 支給単位期間その 1 (初日)	(末日)	14. 就業日数	15. 就業時間	16. 支払われた賃金額
5 － X X 0 6 2 2 － 0 7 2 1 (4 平成 / 5 令和)		0		0 円

（元号・年・月・日／月・日）

17. 支給単位期間その 2 (初日)	(末日)	18. 就業日数	19. 就業時間	20. 支払われた賃金額
5 － X X 0 7 2 2 － 0 8 2 1 (4 平成 / 5 令和)		1 1	7 3	7 3 0 0 0 円

（元号・年・月・日／月・日）

【16. 及び 20. 支払われた賃金額欄】 13、17 欄の支給単位期間において、支払われた賃金の額を記入します。ただし、支給対象期間中に支払われた賃金であっても、育児休業の期間以外の期間を対象とした賃金は記入する必要はありません。

P O I N T

育児休業給付金の支給要件

育児休業給付金は、次の要件を満たしているときに支給されます

a． 支給単位期間（13 欄、17 欄）の初日から末日まで継続して被保険者資格を有していることが求められます。そのため、支給単位期間の途中で退職した場合は、その支給期間は育児休業給付金の支給は行われません。

（注） 被保険者が死亡した場合は、死亡した日までの育児休業給付金が支給されます。

b． 支給単位期間と就労日数が 10 日以下であること。10 日を超える場合には、公共職業安定所長が就業をしていると認める時間が 80 時間以下であることが、タイムカード等で確認できる場合に限ります。

（注） 職場復帰に伴う育児休業終了等により、1 か月に満たない支給単位期間については、就労日数が 10 日以下（10 日を超える場合にあっては、就業していると認められる時間が 80 時間以下）かつ育児休業による全日休業日が 1 日以上あれば、当該要件を満たします。また、この全日休業日には、日曜日・祝祭日のような事業所の所定労働日以外の日を含みます。

c． 支給単位期間に支給された賃金額が、休業開始時の賃金月額の 80% 未満であること。ここでいう、「支給単位期間に支給された賃金額」とは、支給期間内に支払日のあるものをいい、育児休業期間外を対象としている賃金や賃金対象期間が不明確なものは含めません。

【21. 最終支給単位期間〜24. 支払われた賃金額】 申請時点ですでに育児休業が終了し、最終支給単位期間を含む 3 か月分について申請する場合にのみ記入します。

【25. 職場復帰年月日】 育児休業を終了し職場復帰した日を記入します。ただし、受給資格確認のみ行う場合や、育児休業が終了しておらず、職場復帰していない場合は記入する必要はありません。

【27. 配偶者育休取得】 パパ・ママ育休プラス制度により、育児休業に係る子が 1 歳以後 1 歳 2 か月未満までの期間も育児休業を取得する場合に、「1」を記入し、配偶者の被保険者番号を 28 欄に記入します（配偶者が公務員や被保険者でない場合は、空欄）。

【26. 支給対象となる期間の延長事由-期間】 育児休業の支給対象になっている同一の子について、1 歳に達する日又は 1 歳 6 か月に達する日の後の期間に保育所における保育の実施が行われない等の理由がある場合に記入します。

育児休業を延長する理由（*）の番号、及び、延長期間の始期（過去に同一の子について、過去に出生時育児休業又は育児休業取得をしている場合は、1 歳又は 1 歳 6 か月に達する日）を記入し、延長の理由を確認する書類を添付します。

（注）　延長の理由を確認する書類は、「3　雇用保険　育児休業給付金支給申請書（2回目以後の申請）」を参照してください。

【29. 育児休業再取得理由(＊)】　育児休業の支給対象になっている同一の子について、再度育児休業する場合に、取得回数制限の例外がある場合に、該当する番号を記入します。

＊　26欄配偶者の延長となる理由・29欄　育児休業再取得理由

26欄	29欄	理　　　　　由
1	3	保育所における保育が実施されないこと
2	2	養育を予定していた配偶者の死亡
3		養育を予定していた配偶者の負傷・疾病
4		養育を予定していた配偶者との婚姻の解消等による別居
5		育を予定していた配偶者の産前産後休業等
6	1	他の休業事由の消滅
	5	延長交代

【延長交代の記入例（26欄、29欄）】　29欄には「5」を、育児休業開始日（元号：令和「5」）を記入します。

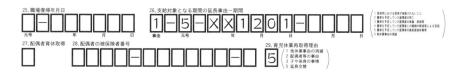

● 事業主・被保険者欄の記入方法

【Ａ】　事業所名（所在地・電話番号）、事業主氏名を記入します。必ず、事業主が証明した日付も必ず記入してください。

【Ｂ】　申請者氏名欄は、被保険者本人が署名します。また、申請者が申請した日付も必ず記入します。ただし、次の確認書 / 同意書があれば被保険者の署名を省略することができます。

参考：記載内容に関する確認書／申請等に関する同意書（見本）

記載内容に関する確認書
申請等に関する同意書
（育児休業給付用）

令和XX年5月1日

私は、下記の事業主が行う

記

☑　雇用保険被保険者休業開始時賃金月額証明書の提出について同意します。

☑　育児休業給付の受給資格の確認の申請について同意します。

☑　雇用保険法施行規則第101条の30・第101条の33の規定による育児休業
　　給付の支給申請について同意します（今回の申請に続く今後行う支給申請を
　　含む。）。

（該当する項目にチェック。複数項目にチェック可）

※　本同意書の保存期限は、雇用保険法施行規則第143条の規定により本継続
給付に係る完結の日から4年間とします。

事業所名称　　　三崎口機械株式会社

事業主氏名　　　代表取締役　三崎　肇

被保険者番号　　5101-91104X-3

被保険者氏名　　島田遥香

以上

（注）　この同意書はハローワークには提出する義務はありませんが、雇用継続給付の受給が終わった
　　　日から4年間の保存義務があり、保存していない場合や同意を得ずに署名の省略を行うと、雇用
　　　保険法による罰則の適用があります。
【❻】　育児休業給付金の受け入れ金融機関の名称・支店名、口座番号（被保険者名義）を記入
します。
【備考欄】　賃金締切日、支払日、通勤手当の有無、「有」の場合は支払い状況を記入します。前
事業所を離職し、1日の空白もなく再就職した場合等は、備考欄に前事業所に係る賃金額を記
入するとともに、当該前事業主の証明印を押印してもらうことで、引き続き育児給付金の支給
を受けることができます。

3 雇用保険 育児休業給付金支給申請書（2回目以後の申請）

（表面）

■ 様式第33号の8（第101条の30関係）（第1面）

育児休業給付金支給申請書
（必ず第2面の注意書きをよく読んでから記入してください。）

帳票種別 `1 2 4 0 6`　支給申請期間 `XX0922-XX1231`　(A) 名 `シマダ　ハルカ`　1. 被保険者番号 `5501-911040-3`

2. 資格取得年月日 `4-XX0401`　3. 育児休業開始年月日 `5-XX0622`　支給単位期間その1（初日ー末日）(B) `XX0922-XX1021`　支給単位期間その2（初日ー末日）(C) `XX1022-XX1121`

事業所番号 `2703-12345X-7`　管轄区分 `0`　支給終了年月日　出産年月日 `XX0426`　前回処理年月日 `XX0825`

4. 被保険者氏名　フリガナ（カタカナ）

5. 支給単位期間その1（初日）（末日）(B) `5 - X X 0 9 2 2 - 1 0 2 1` 元号 年 月 日 （4 平成 5 令和）　6. 就業日数 `0`　7. 就業時間 （時間）　8. 支払われた賃金額 `0` 円

9. 支給単位期間その2（初日）（末日）(C) `5 - X X 1 0 2 2 - 1 1 2 1` 元号 年 月 日 （4 平成 5 令和）　10. 就業日数 `0`　11. 就業時間 （時間）　12. 支払われた賃金額 `0` 円

13. 最終支給単位期間（初日）（末日）元号 年 月 日 （4 平成 5 令和）　14. 就業日数　15. 就業時間 （時間）　16. 支払われた賃金額 円

17. 職場復帰年月日 元号 年 月 日　18. 支給対象となる期間の延長事由ー期間 事由 元号 年 月 日

19. 配偶者育休取得　20. 配偶者の被保険者番号　21. 次回支給申請年月日 元号 年 月 日　22. 延長等否認　23. 未支給区分（空欄 未支給以外 1 未支給）

その他賃金に関する特記事項
24.
25.

（裏面）

様式第33号の8（第101条の30関係）（第2面）

上記の記載事実に誤りがないことを証明します。
令和 XX 年 11 月 25 日　事業所名（所在地・電話番号）　大阪市西区立売堀3-4-X 三崎口機械株式会社 06-6XXX-XXXX　事業主氏名 代表取締役 三崎 肇

令和　年　月　日　公共職業安定所長 殿　申請者氏名 申請について同意済み

社会保険労務士記載欄｜作成年月日・提出代行者・事務代理者の表示｜氏　名｜電話番号

賃金締切日 20日 賃金支払日 当月・翌月 末日　通勤手当 有（毎月・3か月・6か月・　）・無　雇用期間（1歳6ヵ月後の延長をする場合に記載）イ 定めなし ロ 定めあり→令和 年 月 日まで

※ 所長｜次長｜課長｜係長｜係｜操作者

備考

※支給決定年月日 令和 年 月 日

205

被保険者が育児休業等を取得し、2回目以後の育児休業給付金の支給を受けるときは、育児休業給付金支給申請書に記載された支給申請期間（Ⓐ）内に申請します。

● 表面の記入方法

【支給単位期間】 5.支給単位期間はⒷの期間を、9.支給単位期間はⒸの期間を記入し、それぞれの支給単位期間の就業日数（就業日数が11日以上のときは、就労時間も）、支給単位期間に支払われた賃金を記入します

(注1) 13.最終支給単位期間～20.配偶者の被保険者番号までの記入方法は、初回申請と同じです（「2 雇用保険 育児休業給付受給資格確認票・（初回）育児休業給付金支給申請書」参照）。

(注2) 通常はこの後、裏面の記入へ移ります。

【13. 最終支給単位期間】 申請時点（Ⓐの期間内）で最後の支給単位期間が終了している場合、又は最後の支給単位期間を単独で申請する場合に使用します。

最後の支給単位期間、期間の就業日数、支払われた賃金を記入し、17.職場復帰年月日（育児休業を終了した日の翌日）を記入します。

【18. 支給対象となる期間の延長事由−期間】 子の育児休業を、1歳6か月、2歳に至るまで延長する場合に使用します。

「事由」には次の事由の番号を、延長する期間（1歳に達する日から1歳6か月に達する日の前日、1歳か月に達する日から2歳に達する日の前日）を記入します。

	事　　由	延長申請時の添付書類
1	保育所における保育が実施されてないこと	保育が実施されてない旨の市町村が発行する証明書 (注) 認可保育所の入所希望日は1歳の誕生日前又は1歳6か月以前であることが必要です。
2	養育を予定してた配偶者の死亡	住民票の写しと母子健康手帳など
3	養育を予定してた配偶者の負傷・疾病等	医師の診断書
4	養育を予定していた配偶者との婚姻の解消等による別居	住民票の写しと母子健康手帳など
5	養育を予定していた配偶者の産前産後休業等	産前産後に係る母子健康手帳など

(注1) 1歳に達する日は1歳の誕生日の前日です。以下、1歳6か月に達する日、2歳に達する日も同様に考えます。

(注2) 元号は、令和が「5」です。

● 裏面の記入方法

事業主・被保険者欄は、初回申請と同様に記入します（「2　雇用保険育児休業給付受給資格確認票・（初回）育児休業給付金支給申請書」参照）。

■ 第101条の33関係（第1面）

育児休業給付受給資格確認票・出生時育児休業給付金支給申請書

（必ず第2面の注意書きをよく読んでから記入してください。）

帳票種別 `1 0 4 0 7`　1.被保険者番号 `5 7 2 0 - 4 6 5 5 6 X - 3`　2.資格取得年月日 `4 - X X 0 6 2 7` —
元号　年　月　日

3.被保険者氏名 `　　　　　　　`　フリガナ（カタカナ）`　　　　　　　　　　　　　　　` —

4.事業所番号 `2 7 0 1 - 2 8 0 0 1 X - 9`　5.育児休業開始年月日 `5 - X X 0 5 0 6`　6.出産年月日 `5 - X X 0 4 2 6` —
元号　年　月　日　　元号　年　月　日

8.個人番号 `3 0 8 8 6 8 9 0 4 2 2 X`　7.出産予定日 `5 - X X 0 4 2 3` —
元号　年　月　日
（3 昭和　4 平成　5 令和）

9.被保険者の住所（郵便番号）`6 3 1 - 0 0 3 3` —

10.被保険者の住所（漢字）※市・区・郡及び町村名
`奈 良 市 あ や め 池 南` —

被保険者の住所（漢字）※丁目・番地
`1 - 6 - X` —

被保険者の住所（漢字）※アパート、マンション名等
`　　　　　　　　　　　　　　　　` —

11.被保険者の電話番号（項目ごとにそれぞれ左詰めで記入してください。）
市外局番　　　市内局番　　　番号
`0 7 4 2 - X X X - X X X X` —

12.支給期間その1（初日）　　（末日）	13.就業日数	14.就業時間	15.支払われた賃金額
`5 - X X 0 5 0 6 - 0 5 1 9` （5 令和） 元号　年　月　日　　月　日	`0`	`　　　` 時間	`　　　　　　　0`

16.支給期間その2（初日）　　（末日）	17.就業日数	18.就業時間	19.支払われた賃金額
`5 - X X 0 6 0 8 - 0 6 2 1` （5 令和） 元号　年　月　日　　月　日	`0`	`　　　` 時間	`　　　　　　　0`

※公共職業安定所記載欄

20.期間雇用者の継続雇用の見込み	21.賃金月額（区分－日額又は総額）		22.当初の育児休業開始年月日
`　`	`- 　　　　　　円`	（1 日額 / 2 総額）	元号　年　月　日

23.受給資格確認年月日	24.受給資格否認
`- 　　　　　` （5 令和） 元号　年　月　日	`　` 受給資格なしと判断した場合に「1」を記入

25.支払区分	26.金融機関・店舗コード	口座番号	27.未支給区分
`　`	`　　　　-　　　`	`　　　　　　　`	`　` 空欄 未支給以外 / 1 未支給

上記被保険者が出生時育児休業を取得し、上記の記載事実に誤りがないことを証明します。
令和　XX 年　6 月　30 日　　事業所名（所在地・電話番号）　大阪市中央区今橋 X-X-X　Tel 06-7XXX　梅屋敷製菓 株式会社　事業主名　代表取締役　杉田 大輔

上記のとおり育児休業給付の受給資格の確認を申請します。
雇用保険法施行規則第101条の33の規定により、上記のとおり出生時育児休業給付金の支給を申請します。
令和　XX 年　6 月　30 日　　公共職業安定所長　殿　申請者氏名　フリガナ シマダ ツトム　島田 務

払渡希望金融機関指定届	28.払渡希望金融機関	フリガナ	アヤメ シンヨウクミアイ ガクエンマエ		金融機関コード	店舗コード
		名　称	あやめ 信用組合　　学園前	銀行等	`1 9 9 9`	`0 0 X`
		銀行等（ゆうちょ銀行以外）	口座番号（普通）　44948X			
		ゆうちょ銀行	記号番号（総合）　　　-			

備考	賃金締切日　　20 日　通勤手当 有・無　3か月・6か月・（　　）	※処理欄	資格確認の可否	可　・　否
	賃金支払日　当月・翌月　25 日		資格確認年月日　令和　　年　　月　　日	
			通知　年　月　日　令和　　年　　月　　日	

社会保険労務士記載欄	作成年月日・提出代行者・事務代理者の表示	氏　名	電話番号	※	所長	次長	課長	係長	係	操作者

2022. 9

出生時育児休業給付金は、令和4年10月1日以後に、子の出生日（出産予定日前に子が出生した場合は出産予定日）から8週間を経過する日までの間に、出生時育児休業（最大で28日間、2回に分けて取得可能）を取得したときに、支給されます。

(注)　育児休業給付金は育児休業期間中に申請しますが、この、出生時育児休業給付金は子の出産日の翌日から56日を経過した日の翌日から2か月が経過する月の末日までに申請します。

● 記入方法

　1.被保険者番号欄から11.被保険者の電話番号まで記入します（（初回）育児休業給付金支給申請書の記載と、項目の一部の番号と郵便番号を書く欄の位置が異なるだけで、後はまったく同じです）。また、事業主・被保険者欄、払渡希望金融機関届及び備考欄も同様です。

【Ⓐ】の記入方法

・【12 支給期間その1、16.支給単位期間その2】　出産時育児休業（2回に分割取得するときはそれぞれの期間）の初日と末日を記入します。

　　支給期間は子の出産日（出産予定日以前に生まれたときは予定日）から、出産日から起算して57日目までの日の間で、最大で28日間（2回に分けて）取得が可能です。

　　例示では、出産日予定日がXX年4月23日（実出産4月26日）とした場合、4月23日から6月21日までの間で、最大28日間、出産時育児休業を取得することができます。そこで、1回目の出産時育児休業は5月6日から5月19日までの2週間、2回目は産後休業が終わる日に合わせて、6月8日から6月21日までの2週間を取得した例です（Ⓐ）。

・【13.及び16.就業日数、14.及び18.就業時間】　この欄も、育児休業給付金支給申請書の考え方と同じです。

・【15.及び19.支払われた賃金額欄】　支給期間における就労に対して事業主から支払われた賃金（臨時の賃金、3か月を超える期間ごとに支払われる賃金を除く）の額を記入します。

(注)　申請者氏名欄は、被保険者の同意（204ページ）があれば「申請について同意済」と記入することで、署名を省略することができます。

様式第10号の2の2（第14条の3関係、第65条の12）

雇用保険被保険者 休業開始時賃金月額証明書（安定所提出用）（介護・育児）
所定労働時間短縮開始時賃金証明書

Ⓐ

① 被保険者番号	5510-91104X-3	③ フリガナ	シマダ ハルカ	④ 休業等を開始した日の年月日	令和 XX 年 6 月 22 日	Ⓑ
② 事業所番号	2703-12345X-7	休業等を開始した者の氏名	島田 遥香			

⑤ 名称	三崎口機械株式会社	⑥ 休業等を開始した者の住所又は居所	〒631-0033 奈良市あやめ池南1－6－X 電話番号（0742）XX － XXXX
事業所所在地	大阪市西区立売堀3-4-X		
電話番号	6-6XXX-XXXX		

Ⓒ

この証明書の記載は、事実に相違ないことを証明します。

事業主	住所	大阪市西区立売堀3-4-X
		三崎口機械株式会社
	氏名	代表取締役 三崎 肇

休業等を開始した日前の賃金支払状況等

⑦休業等を開始した日の前日に離職したとみなした場合の被保険者期間算定対象期間	⑧⑦の期間における賃金支払基礎日数	⑨賃金支払対象期間	⑩⑨の基礎日数	賃金額 ⒶⒷ計			⑫ 備考
休業等を開始した日 6月22日				Ⓐ	Ⓑ	計	
7月22日～休業等を開始した日の前日	0日	6月21日～休業等を開始した日の前日	0日	0			自令和XX年3月13日至令和XX年6月21日101日間出産に係る休業のため賃金の支払いなし
2月22日～ 3月21日	19日	2月21日～ 3月20日	19日	186,668			
1月22日～ 2月21日	31日	1月21日～ 2月20日	31日	245,000			
12月22日～ 1月21日	31日	12月21日～ 1月20日	31日	245,000			
11月22日～ 12月21日	30日	11月21日～ 12月20日	30日	245,000			
10月22日～ 11月21日	31日	10月21日～ 11月20日	31日	245,000			
9月22日～ 10月21日	30日	9月21日～ 10月20日	30日	245,000			
8月22日～ 9月21日	31日	8月21日～ 9月20日	31日	245,000			
7月22日～ 8月21日	31日	7月21日～ 8月20日	31日	245,000			
6月22日～ 7月21日	30日	6月21日～ 7月20日	30日	245,000			
5月22日～ 6月21日	31日	5月21日～ 6月20日	31日	245,000			
4月22日～ 5月21日	30日	4月21日～ 5月20日	30日	245,000			
3月22日～ 4月21日	31日	3月21日～ 4月20日	31日	245,000			
2月22日～ 3月21日	28日	2月21日～ 3月20日	28日	245,000			
月 日～ 月 日		月 日～ 月 日					
月 日～ 月 日		月 日～ 月 日					

Ⓓ Ⓔ Ⓕ

⑬賃金に関する特記事項	休業開始時賃金月額証明書 受理 所定労働時間短縮開始時賃金証明書 令和 年 月 日 （受理番号 号）

⑭（休業開始時における）雇用期間　　☑定めなし　　□定めあり→令和　年　月　日まで（休業開始日を含めて　年　ヵ月）　Ⓖ

※公共職業安定所記載欄	

雇用保険法施行規則第14条の　第1項の規定により被保険者の介護又は育児のための休業又は所定労働時間短縮開始時の賃金の届出を行う場合は、当該賃金の支払の状況を明らかにする書類を添えてください。
本手続は、電子申請による申請が可能です。
なお、本手続について、社会保険労務士が事業主の委託を受け、電子申請により本届書の提出に関する手続を行う場合には、当該社会保険労務士が当該事業主から委託を受けた者であることを証明するものを本届書の提出と併せて送信することをもって、当該事業主の電子署名に代えることができます。

社会保険労務士記載欄	作成年月日・提出代行者・事務代理者の表示	氏名	電話番号

※	所長	次長	課長	係長	係

(49) 2022.10

育児休業給付金・出生時育児休業給付金申請時に受給資格有無と支給額を決定するために、申請に賃金月額を届け出ます。

● 記入方法

休業を開始した日の前日に離職したものとして、被保険者期間算定対象期間と賃金支払対象期間を記入していきます。

【Ⓐ】 育児を○で囲み、①被保険者番号〜⑥休業等を開始した人の住所又は居所を記入します。そして、事業主がこの証明書の記載について、相違ないことを証明（Ⓒ）します。

（注） 介護休業給付金の支給申請する際にも、この「休業開始時賃金月額証明書」を用います。その場合は「介護」を○で囲みます

【Ⓑ】 休業等を開始した年月日を（2か所）記入します。そして、⑦被保険者算定期間欄のⒹにその1か月前の日を記入します。

⑨賃金対象期間のⒺには、休業を開始した日の直前の賃金締切日の翌日（例示：6月20日の翌日）を記入します。

以下、「雇用保険 被保険者離職証明書（賃金額証明欄）」の記入方法と同じです（第5章参照）。

算定対象期間の中に、出産や傷病などで引き続き30日以上賃金の支払いがないとき

算定対象期間の中に、出産や傷病など厚生労働省令で定める事由で引き続き30日以上賃金の支払いがないときは、その期間の記載を省略できますから、〉─〈の上下で期間が連続しないことになります

賃金支払基礎日数が11日以上（受給要件を満たせないときで、賃金支払い基礎日数が10日以下の場合は80時間以上）ある期間が⑦欄は12行、⑨欄は6行以上記入します。

例示：3月13日〜6月21日まで産前産後休業、6月22日より育児休業

賃金締切日：毎月20日

⑦休業等を開始した日の前日離職したとみなした場合の被保険者期間用算定対象期間

⑨賃金支払対象期間

（注） さかのぼった一つの期間に、労働し賃金を受けた期間はすべて記入します。

【Ⓕ】 ⑫備考欄に、賃金の支払いがなかった期間とその期間の総日数、支払われなかった理由を記入します。

【Ⓖ】 ⑭（休業開始時における）雇用期間は、必ず記入します。なを、有期労働契約の場合は、雇用契約期間の末日及び休業開始日までの雇用期間を記入します（育児・介護休業法上、育児休業を取得できる被保険であることの確認をするため）。

6 健康保険・厚生年金保険 育児休業等終了時報酬月額変更届

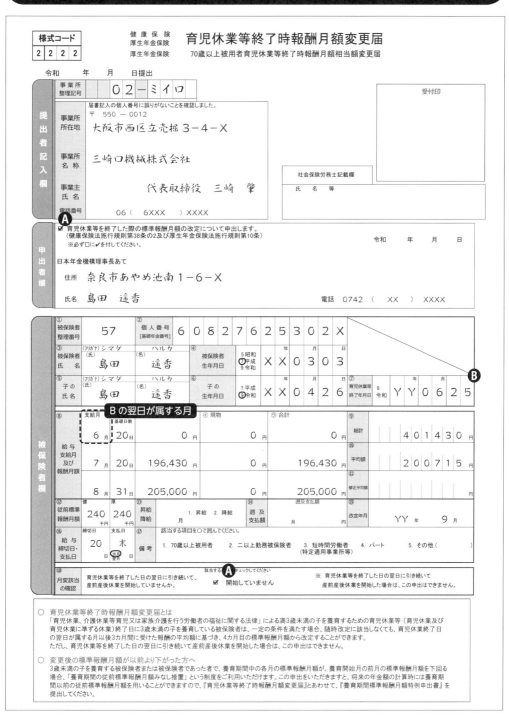

○ 育児休業等終了時報酬月額変更届とは
「育児休業、介護休業等育児又は家族介護を行う労働者の福祉に関する法律」による満3歳未満の子を養育するための育児休業等（育児休業及び育児休業に準ずる休業）終了日に3歳未満の子を養育している被保険者は、一定の条件を満たしている場合、随時改定に該当しなくても、育児休業終了日の翌日が属する月以後3カ月間に受けた報酬の平均額に基づき、4カ月目の標準報酬月額から改定することができます。
ただし、育児休業等を終了した日の翌日に引き続き産前産後休業を開始した場合は、この申出はできません。

○ 変更後の標準報酬月額が以前より下がった方へ
3歳未満の子を養育する被保険者または被保険者であった者で、養育期間中の各月の標準報酬月額が、養育開始月の前月の標準報酬月額を下回る場合、「養育期間の従前標準報酬月額みなし措置」という制度をご利用いただけます。この申出をいただきますと、将来の年金額の計算には養育期間以前の従前標準報酬月額を用いることができますので、『育児休業等終了時報酬月額変更届』とあわせて、『養育期間標準報酬月額特例申出書』を提出してください。

(注)　3歳未満の子を養育する被保険者又は被保険者であった者で、養育期間中の各月の標準報酬月額が、養育開始月の前月の標準報酬月額を下回る場合には、養育期間標準報酬月額特例申出書を提出することで、将来の年金額の計算時に養育期間以前の従前標準報酬月額を用いることができます。

211

育児休業等が終了し、職場復帰した月から3か月を平均し、標準報酬月額を算定した結果、1等級以上の変動があったときは速やかに届け出ます。

● 申出者欄の記入方法

この申し出は、被保険者が事業主を経由して提出するものですから、「申出者欄」には、育児休業を終えた被保険者の住所、氏名並びに電話番号を記入します。なお、チェック欄が2か所（Ⓐ）ありますから、チェックをするのを忘れないでください。

（注）　育児休業を終了し職場復帰した日に、産前産後休業をしているときは、本申出ができないので、⑱欄のチェック欄は、その確認をするためですので、該当しなければチェックをするのを忘れないようにしてください。

● 被保険者欄の記入法方法

①～⑦は、「健康保険・厚生年金保険 育児休業等取得者申出書/変更（終了）届」に記入したものと同じ内容を、該当する番号に記入します。

【⑧給与支給月及び報酬月額】　被保険者報酬月額算定基礎届（2章参照）に準じて記入してください。算定期間は、⑦欄の翌日（育児休業等が終了し、職場復帰した日）が属する月から起算して3か月です。この算定期間の3か月の間に少なくとも1か月における給与計算の基礎日数が17日$^{(*)}$（短時間労働者は11日、パートは15日）以上であることが必要です。

＊　被保険者報酬月額算定基礎届と同様に、17日（短時間労働者は11日、パートは15日）未満の月は除外して平均します。そのため、全期間17日未満の月であれば、報酬月額の算定できなくなるため、17日以上の月が1か月必要になります。

例示：算定期間は、産前産後休業から職場復帰した日（XX年6月26日）が属する月から、3か月間が算定期間（6月～8月）

賃金計算期間は毎月20日、賃金支払日当月末日、月所定労働日数21日、月給制

支給月	賃金支払日	賃金計算期間	給与計算の基礎日数	支給支払額
6月	6月30日	5月21日～6月20日	0日	0円
7月	7月31日	6月21日～7月20日	20日（1日欠勤控除）	196,430円
8月	8月31日	7月21日～8月20日	全出勤	205,000円

【⑫従前標準報酬月額】　育児休業等を開始する前の標準報酬月額を記入します。

【⑬昇給降給】　昇給又は降給があったときは、月を記入し、該当する昇給または降給の区分を○で囲みます。

【⑭遡及支払】　算定期間内に遡及支払があった場合は、その月と遡及支払額を記入します。その額を加味し再計算した額を、⑪修正平均額欄に記入します。

【⑮改定年月日】　⑦欄の翌日（育児休業等が終了し、職場復帰した日）が属する月から起算して4か月目の年月を記入します（例示では6月から4か月目の9月）。

（注）　育児休業等が終了した日の翌日が属する月から起算して4か月目に改定されます（実際に給料から控除されるのは5か月目から）。

【⑯給与締切日・支払日】 それぞれ記入します（例示では、毎月 20 日締め切り、当月末日の支払い）。

【⑰備考欄】 該当すれば、その項目を○で囲みます。

　⑧欄に記入したの月から改定月の前の月までに被保険者区分（一般から短時間労働者又はその逆）に変更があった場合は、備考欄「5.その他」欄を○で囲み、「被保険者区分変更後の賃金が支払われた月」及び「変更後の被保険者区分」を記入します。（例：6 月に一般から短時間労働者に変更となった場合は、備考欄に「6 月短時間」と記入）。

様式コード			
2	2	6	7

厚生年金保険　**養育期間標準報酬月額特例**
申出書・終了届

令和　　年　　月　　日提出

提出者記入欄

事業所整理記号	０２－オイロ

受付印

届書記入の個人番号に誤りがないことを確認しました。

事業所所在地	〒 550 － 0012　大阪市西区立売掘３－４－Ｘ
事業所名称	三崎口機械株式会社
事業主氏名	代表取締役　三崎　肇
電話番号	06（　6XXX　）XXXX

社会保険労務士記載欄

氏　名　等

申出者欄

この申出書(届書)記載のとおり申出(届出)します。　日本年金機構理事長あて　　　　令和　　年　　月　　日

住所	奈良市あやめ池南１－６－Ｘ
氏名	島田　遥香

電話　0742（　XX　）XXXX

共通記載欄に加え、申出の場合は　A.申出 、終了の場合は　B.終了　の欄にも必要事項を記入してください。
また、上部の申出者欄に記入してください。

共通記載欄

① 被保険者整理番号	57	② 被保険者個人番号[基礎年金番号]	6 0 8 2 7 6 2 5 3 0 2 X

③ 被保険者氏名	(フリガナ) シマダ (氏) 島田	(名) ハルカ 遥香	④ 被保険者生年月日	5.昭和 ⑦平成 9.令和	年 XX 月 03 日 03	⑤ 被保険者性別 1. 男 ②女

⑥ 養育する子の氏名	(フリガナ) シマダ (氏) 島田	(名) アユム 歩	⑦ 養育する子の生年月日	7.平成 ⑨令和	年 XX 月 04 日 26	

⑧ 養育する子の個人番号	8 2 4 6 2 1 1 2 5 1 2 X

養育特例の申出をする場合

A.申出

⑨ 過去の申出の確認	⑥の子について、初めて養育特例の申出をしますか。	①はい　2.いいえ	⑩ 事業所の確認	現在勤務されている事業所と、⑥の子を養育し始めた月の前月に勤務していた事業所は同じ事業所ですか。	①はい　2.いいえ

⑪ 該当月に勤務していた事業所	⑩で 2.いいえ を選択された方⑥の子を養育し始めた月の前月に勤務していた事業所を記入してください。(勤務していなかった場合は、過去1年以内の直近の月に勤務していた事業所を記入してください)	事業所所在地(船舶所有者住所)	〒　　－
		事業所名称(船舶所有者氏名)	

⑫ 養育開始年月日	7.平成 ⑨令和	年 XX 月 04 日 26	⑬ 養育特例開始年月日	7.平成 ⑨令和	年 YY 月 06 日 26	⑭ 備考

養育特例を終了する場合

B.終了

⑮ 養育特例開始年月日	7.平成 9.令和	年 月 日	⑯ 養育特例終了年月日	7.平成 9.令和	年 月 日	⑰ 備考

○ 養育期間標準報酬月額特例とは

次世代育成支援の拡充を目的とし、子どもが3歳までの間、勤務時間短縮等の措置を受けて働き、それに伴って標準報酬月額が低下した場合、子どもが生まれる前の標準報酬月額に基づく年金額を受け取ることができる仕組みが設けられたものです。被保険者の申出に基づき、より高い従前の標準報酬月額をその期間の標準報酬月額とみなして年金額を計算します。養育期間中の報酬の低下が将来の年金額に影響しないようにするための措置です。従前の標準報酬月額とは養育開始月の前月の標準報酬月額を指しますが、養育開始月の前月に厚生年金保険の被保険者でない場合には、その月前1年以内の直近の被保険者であった月の標準報酬月額が従前の報酬月額とみなされます。その月前1年以内に被保険者期間がない場合は、みなし措置は受けられません。
（対象期間　：　3歳未満の子の養育開始月　～　養育する子の3歳誕生日のある月の前月）

※ 特例措置の申出は、勤務している事業所ごとに提出してください。
　また、既に退職している場合は事業所の確認を受けずに、本人から直接提出することができます。

（注）　この申出書は、特例措置の適用を受けようとする期間において勤務していた事業所が複数ある場合、それぞれの事業所の被保険者期間ごとに提出します。また、申出に基づく特例措置が終了した後、再度当該申出に係る子について特例措置の適用を受ける場合には、改めて申出書を提出します。

3歳未満の子を養育する被保険者又は被保険者であった人で、養育期間中の各月の標準報酬月額が、養育開始月の前月の標準報酬月額を下回る場合には、養育期間標準報酬月額特例申出書を提出することで、将来の年金額の計算時に養育期間以前の従前標準報酬月額を用いることができます。

● 申出者欄の記入方法

本申し出は、被保険者が行うものですから、被保険者の住所、氏名、電話番号を記入します。

● 共通記載欄の記入方法

・ ①～⑤は、被保険者に係るもので、被保険者整理番号、マイナンバー、氏名、生年月日、性別を記入します。

・ ⑥～⑧は養育する子の、氏名、生年月日、マイナンバーを記入します。

● A.申出欄の記入方法 （特例申出をする場合）

【⑨過去の申出の確認】　⑥欄の養育する子について、初めて養育特例措置を申出する場合は、「1.はい」を、過去に養育特例措置を申出したことがある場合は、「2.いいえ」を○で囲みます。

(注)　「2.いいえ」を選択する例としては、以前の勤務先で、⑥欄の子について養育特例措置が講じられ、その後退職して1年以内に再就職したときに、改めて養育特例措置を申し出をするような場合などがあります。

【⑩事業所の確認】　養育開始の前月に勤務していた事業所と同じ事業所なら「1.はい」を○で囲み。⑫欄を記入します。

養育開始の前月に勤務していた事業所（養育開始の前月に被保険者でなかった場合は、該当月から1年以内の直近の月に勤務していた事業所）と現在勤務する事業所が異なる場合に、「2.いいえ」を○で囲みます。⑪欄に養育開始の前月に勤務していた事業所（養育開始の前月に被保険者でなかった場合は、該当月から1年以内の直近の月に勤務していた事業所）の所在地と事業所名称を記入します。

【⑫養育開始年月日】　⑥欄の子を養育し始めた年月日を記入します。

(注)　実子の産前産後休業、育児休業等終了時の月額変更したための申出の場合は、⑦欄の日付と同じになります。なお、⑬欄養育特例開始年月日は、産前産後休業終了日の翌日あるいは、育児休業等終了日の翌日になります。

実子の出生後に、父が申し出る場合は、子の誕生日（⑦欄の日付）、⑬欄養育特例開始年月日は育児休業等を取得していなければ、記入は不要です。

【⑬養育特例開始年月日】　次のいずれかに該当したときに記入してください（該当しなければ記入しなくてもよい）。

ケース	⑬養育特例開始年月日
3歳未満の子を養育する人が、新たに被保険者資格を取得したとき	資格取得年月日
3歳未満の子を養育する被保険者が、育児休業等を終了したとき	育児休業等終了日の翌日
3歳未満の子を養育する被保険者が、産前産後休業を終了したとき	産前産後休業終了日の翌日
申出に係る子以外の子について、適用されていた養育特例措置が終了したとき	養育特例終了日の翌日

● B.終了欄の記入方法（養育特例を終了する場合）

　終了届については、申出に係る子を養育しなくなった場合、又は子が死亡した場合に提出します。ただし、次の場合は、終了届の提出は不要です。

・申出に係る子が3歳に到達したとき

・退職等により、申出者が厚生年金保険の被保険者資格を喪失したとき

・申出に係る子以外の子について養育特例措置を受けるとき

・申出者が産前産後休業又は育児休業等を開始したとき

【共通事項欄】　従前に提出した「養育期間標準報酬月額特例申出書」に記載したとおりに記入します。

【⑮養育特例開始年月日】　申出に係る子の「厚生年金保険養育期間標準報酬月額特例申出受理通知書」に記載された「養育特例開始年月日」を記入します。

【⑯養育特例終了年月日】　子を養育しなくなった日、又は子が死亡した日を記入します。

提出先等

1. 健康保険の保険給付

1	健康保険 限度額適用認定申請書（協会けんぽ様式）
どこへ	協会けんぽ都道府県支部 / 健康保険組合（独自様式がある）
効果	医療費が高額になると見込まれるときに、保険医療機関の窓口に健康保険被保険者証（70歳以上の場合は高齢受給資格者証）と限度額適用認定証を提出し、確認を受けることで、限度額適用認定証に記載された期間は、自己負担限度額を支払うだけでよくなります（自費診療、入院時食事療養標準負担額、入院時生活療養標準負担額、その他費用は除く）。
留意点	申請月より前の月の限度額適用認定証の交付ができないので、注意が必要です。

2	健康保険 高額療養費支給申請書（協会けんぽ様式）
どこへ	協会けんぽ都道府県支部 / 健康保険組合（独自様式がある）
添付書類	次のいずれかに該当したときは、添付書類が必要です。

ケース	添付書類
所得区分が低所得者	マイナンバーを利用した情報照会を希望しない場合のみ、診療月が1月〜7月の場合は前年度非課税証明書 診療月が8月〜12月の場合はその年度の非課税証明書
公的制度から医療費の助成を受け窓口負担が減額されている場合	助成を受けた診療について、医療機関からの領収書のコピー

3	健康保険 傷病手当金支給申請書（協会けんぽ様式）
どこへ	協会けんぽ都道府県支部 / 健康保険組合（独自様式がある）
添付書類	・事業主の証明（3ページ目） ・医師等（療養担当者）の意見書（4ページ目） ・次のいずれかに該当したときは、添付書類が必要です。

ケース	添付書類
支給開始日以前12か月以内に事業所に変更があったとき	以前の事業所の名称、所在地、使用されていた期間がわかる書類
2ページ目確認事項②年金受給、③労災補償で「はい」ないし「請求中」を選択したとき	所定の書類のコピー

4	健康保険 傷病原因届（協会けんぽ）
どんなときに	協会けんぽの被保険者又は被扶養者、負傷（ケガ）がもとで、療養費（立替払等・治療用装具）、高額療養費、傷病手当金、埋葬料・埋葬費、移送費の申請の際に、申請書の添付書類として「負傷原因届」を提出します。
添付書類	次の場合は、「第三者行為による傷病届」をさらに添付します。

ケース	添付書類
相手のいる交通事故	・同乗者がケガをした場合は、運転者が加害者の第三者行為による傷病届が必要です（同乗者が親族でも必要です）。 ・相手が不明である場合も届出が必要です。
ケンカなどにより暴力をふるわれてケガをした場合	・ケガをした場合 ・相手が不明である場合も届出が必要です。
動物にかまれてケガをし場合	・野良犬、野良猫等、飼い主が不明である場合も届出が必要です

2．労災保険の保険給付

1 療養補償給付及び複数事業労働者療養給付たる療養の給付請求書（様式第 5 号） 6 療養給付たる療養の給付請求書（様式第 16 号の 4）	
どこへ	労災指定病院等の窓口（指定病院から所轄労働基準監督署へ提出）
添付書類	交通事故のように、第三者によって受傷したときは「第三者行為災害届」と必要な書類を添付します。
効果	100％給付です（病院等の窓口で費用を払うことはありません）。ただし、通勤災害により、休業 4 日以上で休業手当を受ける際には、当該休業手当の初回支給の際に一部負担金として 200 円控除されます。
備考	労災指定病院等以外で治療を受けた場合は、一旦全額を支払ったうえで、様式 7 号又は第 16 号の 5 号様式を用い、診療明細書と領収書を添付し、所轄労働基準監督署へ提出します（指定病院経由ではない）。 （注） 転医する際には、「療養給付たる療養の給付を受ける指定病院（変更）届」を、転医後の労　災指定病院へ提出することになります（「Point　転医するとき」参照）。

2 休業補償給付支給請求書・複数事業労働者休業給付支給請求書（様式第 8 号） 7 休業給付支給請求書（様式第 16 号の 6）	
どこへ	事業所の住所地を管轄する労働基準監督署へ
添付書類	・労働者名簿、出勤簿、賃金台帳、別紙 1（初回請求時のみ） ・請求期間内に、労働した日がある場合は別紙 2 （注） この他、監督署から必要な書類の提出を求められることがあります。 ・業務上災害の場合は死傷病報告を初回請求時までに、労働基準監督署安全衛生課へ提出します。ただし、通勤災害は提出不要です。

4 休業した期間内に一部労働したとき（様式第 8 号 ／ 様式第 16 号の 6）	
備考	休業補償給付・複数事業労働者休業給付・休業給付の請求期間内に一部労働したとき、複数事業労働者が労働災害が発生した事業所外で、休業に係る請求をするときに添付します。 ・業務上災害・複数事業要因災害のとき　　　様式 8 号（別紙 2） ・通勤災害のとき　　　　　　　　　　　　様式 16 号の 6（別紙 2）

5 死傷病報告（休業 4 日以上）	
どこへ	事業所の住所地を管轄する労働基準監督署安全衛生課へ
いつまでに	災害発生後遅滞なく（1 か月以内）
参考	副本の提出は任意です（正本 1 部のみ提出しますが、控えが必要な場合は、報告書をコピーして提出します）。 （注） 休業 1 日以上 3 日以下の場合は、様式第 24 号を用い、四半期の終了月の翌月末日までに提出します。

8 ダブルワーカーが被災した事業所以外の事業所で休業に係る請求をするとき	
どこへ	被災事業所の様式第 8 号ないし様式第 16 号の 6 と一緒に、被災事業所を管轄する労働基準監督署へ
添付書類	・労働者名簿、出勤簿、賃金台帳、別紙 1（初回請求時のみ） ・請求期間の出勤簿・賃金台帳、別紙 2 及び別紙 3（毎回） ・業務上災害・複数事業要因災害のとき　　　様式 8 号（別紙） 　通勤災害のとき　　　　　　　　　　　　　様式 16 号の 6（別紙）

Guidance **医療費が高額になったとき（高額療養費）**

（1）70 歳未満の高額療養費

　高額療養費とは、同一月（1 日から月末まで）にかかった医療機関（医科と歯科、外来と入院は分けて計算）ごとの医療費の自己負担額が高額になった場合に、自己負担限度額を超えた分が、申請により償還払される制度です。

　また、高額療養費は被保険者とその被扶養者で世帯合算することもでき、その場合は、医療機関ごとの自己負担額が 21,000 円以上のものを合計して、自己負担限度額を超えた場合は、超えた額が払い戻されます。

　ただし、医療費が高額になることが事前にわかっている場合には、事前に限度額適用認定証の交付を受け保険利用機関の窓口に提示すると自己負担限度額を支払えばよく、超えた部分は保険者から直接医療機関に支払われることになります。

　この自己負担額には、医療機関の窓口で支払う、いわゆる 3 割（2 割）負担の部分に限られ、自費診療や、入院した際の食事などの費用は高額療養費の対象になりません。

　そして、高額療養費が適用された月以前 1 年間の間に、すでに 3 回高額療養費の適用を受けていたときには、「多数回該当」として取り扱われ、自己負担限度額が引き下げられます。

70 歳未満の自己負担限度額

所得区分（標準報酬月額）	自己負担限度額	多数回該当$^{(*3)}$
83 万円以上	252,600 円＋（医療費$^{(*1)}$－ 842,000 円）× 1%	140,100 円
53 万円～79 万円	167,400 円＋（医療費$^{(*1)}$－ 558,000 円）× 1%	93,000 円
28 万円～50 万円	80,100 円＋（医療費$^{(*1)}$－ 267,000 円）× 1%	44,400 円
26 万円以下	57,600 円	
低所得者$^{(*2)}$	35,400 円	24,600 円

＊ 1　医療費とは、療養に要した費用の額（一部負担金等の額÷負担割合）をいいます。
＊ 2　70 歳未満の低所得者とは、住民税非課税の被保険者とその被扶養者になります。
＊ 3　多数回該当とは、高額療養費が支給される月に、その月以前 1 年間に、すでに 3 回以上高額療養費の支給（同じ医療保険の保険者に限る）を受けている場合には、自己負担限度額がさらに引き下げられます。
（注）　21,000 円以上を判断するうえで、院外処方箋で調剤を受けた場合は、院外処方箋を発行した医療機関と合算します（申請する際は、1 つの保険薬局でも、院外処方箋を発行した病院ごとに分けて記入します）。

（2）70 歳以上 75 歳未満の高額療養費

　70 歳以上の方のうち、所得区分が現役並みⅠ、現役並みⅡの人は健康保険証、高齢受給者証、限度額適用認定証の 3 点を医療機関窓口に提示することで、所得区分が一般、現役並みⅢの人は健康保険証、高齢受給者証を医療機関窓口に提示することで自己負担限度額までの支払いと

なり、残りは保険者から直接医療機関に支払われます。（所得区分が一般、現役並みⅢの人は、限度額適用認定証は発行されない）。

　世帯合算する際は、70歳以上の高額療養費は、被保険者、被扶養者の自己負担額をすべて合算して、自己負担限度額を超えた場合に高額療養費が適用されます。

　ただし、一般所得世帯の場合が外来の高額療養費がありますので、被保険者・被扶養者一人ずつ、外来で支払った一部負担金を合計して18,000円を超えたものは、外来の高額療養費として償還払いの対象になります。従来の高額療養費としての自己負担限度額（18,000円）と18,000円に満たなかったもの、入院の一部負担金を合計して世帯合算高額療養費の自己負担限度額を超えた部分も高額療養費として請求できます。

70歳以上75歳未満自己負担限度額

被保険者の所得区分		自己負担限度額		多数回該当
		外来（個人）	入院／世帯合算（上限）	
現役並み所得者	現役並みⅢ 標準報酬月額83万円以上 （負担割合3割）	252,600円＋（医療費－842,000円）×1%		140,100円
	現役並みⅡ 標準報酬月額53〜79万円 （負担割合3割）	167,400円＋（医療費－558,000円）×1%		93,000円
	現役並みⅠ 標準報酬月額28〜50万円 （負担割合3割）	80,100円＋（医療費－267,000円）×1%		44,400円
一般所得者 標準報酬月額26万円以下 （負担割合2割）		18,000円 (年間上限(＊) 144,000円)	57,600円	44,400円
低所得者Ⅱ　住民票非課税世帯		8,000円	24,600円	＊＊＊
低所得者Ⅰ　住民票非課税世帯 （年金収入80万円以下など）			15,000円	

＊　一般所得者の年間は、毎年8月1日から翌年7月31日までの期間をいいます。
（注1）　被保険者が70歳未満で、その被扶養者が70歳以上の場合は一般所得者として取り扱います。
（注2）　70歳以上の高額療養費も70歳未満の高額療養費と合算することができます。
（注3）　後期高齢者医療の被保険者とは合算することはできません。

健康保険 **限度額適用認定** 申請書 限

この申請書は、令和5年1月以降にご使用ください。

入院等で医療費が自己負担限度額を超えそうな場合にご使用ください。なお、記入方法および添付書類等については「記入の手引き」をご確認ください。

被保険者情報

被保険者証	記号（左づめ）	番号（左づめ）	生年月日
	4 6 1 2 0 2 0 1 6 1		1. 昭和 2. 平成 3. 令和 → 1　X X 年 0 6 月 1 1 日

氏名（カタカナ）	ヤマハナ　タカオ

姓と名の間は1マス空けてご記入ください。濁点（ ゛）、半濁点（ ゜）は1字としてご記入ください。

氏名	山花　孝雄

郵便番号（ハイフン除く）	6 6 1 0 0 1 2	電話番号（左づめハイフン除く）	0 7 0 4 X X X X X X X

住所	兵庫 都道府県 尼崎市塚口町8－3－X－603

認定対象者欄

氏名（カタカナ）	ヤマハナ　タカオ

姓と名の間は1マス空けてご記入ください。濁点（ ゛）、半濁点（ ゜）は1字としてご記入ください。

生年月日	1. 昭和 2. 平成 3. 令和 → 1　X X 年 0 6 月 1 1 日

送付希望先欄

上記被保険者情報に記入した住所と別の住所に送付を希望する場合にご記入ください。

郵便番号（ハイフン除く）		電話番号（左づめハイフン除く）	
住所	都道府県		
宛名			

申請代行者欄

被保険者以外の方が申請する場合にご記入ください。

氏名		被保険者との関係	
電話番号（左づめハイフン除く）		申請代行の理由	1. 被保険者本人が入院中で外出できないため 2. その他

備考	

被保険者証の記号番号が不明の場合は、被保険者のマイナンバーをご記入ください。
（記入した場合は、本人確認書類等の添付が必要となります。） ▶

社会保険労務士の提出代行者名記入欄	

以下は、協会使用欄のため、記入しないでください。

MN確認（被保険者）	1. 記入有（添付あり） 2. 記入有（添付なし） 3. 記入無（添付あり）	同時申請	1. 資格取得	1. 被扶養者異動届	1. 被保険者変更訂正	受付日付印
2 3 0 1 1 1 0 1		その他	1. その他 2. 処理票 （理由）		枚数	

(2022.10)

全国健康保険協会
協会けんぽ

1 / 1

対象者：70歳医未満、70歳以上75歳未満の現役並み所得者ⅠとⅡ

● 記入方法

【被保険者情報欄】 被保険者証の記号及び番号（被保険者証に記載があります（枝番号は記入不要））、被保険者の氏名、生年月日、住所、電話番号を記入します。

【認定対象者欄】 治療を受ける人の氏名（カタカナ）、生年月日を記入します。

【送付希望先欄】 自宅での受け取りができない場合などに記入します（通常は被保険者の住所に送られてくる）。また、送付希望先欄を記入した場合に、申請書に不備があればこの送付先に返付されます。

【申請者代行欄】 本欄は、被保険者が申請できない場合に、会社が代行申請し、即日交付を受けるような場合に使用します。ことのときには、代行者（受領者）の身分証明書が必要です。

健康保険　被保険者　被扶養者　世帯合算　**高額療養費** 支給申請書　1　2 ページ　(高)

※給付金のお支払いまで、診療月後3か月以上かかります。

医療機関に支払った1か月分の自己負担額が高額になり、自己負担を超えた額の払い戻しを受ける場合にご使用ください。なお、記入方法および添付書類等については「記入の手引き」をご確認ください。

この申請書は、令和5年1月以降にご使用ください。

被保険者（申請者）情報

被保険者証	記号（左づめ） 番号（左づめ）	生年月日
	4 6 1 2 0 2 1 6 6 1	1.昭和 2.平成 3.令和 ①　XX 年 06 月 01 日

氏名（カタカナ）	ヤマハナ　タカオ

姓と名の間は1マス空けてご記入ください。濁点（゛）、半濁点（゜）は1字としてご記入ください。

氏名	山花　孝雄

※申請者はお勤めされている（いた）被保険者です。被保険者がお亡くなりになっている場合は、相続人よりご申請ください。

郵便番号（ハイフン除く）	6 6 1 0 0 1 2	電話番号（左づめハイフン除く）	0 7 0 4 X X X X X X

住所	兵庫 都道府県 尼崎市塚口町8−3−X−603

振込先指定口座

振込先指定口座は、上記申請者氏名と同じ名義の口座をご指定ください。

金融機関名称	神戸六甲	銀行 金庫 信組 農協 漁協 その他（　　　）	支店名	尼崎	本店 (支店) 代理店 出張所 本店営業部 本所 支所

預金種別	1 普通預金	口座番号（左づめ）	2 2 3 2 4 X

ゆうちょ銀行の口座へお振り込みを希望される場合、支店名は3桁の漢数字を、口座番号は振込専用の口座番号（7桁）をご記入ください。
ゆうちょ銀行口座番号（記号・番号）ではお振込できません。

2ページ目に続きます。 >>>

被保険者証の記号番号が不明の場合は、被保険者のマイナンバーをご記入ください。
（記入した場合は、本人確認書類等の添付が必要となります。） ▶

社会保険労務士の提出代行者名記入欄	

―― 以下は、協会使用欄のため、記入しないでください。 ――

MN確認（被保険者）		1.記入有（添付あり） 2.記入有（添付なし） 3.記入無（添付あり）

添付書類	所得証明		1.添付 2.不備	戸籍（法定代理）		1.添付	口座証明		1.添付

		その他		1.その他	（理由）	枚数	

6 4 1 1 1 1 0 1

受付日付印

(2022.10)

全国健康保険協会 協会けんぽ

1 / 2

健康保険 被保険者 被扶養者 世帯合算 高額療養費 支給申請書

※給付金のお支払いまで、診療月後3か月以上かかります。

被保険者氏名 山花　孝雄　Ⓐ

医療機関等から協会へ請求のあった診療報酬明細書(レセプト)により確認できた、本申請の支給(合算)対象となる診療等の自己負担額を全て合算して、支給額を算出します。

① 診療年月	令和 XX 年 04 月 Ⓑ ➡	高額療養費は月単位でご申請ください。左記年月に診療を受けたものについて、下記項目をご記入ください。	

	受診者氏名	山花　孝雄	山花　孝雄　Ⓒ	山花　薫
申請内容	② 受診者生年月日	1 1.昭和 2.平成 3.令和　XX年06月11日	1 1.昭和 2.平成 3.令和　XX年06月11日	1 1.昭和 2.平成 3.令和　XX年10月02日
	③ 医療機関(薬局)の名称	医療法人子安会 子安クリニック	六浦調剤薬局	鶴見病院
	医療機関(薬局)の所在地	大阪市中央区心斎橋筋 1-6-XX-XXXX	尼崎市南塚口町5-X-X	芦屋市打手町10-X
	④ 病気・ケガの別	1 1.病気 2.ケガ	1 1.病気 2.ケガ	1 1.病気 2.ケガ
	⑤ 療養を受けた期間	01日 から 30日	05日 から 05日	25日 から 28日　Ⓑ
	⑥ 支払額(右づめ)	86970円	3850円	57600円

「①診療年月」以前1年間に、高額療養費に該当する月が3か月以上ある場合、「①診療年月」以外の直近3か月分の診療年月をご記入ください。　Ⓓ

⑦ 診療年月	1 令和　年　月	2 令和　年　月	3 令和　年　月

⑧ 非課税等	☐	被保険者が非課税である等、自己負担限度額の所得区分が「低所得」となる場合(記入の手引き参照)には、左記に ☑ を入れてください。

情報照会

「⑧非課税等」に☑された方は、高額療養費算出のため、マイナンバーを利用した情報照会を行いますので、以下に当てはまる郵便番号をご記入ください。
診療月が1月～7月の場合:前年1月1日時点の被保険者の住民票住所の郵便番号
診療月が8月～12月の場合:本年1月1日時点の被保険者の住民票住所の郵便番号
詳しくは「記入の手引き」をご確認ください。

⑨ 被保険者郵便番号(ハイフン除く)	☐☐☐☐☐☐☐

⑩ 希望しない	☐	マイナンバーを利用した情報照会を希望しない場合は、左記に ☑ を入れてください。希望しない場合には、非課税証明書等の必要な証明書類を添付してください。

6 4 1 2 1 1 0 1

全国健康保険協会 協会けんぽ

(2/2)

保険医療機関の窓口で支払った一部負担金の額が、自己負担限度額（「Guidance　医療費が高額になったとき（高額療養費）」参照）を超えたときに申請し、高額療養費の支給を受けます。

● 記入方法

1ページ目の記入は、1章を参照してください。

● 2ページ目の記入方法

【申請内容欄】　世帯合算した際に1枚に書ききれないときは2ページ目をコピーして続紙として使用します。

【Ⓐ】　被保険者の氏名を記入します。

【①診療年月】　申請は、月（1日から末日）を単位に行いますので、申請年月を記入します。例示は「令和XX年4月分（Ⓑ）」です。診察が複数月にまたがる場合は、診察月ごとに、申請書が必要です。

【②受診者氏名、生年月日】　③の医療機関・薬局（＊）ごとに、被保険者又は被扶養者の氏名と生年月日を記入します。

＊　薬剤の院外処方箋を受けた場合は、その処方箋を発行した病院と合算できます（Ⓒ）。ただし、申請書には、それぞれの医療機関。薬局ごとに記入します。例示では、子安クリニック（外来の高額療養費の適用）で発行された院外処方箋を六浦調剤薬局で調剤した例です。

> **70歳未満の世帯合算と70歳以上の高額療養費支給申請書の記入**
> POINT
> ①診療月【Ⓑ】に、
> 70歳未満の場合は、1対象月の期間に、それぞれの医療機関（同じ病院でも、医科と歯科、外来と入院は分ける）で支払った一負担金の額が21,000円以上のものが対象です。ただし、21,000円以上となった医療機関で発行された院外処方箋で調剤を受けた薬局は、金額に関係なく記入することができます。
> 70歳以上の場合、被保険者が上位所得者の世帯では、70歳未満と同様に記入しますが、一般所得に世帯に該当する場合は、被保険者、被扶養者それぞれに、外来・入院に分け、それぞれの医療機関、薬局で支払った一部負担金の合計が70歳以上の世帯合算の自己負担限度額を超えたときに、高額療養費が適用されますので、一部負担金を支払ったすべての医療機関・薬局に分け、それぞれ記入します。
> （注）　夫婦で共に被保険者である場合、双方の医療費を合算することができません。

【③医療機関（薬局）の名称・所在地】　受診者ごとに、一部負担金を支払った利用医療機関・薬局の名称と所在地を記入します。

（注）　医療機関・薬局とは、健康保険の保険給付がなされる保険医療機関（療養費が支給された際に受診した医療機関を含む）に限られます。

【④病気・ケガの別】　受診者ごとに、病気は「1」、ケガは「2」と記入します。なお、ケガの場合は、初回の申請の際に「健康保険負傷原因届」を添付します（同一のケガで、他の保険給付申請の際に提出していれば不要）。

【⑤療養を受けた期間】 受診者ごとに、申請対象月（**Ⓑ**）の期間に、③の医療機関で治療を受けた期間を記入します。

【⑥支払額】 受診者ごとに、医療機関等で支払った額のうち保険診療分の金額（一部負担金）の合計を記入します。そのため、差額ベッド代などの保険外負担額や入院時の食事の負担額などは記入しないようにしてください。

（注） 医療機関等から協会けんぽへ請求のあった診療報酬明細書（レセプト）により確認できた、高額療養費の申請の支給（合算）対象となる診療等の自己負担額を全て合算して、支給額を計算し支給されます。

【**Ⓓ**】 「①診療年月（**Ⓑ**の月）」以前1年間間に、高額療養費が支給された月（限度額適用認定証により高額療養費の支給を受けた月も含む）が3か月以上ある場合、「①診療年月」以外の直近3か月分の診療月を記入します。これにより、多数回該当の自己負担限度額に引き下げらます。

【情報照会】 被保険者が住民税の非課税世帯等により、自己負担限度額が「低所得者」となる場合に、「⑧非課税等」の□にチェックを入れます。これにより、マイナンバーを利用した情報照会が行われますので、診療月が1月〜7月の場合は前年の1月1日時点の、診療月が8月〜12月の場合はその年の1月1日時点の住民票住所の郵便番号を⑨欄に記入します。

　なお、マイナンバーを利用した情報紹介を希望しない場合は、⑩欄の四角にチェックを入れ、非課税証明書など、必要な書類を添付します（この場合、⑨欄の郵便番号の記入は不要）。

Guidance 病気や負傷で会社を休んだとき（傷病手当金）

　傷病手当金は、私傷病による休業中の生活を保障するために設けられた制度で、被保険者が病気やケガの治療ために会社を休んでいる期間に、次の条件をすべて満たしているときに支給されます。

① 業務上災害又は通勤災害以外の傷病で療養（保険診療の傷病と認められないものを除く）を受けた場合でも、仕事に就くことができないこと（自宅療養の期間、自費診療を受けた場合についても支給対象となる）

② 仕事に就くことができない状態にあること

（注）　全日労働不能状態にあることを言います。労働時間を短縮して、午前中だけ労働すると言った場合は該当しませんが、大きな病院などを受診し、結果として1日費やしたため、労働ができなかった場合は、労務不能と判断されます。

③ 事業主から、報酬が支給されてないこと（支給がある場合は原則支給されないが、傷病手当金の額より少ないときに差額支給がある）

④ 業務上又は通勤災害以外の事由による病気やケガの療養のため仕事を休んだ日が連続して3日間（待期(*1)）の後、第4日目以降の仕事に就けなかった日に対して支給されます。

　また、傷病手当金の支給期間は、支給開始日より通算して1年6か月(*2)です。

＊1　待期期間中の労務不能の判断は、土日・祝日等の会社の公休日は、その日が労働日だったとして、就労できる状態か否かを、医師等の意見書を基に保険者が判断します。また待期期間は、給与の支払いがあったかどうかは関係ありませんので、有給休暇を取得しても問題はありません。

＊2　通算して1年6か月とは、例えば4月1日に支給開始された場合は548日分（連続して給付を受けるときは翌年の9月30日まで）が保障されます。

待機3日の考え方

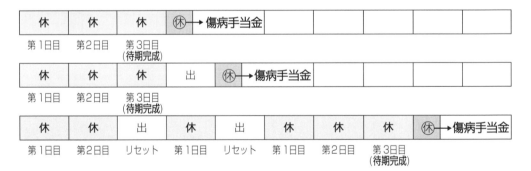

（注）　待期第1日目の考え方は、その日の労働時間内（残業も含む）に労務不能に陥った場合は、その日を待期第1日目に算入しますが、業務終了後に労務不能に陥ったときは、その日を待期第1日目に算入せず翌日を第1日目とします。

228

健康保険 傷病手当金 支給申請書

1 2 3 4 ページ

被保険者記入用 傷

被保険者が病気やケガのため仕事に就くことができず、給与が受けられない場合の生活保障として、給付金を受ける場合にご使用ください。
なお、記入方法および添付書類等については「記入の手引き」をご確認ください。 **この申請書は、令和5年1月以降にご使用ください。**

被保険者証	記号（左づめ）	番号（左づめ）	生年月日
	4 6 1 2 0 2 0 1 4 8		2（1.昭和 2.平成 3.令和） X X 年 09 月 18 日

被保険者・申請者情報

氏名（カタカナ）	ニシダ　レン

姓と名の間は1マス空けてご記入ください。濁点（゛）、半濁点（゜）は1字としてご記入ください。

氏名	西田　蓮

※申請者はお勤めされている（いた）被保険者です。
被保険者がお亡くなりになっている場合は、
相続人よりご申請ください。

郵便番号（ハイフン除く）	5470027	電話番号（左づめハイフン除く）	068XXXXXXX

住所	大阪 （都 道 府 県）○府 大阪市淀川区新高4-16-X-201

振込先指定口座

振込先指定口座は、上記申請者氏名と同じ名義の口座をご指定ください。

金融機関名称	水辺	（銀行 金庫 信組）○信組 農協 漁協 その他（　）	支店名	淀川	本店 支店○支店 代理店 出張所 本店営業部 本所 支所
預金種別	1　普通預金		口座番号（左づめ）	53432X	

ゆうちょ銀行の口座へお振り込みを希望される場合、支店名は3桁の漢数字を、口座番号は振込専用の口座番号（7桁）をご記入ください。
ゆうちょ銀行口座番号（記号・番号）ではお振込できません。

2ページ目に続きます。 》》》

被保険者証の記号番号が不明の場合は、被保険者のマイナンバーをご記入ください。
（記入した場合は、本人確認書類等の添付が必要となります。） ▶

社会保険労務士の提出代行者名記入欄	

――――― 以下は、協会使用欄のため、記入しないでください。 ―――――

MN確認（被保険者）	☐	1. 記入有（添付あり） 2. 記入有（添付なし） 3. 記入無（添付なし）					受付日付印
添付書類	職歴 ☐	1. 添付 2. 不備	年金 ☐	1. 添付 2. 不備	労災 ☐	1. 添付 2. 不備	
	戸籍（法定代理） ☐	1. 添付	口座証明 ☐	1. 添付			

6 0 1 1 1 1 0 1	その他 ☐	1. その他	（理由）	枚数 ☐☐

(2022.10)

ⓨ 全国健康保険協会
協会けんぽ

1 / 4

健康保険 傷病手当金 支給申請書

被保険者氏名　**西田　蓮**　Ⓐ

Ⓑ

申請内容			
①	申請期間 （療養のために休んだ期間）	令和 XX 年 12 月 18 日 から 令和 XX 年 12 月 29 日 まで	
②	被保険者の仕事の内容 （退職後の申請の場合は、退職前の仕事の内容）	機械設計	
③	傷病名	☑	療養担当者記入欄（4ページ）に記入されている傷病による申請である場合は、左記に☑を入れてください。 別傷病による申請を行う場合は、別途その傷病に対する療養担当者の証明を受けてください。
④	発病・負傷年月日	2	1.平成 2.令和　XX 年 12 月 18 日
⑤	⑤-1 傷病の原因	1	1. 仕事中以外（業務外）での傷病 2. 仕事中（業務上）での傷病　}➡⑤-2へ 3. 通勤途中での傷病
	⑤-2 労働災害、通勤災害の認定を受けていますか。	☐	1. はい 2. 請求中（_____労働基準監督署） 3. 未請求
⑥	傷病の原因は第三者の行為（交通事故やケンカ等）によるものですか。	2	1. はい　　「1. はい」の場合、別途「第三者行為による傷病届」をご提出ください。 2. いいえ

確認事項				
①報酬	①-1 申請期間（療養のために休んだ期間）に報酬を受けましたか。	1	1. はい　➡①-2へ 2. いいえ	
	①-2 ①-1を「はい」と答えた場合、受けた報酬は事業主証明欄に記入されている内容のとおりですか。	1	1. はい 2. いいえ　➡事業主へご確認のうえ、正しい証明を受けてください。	
②年金受給	②-1 障害年金、障害手当金について 今回傷病手当金を申請するものと同一の傷病で「障害厚生年金」または「障害手当金」を受給していますか。（同一の傷病で障害年金等を受給している場合は、傷病手当金の額を調整します）	2	1. はい　➡②-3へ 2. いいえ	「1. はい」の場合
	②-2 老齢年金等について ※退職等による健康保険資格の喪失後の期間について、傷病手当金を申請する場合はご記入ください 老齢または退職を事由とする公的年金を受給していますか。（公的年金を受給している場合は、傷病手当金の額を調整します）	2	1. はい　➡②-3へ 2. いいえ	「1. はい」の場合
	②-3 ②-1または②-2を「はい」と答えた場合のみ、ご記入ください。	基礎年金番号	☐☐☐☐ - ☐☐☐☐☐☐	
		年金コード	☐☐☐☐	
		支給開始年月日	☐ 1.平成 2.令和　☐☐年 ☐☐月 ☐☐日	
		年金額	☐☐☐☐☐☐☐円（右づめ）	
③労災補償	今回の傷病手当金を申請する期間において、別傷病により、労災保険から休業補償給付を受けていますか。	3	1. はい 2. 請求中（_____労働基準監督署） 3. いいえ	「1. はい」の場合 「2. 請求中」

『健康保険傷病手当金支給申請書記入の手引き』をご確認ください。

「事業主記入用」は3ページ目に続きます。　≫≫≫

6 0 1 2 1 1 0 1

全国健康保険協会
協会けんぽ

2 / 4

労務に服することができなかった期間を含む賃金計算期間の勤務状況および賃金支払い状況等をご記入ください。

D

被保険者氏名 （カタカナ）	ニシタ゛　レン

姓と名の間は1マス空けてご記入ください。濁点（゛）、半濁点（゜）は1字としてご記入ください。

E

勤務状況　2ページの申請期間のうち出勤した日付を【○】で囲んでください。「年」「月」については出勤の有無に関わらずご記入ください。

令和	XX 年	12 月	1 2 3 4 5 6 7 8 9 10 11 12 13 14 15 16 17 ◄18 19 20 21 22 23 **B** 24 25 26 27 28 29► 30 31
令和	年	月	1 2 3 4 5 6 7 8 9 10 11 12 13 14 15 16 17 18 19 20 21 22 23 24 25 26 27 28 29 30 31
令和	年	月	1 2 3 4 5 6 7 8 9 10 11 12 13 14 15 16 17 18 19 20 21 22 23 24 25 26 27 28 29 30 31

F

2ページの申請期間のうち、出勤していない日（上記【○】で囲んだ以外の日）に対して、報酬等（※）を支給した日がある場合は、支給した日と金額をご記入ください。
※有給休暇の場合の賃金、出勤等の有無に関わらず支給している手当（扶養手当・住宅手当等）、食事・住居等現物支給しているもの等

	令和	年	月		日	から	年	月	日	円
例	05	02	01	から	05	02	28	3 0 0 0 0 0	円
①	XX	12	18	から	XX	12	20	4 5 0 0 0	円
②	XX	11	21	から	XX	12	20	2 5 0 0 0	円
③	XX	12	21	から	YY	01	20	2 5 0 0 0	円
④	令和			から					円
⑤	令和			から					円
⑥	令和			から					円
⑦	令和			から					円
⑧	令和			から					円
⑨	令和			から					円
⑩	令和			から					円

事業主が証明するところ

G

上記のとおり相違ないことを証明します。

		令和	XX 年	01 月	20 日

事業所所在地　大阪市西区立売堀３－４
事業所名称　三崎口機械株式会社
事業主氏名　代表取締役　三崎　肇
電話番号　06－6XXX－XXXX

6 0 1 3 1 1 0 1

「療養担当者記入用」は4ページ目に続きます。 ≫≫≫

全国健康保険協会
協会けんぽ

(3／4)

健康保険 傷病手当金 支給申請書

1 2 3 **4** ページ

療養担当者記入用

患者氏名 (カタカナ)	

姓と名の間は1マス空けてご記入ください。濁点(゛)、半濁点(゜)は1字としてご記入ください。

労務不能と認めた期間 (勤務先での従前の労務 に服することができない 期間をいいます。)	令和 □□ 年 □□ 月 □□ 日 から 令和 □□ 年 □□ 月 □□ 日 まで

傷病名 (労務不能と認めた傷 病をご記入ください)		**C** 初診日 (療養の給付の開始 年月日)	1. 平成 2. 令和 □□ 年 □□ 月 □□ 日

発病または負傷の原因	

発病または負傷の 年月日	1. 平成 2. 令和 □□ 年 □□ 月 □□ 日

労務不能と認めた期間 に診療した日がありま したか。	1. はい 2. いいえ

上記期間中における 「主たる症状及び経 過」「治療内容、検査 結果、療養指導」等	

上記のとおり相違ないことを証明します。

令和 □□ 年 □□ 月 □□ 日

医療機関の所在地

医療機関の名称

医師の氏名

電話番号

療養担当者が意見を記入するところ

6 0 1 4 1 1 0 1

全国健康保険協会
協会けんぽ

(4 / 4)

232

私傷病の治療のため働くことができず、報酬（賃金）を得られなくなって、第4日目以後、傷病手当金の受給要件を満たすときに傷病手当金が支給されます。

● 記入方法

1ページ目の記入は、1章を参照してください。

● 申請内容欄の記入方法（2ページ目）

【**Ⓐ**】　被保険者の氏名を記入します。

【**①申請期間**】　傷病のため労務に服することができなかった期間を記入します（療養（治療）のため休んだ期間を記入する）。

　例示は、令和XX年12月18日に季節性インフルエンザを発症し、令和XX年12月18日からXX年12月29日までを申請期間（**Ⓑ**）としています。

【**②被保険者の仕事の内容**】　被保険者の職務内容を具体的（経理事務担当者、自動車整備工、法人の役員である場合は「法人役員」等）に記入します。退職後の　傷病手当金の支給申請は、在職時の職務内容を記入します。

（注）　この業務の内容と、4ページ目の療養担当者（医師等）の意見を基に、仕事に就くことができない状態にあるか否かを、保険者が判断します

【**③傷病名**】　4ページ目の療養担当者が記入した傷病（**Ⓒ**）で間違いがなければ、□にチェックを入れます。もし、異なる場合は、改めて療養担当者の証明を受けることになります。

【**④発症・負傷年月日**】　③の傷病が発症した日又は負傷した日を記入します。

【**⑤-1 傷病の原因**】　仕事中（業務上）以外の病気やケガ、通勤から逸脱、中断した後のケガは、傷病手当金の支給を受けられますので、「1」を記入します。

　なお、負傷（被保険者が5人以下の法人の役員が、業務上・通勤災害により負傷し、労災保険から保険給付を受けられない場合を含む）したときは、「負傷原因届」を添付いたします。

　業務上又は通勤途中の原因による病気やケガであれば、労災保険の保険給付の対象になるため、原則として、傷病手当金の申請はできません（「2.」「3.」に該当）。

> **POINT**
>
> **労災保険給付の請求と並行して傷病手当金を請求する場合**
>
> 　労災保険給付に該当するかどうかわからない場合は、労働基準監督署で相談をしますが、どちらの保険給付になるか微妙な事案で、保険給付の援助が必要な場合は、労災保険給付の請求と並行して傷病手当金を請求することができます。この場合は、⑤-1は、「2.仕事中（業務上）での傷病」ないし「3.通勤途中での傷病」を選択し、⑤-2で「2.請求中」を選んで申請します。労災保険給付の支給が決定された後に、給付内容が重複した場合は、傷病手当金の全額又は一部を返納することになります。

● 確認事項欄（2ページ目）の記入方法

【①-1 報酬】 申請期間（**B**）に報酬（賃金）を受けた場合^(*)は、「1」を記入して「①-2」へ進みます。受けなかった場合は「②-1」へ進みます。

【①-2】 申請期間（**B**）に受けた報酬が事業主証明欄のとおりであれば、「1」を記入して「②年金受給」へ進みます。異なっていれば、事業主に正しい証明を依頼して訂正します。

* 申請期間内に、報酬（賃金）の支払いがあれば、原則として傷病手当金は支給されませんが、支払われた報酬の額が傷病手当金の額より少ないときは差額が支給されます。そのため、事業主は3ページ目に報酬支払の証明を行います。

【②年金受給】 傷病手当金と同一の事由で障害年金・障害手当金を受けている場合、退職後の老齢年金等を受けている場合は原則として、傷病手当金が支給停止となります。そのため、これら年金を受けていなければ「②-1」、「②-2」とも「2」を記入します。受給しているときは②-3欄に年金の種類、番号、年金額を記入します。

【③労災補償】 労災保険から休業に係る給付を受けている場合は、原則として、傷病手当金が支給されません。そのため、休業に係る労災保険の給付を受けていなければ「3」を記入します。

POINT

傷病手当金の支給調整と添付書類

②年金受給欄

②-1 障害年金、障害手当金： 同一の傷病で障害厚生年金を受給していると傷病手当金が支給されません。ただし、障害厚生年金の額の1日分が傷病手当金の額より少ないときは差額が支給されます。また、同一の傷病で障害手当金支給された場合は、障害手当金の額に達するまで、傷病手当金の額が支給停止されます。

これらの支給停止は、同一の傷病が原因ですから、他の傷病を理由として障害厚生年金や障害手当金が支給されている場合は調整されず、それぞれが全額支給されます。

【添付書類】マイナンバーを利用した情報紹介を希望しない場合は、年金給付額等がわかる書類(以下のすべての書類が必要)

・障害厚生年金給付の年金証書またはこれに準ずる書類のコピー

・障害厚生年金の直近の額を証明する書類(年金額改定通知書等)のコピー

障害手当金の場合は、障害手当金の支給を証明する書類のコピー

②-2 老齢年金等： 資格喪失後の傷病手当金の支給を受ける際に、老齢（退職）年金（老齢厚生年金、老齢基礎年金）が支給されていると、傷病手当金が支給されません。ただし、老齢（退職）年金の額の1日分が傷病手当金の額より少ないときは差額が支給されます。

【添付書類】マイナンバーを利用した情報紹介を希望しない場合は、年金給付額等がわかる書類(以下のすべての書類が必要)

・老齢退職年金給付の年金証書またはこれに準ずる書類のコピー

・老齢退職年金の直近の額を証明する書類(年金額改定通知書等)のコピー

③労災補償： 休業補償を受給している人が業務外の傷病によっても労務不能となった場合には、傷病手当金の支給されません。ただし、休業補償給付の日額が傷病手当金の日額より低いときは、その差額が支給されます。

【添付書類】休業補償給付支給決定通知書のコピー

（注） 傷病手当金の支給期間に出産手当金を支給すべき事由が生じた場合は、傷病手当金の支給は停止され、出産手当金が支給されます。

● 事業主が証明するところ欄（3 ページ目）の記入方法

【Ⓓ】 被保険者の氏名をカタカナで記入します。

【勤務状況欄（Ⓔ）】 2 ページ目の「①申請期間（Ⓑ）」の年月を記入し、申請期間の各日は、出勤した日付にのみ「○」を付けます。なお、出勤した日付には、所定労働時間の一部を労働した日は、「出勤した日」として扱います（有給休暇や公休日は記入不要）。

　例示では、「令和 XX 年 12 月」の 18 日〜29 日（申請期間）の内、当初 18 日から 20 日までの待期 3 日は有給休暇を取得し、残りの期間は欠勤（無給）でした。つまり、18 日から 29 日までの間、公休日も含め、すべて出勤しなかったので、年月のみの記入で、日の欄は記入の必要はありません。

【2 ページの申請期間のうち、出勤していない日（上記【○】で囲んだ日以外の日）に対して、報酬等を支給した日がある場合は、支給した日と金額を記入する欄（Ⓕ）】 出勤していない日に対して、報酬等を支給した日がある場合には、支給した日と金額を記入します。

　出勤していない日に対して支給した報酬等とは、有給休暇の賃金、出勤等の有無に関わらず支給している手当（通勤手当・扶養手当・住宅手当等）、食事・住居等の現物支給しているものが該当します。また、残業手当等の出勤した日に対して支給した報酬や、見舞金等の一時的に支給したものの記入は不要です。

　例示：

①は 18 日から 20 日までの待期 3 日に有給休暇の賃金(＊)15,000 円ずつ支払った場合

① 令和 [X][X] 年 [1][2] 月 [1][8] 日 から [X][X] 年 [1][2] 月 [2][0] 日 [ ][ ][4][5][0][0][0] 円

＊　有給休暇の賃金は、支給している額が同じで期間が継続している場合は、まとめて記入できます（上記例）。公休日を挟んで取得したときは、それぞれ記入します。また、半日有給の場合は、別に対象期間と金額を記入します（1 月 5 日に半日有給休暇を支給した場合）。

令和 [Y][Y] 年 [0][1] 月 [0][5] 日 から [Y][Y] 年 [0][1] 月 [0][5] 日 [ ][ ][ ][7][5][0][0] 円

②③は一定期間分を一括して支給する手当で、欠勤控除しないで支給された場合(＊)には、対象期間（賃金計算期間）ごとに金額を記入します。

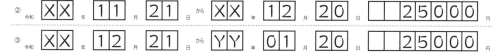

② 令和 [X][X] 年 [1][1] 月 [2][1] 日 から [X][X] 年 [1][2] 月 [2][0] 日 [ ][ ][2][5][0][0][0] 円

③ 令和 [X][X] 年 [1][2] 月 [2][1] 日 から [Y][Y] 年 [0][1] 月 [2][0] 日 [ ][ ][2][5][0][0][0] 円

＊　例えば、通勤手当などを出勤等の有無に関わらず支給している場合が該当します。例えば、賃金締切日が 20 日の会社で、申請期間が 2 つの賃金計算期間にまたがっている場合は、それぞれの期間について記入します（Ⓑ 12 月 18 日〜20 日…対象期間 11 月 21 日〜12 月 20 日、Ⓑ 12 月 21 日〜28 日…対象期間 12 月 21 日〜1 月 20 日）。

【Ⓖ】 Ⓔ欄、Ⓕ欄の記入が終われば、事業主の所在地、名称、代表者の氏名を記入し、賃金の支払い状況を証明します。このときの日付は「①申請期間（Ⓑ）」経過後の日付を記入します。

　なお、退職日までは証明する必要がありますが、退職後は証明する必要がないため、空欄になります。

資格喪失後の傷病手当金

被保険者期間が引き続き 1 年以上ある人が、資格喪失時に傷病手当金の支給を受けているか、受けられる要件を満たしている場合には資格喪失後も続けて傷病手当金を受けることができます。

支給要件

① 退職前に被保険者期間（任意継続期間は除く）が 1 年以上あること
② 待期が完成していること（3 日連続で休んでいる）
③ 退職日に傷病手当金の支給を受けているか、受けられる状態にあること

退職日に「受けられる状態にある」というのは、待期が完成し、その翌日に欠勤し賃金を受けない状態にあれば傷病手当金を受けることできる状態をいいます。

待期完成した日の翌日に欠勤し、賃金が出ていないため、この日から傷病手当金が受けられる（受けられる要件を満たしている）

待期完成した日に退職をすると、休業 4 日目には資格喪失しているため、保険給付が受けられない（受けられる要件を満たしていない）

● 療養担当者が意見を記入するところ欄（4 ページ目）の記入方法

「①申請期間（**B**）」について、療養担当者の意見を求めます。

転医したときは、転医する日の前日までを転医前の病院で、転医した日以後は転医後の病院で意見を記入してもらいます（転医したときは、都合 2 枚用意します）。

（注）　後日、障害年金の請求につながるような傷病の場合、医師の意見書のある傷病手当金支給申請書のコピーを残しておきます（障害厚生年金請求時の初診日の証明となるため）。

健康保険 **負傷原因** 届 〔被保険者・事業主記入用〕 **負**

記入方法および添付書類等については、「健康保険 負傷原因届 記入の手引き」をご確認ください。

届書は、黒のボールペン等を使用し、楷書で枠内に丁寧にご記入ください。　記入見本 `0 1 2 3 4 5 6 7 8 9 ア イ ウ`

被保険者情報	被保険者証の（左づめ）	記号 `4 6 1 2 0 2 0 1` 番号 `5 3`	生年月日 ☐昭和 ☑平成 ☐令和 `X X 0 1 1 9` 年 月 日
	氏名	（フリガナ）ナカモト ツヨシ　中本 剛	
	住所	（〒 547 - 0027 ）　大阪 都道府県　大阪市平野区喜連1-7-X-301	
	電話番号（日中の連絡先）	TEL 06（5XXX）XXXX	

被保険者または負傷した方が記入するところ

負傷した方	☑被保険者・☐被扶養者（氏名　　　　　　　　）	Ⓐ
負傷した方の勤務形態※該当するものを含む□を選択ください。	☑正社員、契約、派遣、パート、アルバイト ☐請負、法人の役員、ボランティア、インターンシップ等 ☐無職 ☐その他（　　　　　　　　　　　）	→ 労災保険に特別加入していますか。 ☐特別加入している ☐特別加入していない Ⓑ
傷病名	アキレス腱断裂	
負傷日時	☐平成 ☑令和 `XX`年 10月 17日 ☐午前・☐午後 2時頃	Ⓒ
負傷した時間帯（状況）	☐勤務時間中 ☐勤務日の休憩中 ☐出張中 ☑私用中 ☐その他（　　　　　） ☐通勤途中（☐出勤 ☐退勤／☐寄り道等有り ☐寄り道等無し）	
負傷場所	☐会社内 ☐路上 ☐駅構内 ☐自宅 ☑その他（　　　　）	Ⓓ
負傷原因負傷原因で次にあてはまるものがありますか。	☐交通事故 ☐暴力（ケンカ） ☑スポーツ中（☐職場行事 ☑職場行事以外） ☐動物による負傷（飼い主：☐有 ☐無） ☐あてはまらない	
上記にあてはまる原因がある場合、相手はいますか。また、その場合は、あなたは被害者ですか、加害者ですか。	相手：☐有 → ☐あなたは被害者 　　　　　　 → ☐あなたは加害者 ☑無	※相手がいる負傷の場合は「第三者行為による傷病届」の届出が必要です。
負傷した時の状況を具体的にご記入ください。	子どもの小学校の、PTAのソフトボールクラブの練習中に三塁に滑り込んだときに違和感を感じたが、そのまま帰宅した。夜になり痛みを感じたため、翌日受診したところ、アキレス腱断裂と診断された。	Ⓔ
治療経過	令和 `XX`年 11月 5日現在 ☐治癒 ☑治療継続中 ☐中止	
治療期間	☐平成 ☑令和 `XX`年 10月 18日 から ☐平成 ☐令和 　年 　月 　日まで	Ⓕ

事業主欄

業務災害及び通勤災害の場合のみ事業主の記入を受けてください。

事業所の労災適用	有・無	社員総数	名	事業内容	
業務（通勤）災害該当の確認	有・無 → 「無」の場合、その理由				
事業所所在地	上記、本人の申し立てのとおり ☐業務災害 ☐通勤災害 に相違ないことを認めます。 （〒　　-　　）				
事業所名称					
事業主氏名					
電話番号	（　　　　）				

(2021. 6)

受付日付印

様式番号 ☐☐☐☐☐　　　協会使用欄 ☐☐☐☐ ☐☐☐☐☐☐☐

全国健康保険協会 協会けんぽ　　1／1

協会けんぽの被保険者・被扶養者が、負傷（ケガ）が原因で、療養費（立替払等・治療用装具）、高額療養費、傷病手当金、埋葬料・埋葬費、移送費の申請（複数回申請できるものは初回のみに添付）の際に、負傷原因届を提出します

（注）　健康保険組合よっては、「負傷届」などの提出を求めるところと、そうでないところがありますので、事前に確認確認しておきましょう。

● 記入方法

【被保険者情報欄】　被保険者証の記号番号、被保険者氏名、住所、生年月日を記入します。

【被保険者または負傷した方が記入するところ欄】

・**【Ⓐ】**　被保険者か被扶養者、いずれかにチェックを入れ、被扶養者であれば、被扶養者の氏名を記入します。

・**【Ⓑ】**　勤務形態を記入します（被扶養者は、原則として「無職」になります）。「法人の役員」を選んだ場合は、右側の特別加入の加入の有無を記入します。

・**【Ⓒ】**　傷病名と負傷日時（いつ）を記入します。

・**【Ⓓ】**　負傷した時間帯（どういう場面で）、負傷場所（どこで）及び負傷原因を記入します。傷病原因の内、「あてはまらない」以外は、下の行の相手方の有無、加害者か被害者であるかにチェックを入れます。

　　「交通事故」「暴力（ケンカ）」「動物による負傷」に該当したときで相手がいる場合は、さらに「第三者行為による負傷届」も添付します。

（注）　交通事故で、運転中に事故を起こし、運転手（被保険者）、同乗者（被扶養者）双方がケガをした場合、それぞれ、「負傷原因届」と同乗者には、さらに「第三者行為による負傷届」の提出が必要です。なお、自傷交通事故の場合は、相手は「無」になります。

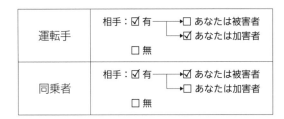

第三者行為による傷病届が必要な理由

P O I N T

　交通事故やケンカ等の第三者による疾病・負傷（ケガ）の治療費は、本来加害者が負担するべきものです。被保険者証を使って治療を受けた場合、保険者が加害者に代わって医療費を立て替えたことになりますから、その費用を加害者または損害保険会社などに請求します（損害賠償権の代位取得）。

（注）　届出がない場合は、診療に要した費用の全額を被害者（被保険者）から返還求められる場合がありますから、注意が必要です。

【Ⓔ】　負傷したときの状況を具体的に記入します。例えば、職場行事の運動会の最中に負傷したときは、強制参加なのか、任意参加であったのかを明記し、業務上災害かそうでないのか判断できるようにします。

【**F**】　傷病原因届を提出する日現在の、治癒（治った・症状が固定した）、治療継続中、中止（途中で患者の意思で治療を中断した）のいずれかの経過を記入します。

【**事業主欄**】　法人の役員が業務上災害・通勤災害で負傷した際に記入します。

<table>
<tr><td rowspan="14">被保険者または負傷した方が記入するところ</td><td>負傷した方</td><td colspan="2">☑ 被保険者・□ 被扶養者（氏名　　　　　　　　　　　）</td></tr>
<tr><td>負傷した方の勤務形態
※該当するものを含む□を選択ください。</td><td>□ 正社員、契約、派遣、パート、アルバイト
☑ 請負、法人の役員、ボランティア、インターンシップ等
□ 無職
□ その他（　　　　　　　　　　）</td><td>労災保険に特別加入
していますか。
□ 特別加入している
☑ 特別加入していない</td></tr>
<tr><td>傷病名</td><td colspan="2">左小指第一関節部裂傷</td></tr>
<tr><td>負傷日時</td><td colspan="2">□ 平成
☑ 令和　9 年　5 月　　日 ☑ 午前・□ 午後　9 時頃</td></tr>
<tr><td>負傷した時間帯（状況）</td><td colspan="2">□ 勤務時間中 □ 勤務日の休憩中 □ 出張中 □ 私用中 □ その他（　　　　　　）
□ 通勤途中（□ 出勤　□ 退勤 ／ □ 寄り道等有り □ 寄り道等無し）</td></tr>
<tr><td>負傷場所</td><td colspan="2">☑ 会社内 □ 路上 □ 駅構内 □ 自宅 □ その他（　　　　　　）</td></tr>
<tr><td>負傷原因
負傷原因で次にあてはまるものがありますか。</td><td colspan="2">□ 交通事故 □ 暴力（ケンカ）□ スポーツ中 □ 職場行事 □ 職場行事以外）
□ 動物による負傷（飼い主：□ 有　□ 無）
☑ あてはまらない</td></tr>
<tr><td>上記にあてはまる原因がある場合、相手はいますか。また、その場合は、あなたは被害者ですか、加害者ですか。</td><td>相手：□ 有 ──→ □ あなたは被害者
　　　　　　 ──→ □ あなたは加害者
　　　 □ 無</td><td>※相手がいる負傷の場合は「第三者行為による傷病届」の届出が必要です。</td></tr>
<tr><td>負傷した時の状況を具体的にご記入ください。</td><td colspan="2">当日出荷分の品物（鋳造品）の湯口の切断作業をしている際に、誤ってコンターマシンの鋸刃に巻き込まれて負傷した。なお、所定労働時間は午前8時から17時である。</td></tr>
<tr><td>治療経過</td><td colspan="2">令和 XX 年　11 月　10 日現在　　☑ 治癒 □ 治療継続中 □ 中止</td></tr>
<tr><td>治療期間</td><td colspan="2">□ 平成
☑ 令和 XX 年　9 月　5 日 から □ 平成
☑ 令和 XX 年　10 月　31 日まで</td></tr>
</table>

<table>
<tr><td rowspan="8">事業主欄</td><td colspan="4">業務災害及び通勤災害の場合のみ事業主の記入を受けてください。</td></tr>
<tr><td>事業所の労災適用</td><td>有・無</td><td>社員総数</td><td>3 名　事業内容　青銅鋳造製造業</td></tr>
<tr><td>業務（通勤）災害
該当の確認</td><td>有・無</td><td colspan="2">→「無」の場合、その理由</td></tr>
<tr><td colspan="4">上記、本人の申し立てのとおり ☑ 業務災害 / □ 通勤災害 に相違ないことを認めます。</td></tr>
<tr><td>事業所所在地</td><td colspan="3">（〒　577 - 0066　）</td></tr>
<tr><td>事 業 所 名 称</td><td colspan="3">東大阪市高井田本通6-4-X
株式会社 堀ノ内合金鋳造所</td></tr>
<tr><td>事 業 主 氏 名</td><td colspan="3">代表取締役 堀ノ内 公一</td></tr>
<tr><td>電 話 番 号</td><td colspan="3">06（ 6XXX ）XXXX</td></tr>
</table>

受付日付印

(2021. 6)

傷病原因届が必要な理由

　健康保険では、業務上又は通勤災害$^{(*)}$による疾病・負傷（ケガ）に対して保険給付は行いません。そのため、「傷病原因届」は、業務上災害・通勤災害でないことを協会けんぽに確認してもらうために提出します。

　法人の役員としての業務に起因するものは、本来労災保険の特別加入で保護すべきものですが、被保険者数が5人未満の小規模事業所であって、その業務が従業員の従事する業務と同一と認めあえるときは、健康保険の給付の対象になります。

＊　業務上災害又は通勤災害は、労災保険の給付対象になります。通勤であっても、逸脱や中断があった場合は、労災保険から保険給付がなされないため、健康保険の給付の対象となります。

（1） 業務上災害の判断

　業務上災害であるかどうかの判断は、「業務起因性」と「業務遂行性」をもとに、事業所を管轄する労働基準監督署長が行います。

　具体的には、作業中の事故は、原則として業務災害となります。ただし、私的行為や業務逸脱行為が原因であれば認められないことがあるので注意が必要です。休憩時間中の事故は、原則として業務災害になりませんが、災害の原因が事業場施設の欠陥にあるときは業務災害と判断されます。

（2） 通勤災害の判断

　通勤災害であるかどうかの判断は、通勤に内在する危険が現実化したといえるかどうかで判断されます。なお、通勤の定義は、「就業に関し、次の①〜③の移動を、合理的な経路及び方法により行うことを言い、業務の性質を有するものは除く⁽*⁾」とされており、始業終業の時刻とかけ離れた時間に「就業に関する移動」を行うことや、逸脱・中断の後の事故は、通勤災害と認められません（この判断も、事業所を管轄する労働基準監督署長が行う）。

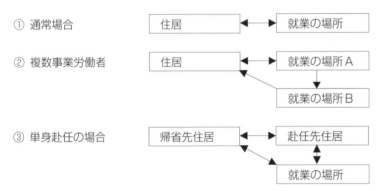

* 「業務の性質を有するものは除く」というのは、勤務先から帰宅する際に、商品を納品してから直帰するような場合は、「商品を納品する」までが、「業務の性質を有するもの」と判断され業務上災害になり、納品後直帰している間が通勤になります。
（注1）　住居とは、通常生活の拠点となる場所をいいます。
（注2）　単身赴任者の帰省先の住居が「住居」として認められるためには、おおむね月1回の帰省をしていることが必要になります。また、赴任先住居に先行する移動、又は後続する帰省先住居からの移動について、通勤が認められるためには、労災保険法施行規則で定められている、単身赴任しなければならないという理由がないと認められません。

　往復の経路を逸脱し、又は中断した場合には、逸脱又は中断の間及びその後の往復は「通勤」とはなりませんが、逸脱又は中断が日常生活上必要な行為であって、一定のものは、逸脱又は

中断の間を除き「通勤」となるとされています。

（3）　複数業務要因災害の判断

　複数業務要因災害とは、複数の事業の業務を要因とする傷病（脳・心臓疾患、精神障害）を、「複数業務要因災害」といいます。

　複数事業労働者については、1 つの事業場のみの業務上の負荷（労働時間やストレス等）を評価して業務災害に当たらない場合に、複数の事業場等の業務上の負荷を総合的に評価して労災認定できるか判断します。これにより労災認定されると、「複数業務要因災害」を支給事由とする各種保険給付が支給されます。1 つの事業場のみの業務上の負荷を評価するだけで労災認定の判断ができる場合は、これまでどおり「業務災害」として、業務災害に係る各種保険給付が支給されます。請求書の提出先は、主たる原因であると思われる事業所を管轄する労働基準監督署になります。

　なお、複数の事業所を掛け持ちで働くダブルワーカー（複数事業労働者）といわれる人の給付基礎日額（保険給付の基礎になる額）、すべての就業先の事業場の賃金額を合算した額を基準に算定されます。

Guidance 療養と休業に係る保険給付の請求

（1）療養に係る保険給付

　業務上災害、複数業務要因災害又は通勤災害が発生すると、労災指定病院等で療養（治療等）を受けることができます。療養補償給付、複数事業労働者療養給付又は療養給付は治癒（*）するまで支給されます。

　これら、療養に関する給付は、業務上災害・複数業務要因災害であることは、「療養補償給付及び複数事業労働者療養給付たる療養の給付請求書（様式5号）」、通勤災害であるときは「療養給付たる療養の給付請求書（様式16号の3）」を労災指定病院等に提出（労災指定病院を経由して労働基準監督署に提出される）することで労災保険から100％給付が行われます。そのため、病院の窓口で一部負担金を支払う必要はありません。

　保険事故が発生し運び込まれた病院が労災指定病等でなかったときや、労災指定病等で受診しないことに相応の理由があるときは、一旦全額を支払い、後日、療養の費用請求書を労働基準監督署に請求することになります。

＊　治癒（ちゆ）とは、治ったときだけを指すのではなく、症状が固定化して、治療の効果が見られなくなったときも含まれます。

（2）休業に係る保険給付

　休業が4日以上になると、「休業補償給付支給請求書 複数事業労働者休業給付支給請求書（様式第8号）」、「休業給付支給請求書（様式第16号の6）」を用いて、事業所の所在地を管轄する労働基準監督署に対し請求することができます。

　業務災害、複数業務要因災害又は通勤災害により休業したときにおいて、次の①～④の要件を満たしたときに、休業第4日目から休業を要する期間、休業補償給付等の保険給付が行われます。

① 業務上（複数業務要因災害によるものも含む）又は通勤による傷病で療養を受けていること（自宅療養の期間についても、以下の要件を満たす限り支給対象となる）。

② 仕事に就くことができない状態にあること。

（注）　全日労働不能状態にあることを言います。ただし、傷病手当金と異なり、午前中労災指定病院等で診察を受け、午後から労働すると言った場合は、一部労務不能として休業補償給付等の保険給付は減額支給されます（給付基礎日額の60％以上の賃金の支給がないこと）。
　　　休業補償給付等の支給額 ＝ （給付基礎日額 － 一部労働に対し支払われた賃金）× 60％

③ 事業主から、賃金が支給されてないこと。

（注）　給付基礎の日額の60％以上支払われた日は、賃金が支払われた日として取り扱います。

④ 療養のため仕事を休んだ日が3日間（待期）の後、第4日目以降の仕事に就けなかった日に対して支給されます。

業務上災害については、休業第３日目（待期期間）までは事業主責任で休業補償^(＊)をする必要があります。これに対して通勤災害による休業は、待期期間中の休業補償を必要としないので、有給休暇を取得しても問題はありません。なお、待期期間の３日については、健康保険の傷病手当金と異なり、必ずしも連続する必要はありません。

【待期３日の考え方】

休	休	休	㊡ → 休業補償給付等の支給			
第1日目	第2日目	第3日目 (待期完成)				

休	休	休	出	㊡ → 休業補償給付等の支給		
第1日目	第2日目	第3日目 (待期完成)				

休	休	出	休	出	㊡ → 休業補償給付等の支給	
第1日目	第2日目	リセット しない	第3日目 (待期完成)			

（注1）　待期第１日目の考え方は、その日の所定労働時間内に労務不能に陥った場合は、その日を待期第１日目に算入しますが、所定労働時間終了後（残業中）に労務不能に陥ったときは、その日を待期第１日目に算入せず翌日を第１日目とします。

（注2）　休業補償給付等の休業に係る保険給付は、療養の開始後１年６か月経過しても治っておらず、重い傷病として傷病等級表（１級～３級）に該当しているときは、請求の負担を減らすために労働基準監督署長の職権で、傷病補償年金等の年金たる保険給付に切り替えて支給します（毎月の請求が不要になる）。

＊　休業補償は、労働基準法第76条の規定で、業務上の災害で負傷又は傷病による療養のため、労働することができないために賃金を受けない場合に、事業主は、従業員の療養中平均賃金の100分の60の休業補償を行わなければならないとされています。第４日目からは、労災保険から休業補償給付が支給されるので免責されます（第３日目まで補償義務がある）。

（3）　給付基礎日額（平均賃金）の算定方法

労災保険では、療養と一部の介護に係る保険給付を除き、労災保険の保険給付は現金で支給されます。この現金給付（日額）の算定の基礎となる額を「給付基礎日額」といい、労働基準法第12条の平均賃金に相当する額とされています。

平均賃金は、原則として算定事由発生日直前の賃金締切日から、さかのぼった３か月間の賃金の総額を、その期間の総日数で割り計算します。その期間内に次の事由があれば、その期間の賃金額とその期間の日数を除外して計算します。

・業務上災害による療養のために休業した期間

・産前産後の期間に休業した期間（出産手当金が支給される期間）

・使用者の責めに帰すべき事由によって休業した期間

・育児休業・介護休業法に定める、育児休業又は介護休業をした期間

・試みの使用期間

ただし、賃金締切日がなかった場合や、すべて試みの使用期間である場合などは、その期間のみで計算します。また、臨時に支払われた賃金及び支給回数が年３回以下である賞与等は、賃金総額から除外します。

【原則の式】

$$平均賃金 = \frac{3か月間に支払われた賃金の総額}{3か月間の総日数} \quad \cdots\cdots\cdots\cdots\cdots\cdots \text{Ⓐ}$$

【最低保障額】日給・時間給、出来高払・請負による額の特例

$$平均賃金 = \frac{3か月間に支払われた賃金の総額}{3か月間の労働日数} \times 60\% \quad \cdots\cdots\cdots \text{Ⓑ}$$

　Ⓐ、Ⓑで計算された額のいずれか高い方が給付基礎日額とされます（銭未満の端数は切り捨てる）。

（注）　労災保険では、いくつかの給付基礎日額の特例があり、その代表的なものを記載しておきます。

　　1．平均賃金の算定期間のなかに、通勤災害その他私傷病の療養のために休業した期間が含まれている場合には、その期間及びその期間中の賃金を除いて平均賃金を算定し、これを給付基礎日額とします。ただし、その額が原則的な方法によって算定した額を下回るときは、原則的な方法で算定した額が給付基礎日額とされます。

　　2．じん肺患者については、医師の診断確定の日を基準とした平均賃金の額と、粉じん作業以外の作業に転換した日以前3か月の平均賃金の額とを比較して、どちらか高い方を給付基礎日額とします。

　　3．複数事業労働者（ダブルワーカー）の給付基礎日額は、被災した複数事業労働者を使用する事業ごとに算定した平均賃金に相当する額を合算した額を基礎として、厚生労働省令で定めるところにより政府が算定する額を給付基礎日額とします（働いているすべての事業所の平均賃金の合計）。

1 療養補償給付及び複数事業労働者療養給付たる療養の給付請求書

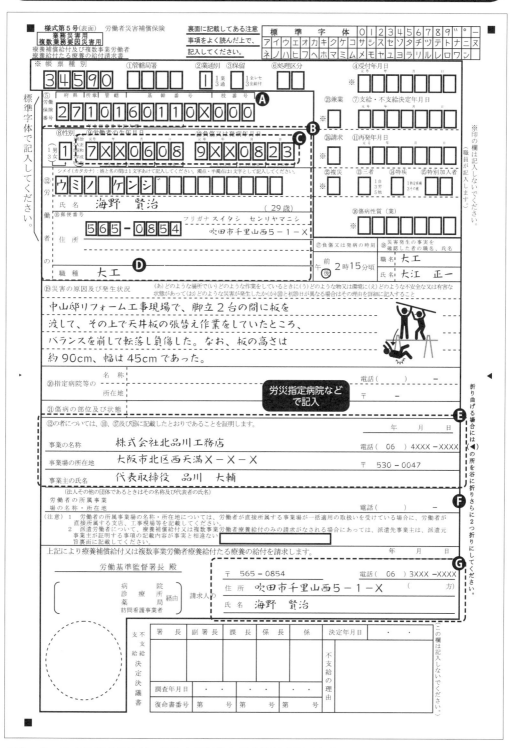

（注）　Ⓐ～Ⓗは休業補償給付・複数事業労働者休業給付支給請求書で記入すべき内容と共通する分です。Ⓐ～Ⓔ、災害の原因及び発生状況は、死傷病報告で参照しています。

様式第5号（裏面）

H

㉒その他就業先の有無			
有 ㊞	有の場合のその数 （ただし表面の事業場を含まない）　　　　社	有の場合でいずれかの事業で特別加入している場合の特別加入状況 （ただし表面の事業を含まない）	
		労働保険事務組合又は特別加入団体の名称	
労働保険番号（特別加入）		加入年月日　　　　　　　　　　　　　　　　年　　　　　月　　　　　日	

［項目記入にあたっての注意事項］

1　記入すべき事項のない欄又は記入枠は空欄のままとし、事項を選択する場合には該当事項を○で囲んでください。（ただし、⑧欄並びに⑨及び⑩欄の元号については、該当番号を記入枠に記入してください。）

2　⑱は、災害発生の事実を確認した者（確認した者が多数のときは最初に発見した者）を記載してください。

3　傷病補償年金又は複数事業労働者傷病年金の受給権者が当該傷病に係る療養の給付を請求する場合には、⑤労働保険番号欄に左詰めで年金証書番号を記入してください。また、⑨及び⑩は記入しないでください。

4　複数事業労働者療養給付の請求は、療養補償給付の支給決定がなされた場合、遡って請求されなかったものとみなされます。

5　㉒「その他就業先の有無」欄の記載がない場合又は複数就業していない場合は、複数事業労働者療養給付の請求はないものとして取り扱います。

6　疾病に係る請求の場合、脳・心臓疾患、精神障害及びその他二以上の事業の業務を要因とすることが明らかな疾病以外は、療養補償給付のみで請求されることとなります。

［その他の注意事項］

　　この用紙は、機械によって読取りを行いますので汚したり、穴をあけたり、必要以上に強く折り曲げたり、のりづけしたりしないでください。

派遣先事業主 証明欄	派遣元事業主が証明する事項（表面の⑩、⑰及び⑲）の記載内容について事実と相違ないことを証明します。		
	年　　月　　日	事業の名称	電話（　　）　　― 〒　　　―
		事業場の所在地	
		事業主の氏名	
		（法人その他の団体であるときはその名称及び代表者の氏名）	

社会保険 労務士 記載欄	作成年月日・提出代行者・事務代理者の表示	氏　　名	電話番号
			（　　）　　―

業務上災害又は複数業務要因災害が発生し、労災指定病院等で治療を受けるときに、その医療機関へ提出します。

● 記入方法（業務上災害・複数業務要因災害、通勤災害の基本事項）

様式番号・請求書名は保険給付ごとに、「業務上災害・複数業務要因災害用」「通勤災害用」の2種類ありますので、請求の際は間違えないようにしてください（この様式は、「業務上災害・複数業務要因災害用」です）。

（注）　※印のある欄は監督署で使用しますので、記入の必要はありません。

また、記入すべき項目のない欄、記入枠は空欄のままにします。事項を選択する場合は　該当項目を○で囲みます（元号については、該当する番号を記入枠に記入します）。

【Ⓐ】　被災した【Ⓑ】の労働者（従業員）が、実際に直接所属している事業所（勤務している事業所）の労働保険番号^{（＊）}を記入します。

＊　継続事業の一括を受けている事業場の場合は、⑫欄の労働者の所属する事業所の労働保険番号及び枝番を記入します（Ⓕ欄を記入）。

（注）　傷病年金の受給権者が当該傷病にかかる療養の給付を請求する場合には、労働保険番号欄に左詰で年金証書番号を記入します。また、生年月日・負傷又は発病の年月日は空欄のままとします。

【Ⓑ】　被災した労働者の性別、生年月日、負傷又は発症年月日（事故が発生した日）、氏名、住所を記入します。

・年月日にかかる元号^{（＊）}は該当するものの番号を記入します。そして、年月日の年、月又は日が1桁の場合は、それぞれ十の位の部分に「0」を付加して2桁で記入します（Ⓒ）。

　　例：令和XX年4月12日は→　⑨―Ⅹ|Ⅹ|0|4|0|1|2

　＊　元号コードは、昭和：5　平成：7　令和：9　です。

・労働者欄の「シメイ（カタカナ）」は、姓と名の間は1文字開けます。

　　また、濁点及び半濁点は、1文字として取り扱います（例：ガ→　ガ　、パ→　パ　）

【Ⓓ】　労働者の職種は、なるべく具体的に、作業内容がわかるように記入します。

【Ⓔ】　Ⓐ欄に記入した労働保険番号の事業所の事業主が、災害の原因及び発生の状況（通勤災害の場合は、通勤に関する事項）を確認して、相違なければ、事業の名称、所在地、事業主氏名を記入して、事業主の証明とします（支店長等が事業主の代理人として選任されている場合、当該支店長等の証明になります）。

【Ⓕ】　労働者の所属事業場の名称・所在地は、通常の場合は記入の必要はありませんが、一括適用の取扱いをしている支店、工場、工事現場等の場合で⑫欄の労働者が直接所属している事業場が、Ⓔ欄に記入した事業場と異なる場合に記入します。

【裏面Ⓗ】　表面の事業所以外の事業所に勤務しているときは「有」を○で囲み、表面の事業所以外に勤務している事業所の数を記入します。

被災した労働者が表面の事業所以外の事業所で特別加入しているときは、特別加入の労働保険番号、労働保険事務組合又は特別加入団体の名称、特別加入した年月日を記入します。

（注1）　その他就業先の有無欄の記載がない場合又は複数就業していない場合は、複数事業労働者に

係る保険給付の請求はないものとして取り扱われます。

（注2）　複数事業労働者療養給付の請求は、療養補償給付の支給決定がなされた場合、遡って請求されなかったものとみなされます（複数業務要因災害ではないと判断されたとき）。

　　　疾病に係る請求の場合、脳・心臓疾患、精神障害及びその他二以上の事業の業務を要因とすることが明らかな疾病以外は、療養補償給付のみで請求されることとなっています。

【**G**】　すべての記入が終わり（労災指定病が記入する欄を除く）、**E**欄に記入した事業主の証明をもらったら、請求人（原則として被災労働者本人）が署名します。

● 表面の記入方法

【⑩負傷又は発病年月日、⑰負傷又は発病の時刻】　事故が発生した日及び時刻を正確に記入します。発病年月日とは、医師の診断により疾病の発症が確定した日をいいます。

【⑱災害発生の事実を確認した者の職名、氏名】　事業所の中で、最初に災害発生の事実を確認した人の職名と氏名を記入します（事業所内の事故であれば最初に現認した人、事業所外の事故ではその事実を電話等で最初に聞いた人等）。

【⑲災害の原因及び発生状況】　原因及び発生の状況を記載します。具体的には、

（あ）どのような場所で（建設業で現場労災の場合は工事現場も記入）、

（い）どのような作業をしているときに、

（う）どのような物または環境に、

（え）どのような不安全又は有害な状態があって、

（お）どのような災害が発生したか、

（か）「⑩負傷又は発病年月日」と初診日（初めて診察を受けた日）が異なる場合は、その理由をわかりやすく記入します。

POINT

災害の原因及び発生状況

　本例では、ピクトグラムを使って図示していますが、現場写真を添付した方がわかりやすい場合は、写真を添付して、状況説明を行います。

　この災害の原因及び発生状況は、休業にかかる保険給付の請求、転医（病院を変わる際）の際の届出、業務上災害で休業4日以上あれば様式23号の死傷病報告に、「災害の発生状況」を記入することになっていますから、同じことを何度も書くことになります。そこで、労働保険番号、事業場の名所所在地（建設業では工事名も併記）、被災従業員の氏名（フリガナ）、生年月日と災害発生状況を記入した「別紙」を作成しておきます。そして、⑲災害の発生状況欄に「別紙参照」と記入して、この別紙を添付して提出することも可能です。

（注）　通勤災害の場合は、災害発生状況に加え、災害時の通勤の種別に関する移動の通常の通勤経路、方法、所要時間と、災害発生の日に住居又は就業の場所から災害発生の場所に至った経路、方法、所要時間をわかりやすく記入しなければならないので、地図を貼付してそれに書き入れます。

負傷又は発病の年月日と初診日が異なる場合

POINT

通常は、災害（事故）が発生した日が初診日（初めてその傷病で医師の診断を受けた日）になります。しかし、事故があったときには、少し痛い程度済んだものが、深夜になり猛烈な痛みで、翌日の診療時間を待って受診し骨折が判明した等、事故の発生当日に受診できなかったこともあります。そのような場合には、その顛末を災害の原因及び発生状況欄に記入します。

【⑳欄、㉑欄】　労災指定病院等で記入しますので、記入は不要です。

● 裏面の記入方法

【派遣先事業主証明欄】　派遣労働者について、療養補償給付のみの請求がなされる場合には、派遣先事業主は派遣元事業主が証明する事項の記載内容が事実と相違ない旨証明します。

転医するとき

POINT

転医（指定医療機関等の変更）は、自由です。業務上災害又は複数業務要因災害であるときは「療養補償給付及び複数事業労働者療養給付たる療養の給付を受ける指定病院（変更）届」、通勤災害であるときは「療養給付たる療養の給付を受ける指定病院（変更）届」を、転医後の労災指定病院へ提出することになります。

記入すべき内容は、「療養補償給付及び複数事業労働者療養給付たる療養の給付請求書」、「療養給付たる療養の給付請求書」とほぼ同じです。異なる点は、変更前の病院の名称・所在地、変更後の病院の名称・所在地（変更後の労災指定病院を経由するので宛先労働基準監督署長の下の「経由病院」には、転医後の労災指定病院を記入する）、変更する理由を記入します。

なお、変更前の医療機関が労災指定医療機関でない場合など、初めて指定医療機関を受診する際は、この様式ではなく、「療養補償給付及び複数事業労働者療養給付たる療養の給付請求書」、通勤災害であるときは「療養給付たる療養の給付請求書」で請求します。

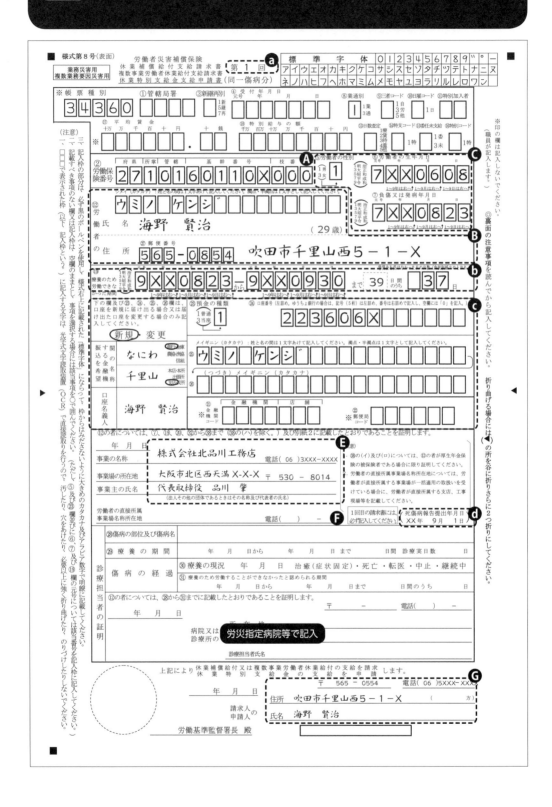

様式第8号（裏面）

㉜ 労働者の職種	Ⓓ ㉝負傷又は発病の時刻	㉞平均賃金（算定内訳別紙1のとおり）	ⓔ
大工	午前 · 午後　2 時 15 分頃	10,213 円　77 銭	

㉟所定労働時間	午前・午後　8 時 00 分から午前・午後　5 時 00 分まで	㊱休業補償給付額、休業特別支給金額の改定比率	平均給与額証明書のとおり

㊲災害の原因、発生状況及び発生当日の就労・療養状況　　（あ）どのような場所で（い）どのような作業をしているときに（う）どのような物又は環境に（え）どのような不安全な又は有害な状態があって（お）どのような災害が発生したか（か）⑦と初診日と災害発生日が同じ場合は当日所定労働時間内に通院したか、⑦と初診日が異なる場合はその理由を詳細に記入すること

中山邸リフォーム工事現場で、脚立2台の間に板を渡して、その上で天井板の張替え作業をしていたところ、バランスを崩し転落し、負傷した。
なお、板の高さは約90cm、幅は45cmであった。

㊳ 厚生年金保険等の受給関係傷病に

（イ）基礎年金番号			（ロ）被保険者資格の取得年月日		年　月　日
（ハ）当該傷病に関して支給される年金の種類等	年 金 の 種 類		厚生年金保険法の	イ 障害年金 ロ 障害厚生年金	
			国民年金法の	ハ 障害年金 ニ 障害基礎年金	
			船員保険法の	ホ 障害年金	
	障　害　等　級				級
	支 給 さ れ る 年 金 の 額				円
	支給されることとなった年月日		年　　月　　日		
	基礎年金番号及び厚生年金等の年金証書の年金コード				
	所 轄 年 金 事 務 所 等				

㊴その他就業先の有無 Ⓗ		
有 · 無	有の場合のその数（ただし表面の事業場を含まない）	社
有の場合でいずれかの事業で特別加入している場合の特別加入状況（ただし表面事業を含まない）	労働保険事務組合又は特別加入団体の名称	
	加入年月日　　　　　年　月　日	
	給付基礎日額　　　　　　　円	
	労働保険番号（特別加入）	

社会保険労務士記載欄	作成年月日・提出代行者・事務代理者の表示	氏　　名	電 話 番 号（　）　―

一、所定労働時間後に負傷した場合には、当該負傷した日を除いて記載してください。
二、㊴及び㊵欄については、平均賃金の算定基礎期間中に業務外の傷病の療養等のために休業した期間があり、その期間及びその期間中の賃金を別紙1②欄に記載した場合に、当該労働者に対して支払われる賃金の額を算定基礎から控除して算定した平均賃金に相当する額を超える場合に記載してください。この場合は別紙1①欄に記載した算定期間及び賃金の内訳の算定方法による平均賃金に相当する額を記載してください。（「一部休業日」という。）
三、別紙1②欄には、負傷した日を除いて記載してください。
四、別紙3は、㊳欄の「その他就業先の有無」で「有」に○を付けた場合に、その他就業先ごとに注意二及び三の規定に従って記載した別紙1及び別紙2を添付してください。その際、その他就業先ごとに注意二及び三の規定に従って記載した別紙1及び別紙2を添付してください。
五、請求人（申請人）が災害発生事業場で特別加入者であるときは、㊴欄の給付基礎日額を記載してください。
（一）㊳の㊲、㊴、㊵及び㊶欄の事項を証明することができる書類その他の資料を添付してください。
（二）㊴欄の事項を証明する事業主の証明は受ける必要はありません。
六、第二回目以後の請求（申請）の場合には、前回の請求又は申請後の分について記載してください。
（一）別紙1（平均賃金算定内訳）は付する必要はありません。
（二）⑰、⑲、㉒、㉝及び㉞欄については、前回の請求又は申請後に変更がない場合には記載する必要はありません。
（三）㉜欄から㉟欄まで及び㊲欄については、前回の請求又は申請後に変更がない場合には記載する必要はありません。
（四）㉜欄から㉟欄まで及び㊲欄には、事業主の証明は受ける必要はありません。
七、その他就業先の有無欄の記載がない場合又は複数就業していない場合、遡って請求されなかったものとみなされます。
八、「その他就業先の有無」欄の記載がない場合又は複数事業労働者休業給付の請求はないものとして取り扱います。
九、複数事業労働者休業給付の支給決定がなされた場合、遡って請求されなかったもの。
十、休業特別支給金の支給の申請のみを行う場合には、㊳欄の記載は複数就業していない場合又は複数事業労働者休業給付の請求はないものとして、休業補償給付のみで請求されることとなります。

その他就業先に係る疾病に係る請求は、休業補償給付のみで請求されることとなります。この請求（申請）が離職後である場合（療養のために労働できなかった期間の全部又は一部が離職前にある場合を除く。）には、事業主の証明は受ける必要はありません。

別紙1（平均賃金算定内訳）は付する必要はありません。

（注2）　2回目以後の請求は、㉜～㉟、㊲欄の記入は不要です。

251

業務上災害・複数業務要因災害が発生し、労働者が療養のため4日以上休業し、その間の賃金の支払いがないときに請求できます。

● 記入方法（業務上災害・複数業務要因災害、通勤災害の基本事項）

　Ⓐ～Ⓗは、療養補償給付及び複数事業労働者療養給付たる療養の給付請求書と同じです。

【ⓐ】　休業期間の全期間を1回で請求するときは「全」、長期にわたるような場合に、毎月請求する場合は「1」「2」…というように、連番を振っていきます。また、⑬療養のため労働ができなかった期間（ⓑ）は重複しないようにします。

　　例示：1回目請求　　XX年8月23日からXX年9月30日

　　　　　　　　　連続する日

　　2回目請求　　XX年10月1日からXX年10月31日

　　　　　転医したような場合は、転医の前日まで変更前、転医した当日から変更後というように2枚に分割します。

【ⓑ】　今回の申請期間及びその期間内の賃金を受けなかった日を記入します。例示では39日間あり、そのうち最初の3日間（待期期間）は休業補償を支払っています。休業補償は賃金ではないため、すべて賃金の支払いのない日であったときは「39日のうち39日」になります。また、この例では2日間、期間内に一部労働して賃金を得た日がありますから、別紙2（☞259ページ）を添付します。

（注）　通勤災害の場合は、待期期間中の休業補償義務はないので、有給休暇を取得することも可能です。有給休暇を取得すれば「39日のうち36日」と記入することになります。

【ⓒ】　保険給付の振込先を記入します（㉓～㉖欄）。初回の申請時に「新規」を○で囲み、金融機関の名称、口座情報、口座名義人（⑫の労働者名義）を記入します。以後は、記入は不要です。ただし、2回目以後の請求で振込先を変更したいときのみ「変更」を○で囲み、振込先情報を記入します。

【ⓓ】　休業補償給付を受けるときは、休業4日以上であることから、労働安全衛生法の規定により「死傷病報告（様式23号）」を労働基準監督署安全衛生課に提出する必要があります。そのため、初回請求時のみ死傷病報告を提出した年月日を記入します。

（注）　通勤災害の場合は、提出する必要がありませんから、当該項目はありません。

● 表面の記入方法

【診療担当者の証明】　病院で労務不能である証明を受けます。

（注）　労務不能あるか否かの決定は、診療担当者の証明及び労働者の職種（Ⓓ）を勘案して、労働基準監督署が判断します。

● 裏面の記入方法

【㉜労働者の職種、㉝負傷又は発病の時刻、㊲災害の原因、発生状況及び発生当日の就労・療養状況】 療養補償給付及び複数事業労働者療養給付たる療養の給付請求書に記載した内容を記入します。

【㉟所定労働時間】 事故発生日の始業・終業の時刻を記入します。

【㉔平均賃金（算定内訳別紙1のとおり）】 様式8号別紙1で算定した平均賃金を記入します（❷）。請求人が特別加入者の場合は、給付算定基礎日額（特別加入保険料の算定の基礎になる日額）を記入します。

（注）　特別加入者が請求する場合は、⑦⑲⑳㉝㉟㊲欄の事項を証明することができる書類、その他労働基準監督署が指定する書類を添付します。なお、事業主の証明を受ける必要はありません。

【⑱厚生年金保険等の受給関係】 同一の事由により厚生年金保険等の障害の年金を支給される場合に記入します。

253

平均賃金算定内訳

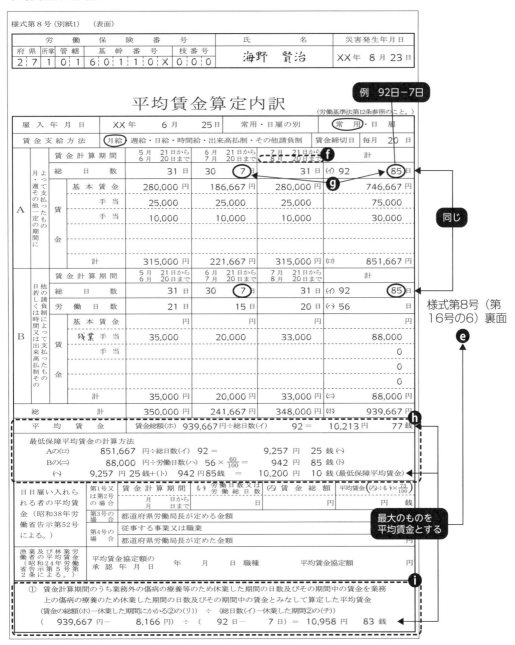

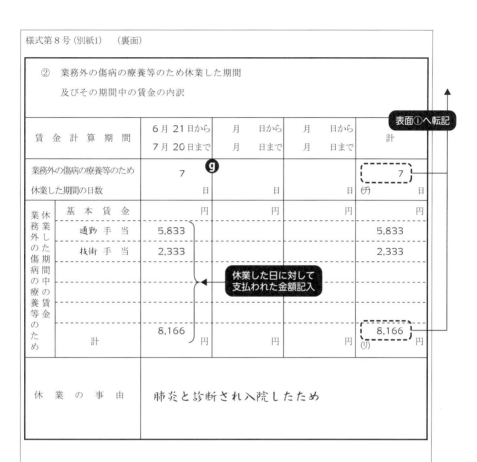

②　業務外の傷病の療養等のため休業した期間
　　及びその期間中の賃金の内訳

表面①へ転記

賃　金　計　算　期　間	6月 21日から 7月 20日まで	月　　日から 月　　日まで	月　　日から 月　　日まで	計
業務外の傷病の療養等のため 休業した期間の日数	7　　日 g	日	日	(チ) 7　　日
業務外の傷病の療養等のため休業した期間中の賃金　基　本　賃　金	円	円	円	円
通　勤　手　当	5,833			5,833
技　術　手　当	2,333			2,333
計	8,166　円	円	円	(リ) 8,166　円

休業した日に対して支払われた金額記入

休　業　の　事　由	肺炎と診断され入院したため

③ 特 別 給 与 の 額	支　払　年　月　日	支　払　額
	年　　　　月　　　　日	円
	年　　　　月　　　　日	円
	年　　　　月　　　　日	円
	年　　　　月　　　　日	円
	年　　　　月　　　　日	円
	年　　　　月　　　　日	円
	年　　　　月　　　　日	円

［注　意］
　　③欄には、負傷又は発病の日以前2年間（雇入後2年に満たない者については、雇入後の期間）に支払われた労働基準法第12条第4項の3箇月を超える期間ごとに支払われる賃金（特別給与）について記載してください。
　　ただし、特別給与の支払時期の臨時的変更等の理由により負傷又は発病の日以前1年間に支払われた特別給与の総額を特別支給金の算定基礎とすることが適当でないと認められる場合以外は、負傷又は発病の日以前1年間に支払われた特別給与の総額を記載して差し支えありません。

様式第8号別紙1（休業補償給付・複数事業労働者休業給付支給請求書）と様式第16号の6（休業給付支給請求書）別紙1は、一部の文言が異なりますが、記述する内容は同じです。この例は、様式第8号別紙1です。

● 表面の記入方法

【労働保険番号・氏名・災害発生年月日】 労働保険番号（Ⓐ）、被災従業員の氏名、災害発生の年月日を記入します。

【雇入年月日】 雇入年月日を記入し、「常用／日雇」の区別は該当するものを○で囲みます。

【賃金支給方法】 該当するものを○で囲み、賃金締切日を記入します。

（注） 基本給が、月給と出来高払など2つ以上で構成されているときは、該当するものすべてを○で囲みます。

●平均賃金算定内訳の記入方法

（注） 本例は、平均賃金算定期間中に7日間、通勤災害や傷病による欠勤控除があった場合の記述です。ただし、通勤災害や私傷病で欠勤したとしても、欠勤控除がない場合や欠勤しても有給休暇を取得した場合は○で囲った数字、①欄（❶）及び裏面②欄を記入する必要はありません。

例示：記入例の賃金台帳が次のとおりです。なお、6月21日～7月20日の期間に病気による欠勤が7日あり、基本給が欠勤控除されました。

賃金台帳

賃金支払日		6月30日	7月31日	7月31日	計
賃金計算期間		5/21 ～ 6/20	6/21 ～ 7/20	7/21 ～ 8/20	
A欄	総日数	31日	30日	31日	92日
	基本給	280,000	186,667	280,000	746,667
	通勤手当	25,000	25,000	25,000	75,000
	家族手当	10,000	10,000	10,000	30,000
	小　計	315,000	221,667	315,000	851,667
B欄	労働日数	21日	15日	22日	65日
	基本給	日給・時間給が基本給の場合はこちらに記入			
	残業手当	35,000	20,000	33,000	88,000
	小　計	35,000	20,000	33,000	88,000
総　　計		350,000	241,667	348,000	939,667

（注） 算定事由発生日は、災害発生日をいいます。ただし、平均賃金を計算する場合は、原則として、直前の賃金締切日（賃金締切日がない場合は、災害発生日の前日）を基準にします。

【賃金計算期間】 ❶の位置に、災害発生日の直前の賃金締切日を記入して、そこからさかのぼった3か月分の賃金計算期間を記入します（B欄の賃金計算期間も同様）。

賃金算定期間
POINT
　雇入れ後3か月に満たない場合は、雇入れ後の期間によって平均賃金を計算します。なお、この場合でも賃金締切日があれば、直前の賃金締切日から起算することになります。

雇入れ後の期間が1つ賃金計算期間に満たない場合は、雇い入れ後の期間で平均賃金の算定期間とすることになっています。また、すべての期間が試用期間中であれば、試用期間中の賃金をもって、平均賃金を計算します。

【A欄・B欄 総日数】 各賃金計算期間の歴日数を「総日数」の欄に記入し、（イ）欄の「計」に合計を記入します。

この期間に、通勤災害や私傷病で欠勤し賃金が支払われなかった日があるときは、その日数を○で囲って記入します（❾）。また、（イ）欄の「計」の欄には、総日数からこの日数を控除した日数を○で囲って記入します（例示では85日）。

【B欄 労働日数】 各賃金計算期間の実労働日数を記入します。

【賃金】 各賃金計算期間の支給名称（手当）と支払われた賃金額を記入します。

月給や週給など一定の期間を単位に支給額が決まっているものはA欄へ、日給や時間給、割増賃金、コミッション給など稼働率によって支給額が変わるものはB欄へ記入します。そして、それぞれ列と行の合計を求めます。

（注） 皆勤手当や精勤手当などは、期間内の出勤率によって支給・不支給が決まりますが、額が決まっているので、A欄に記入します。

【平均賃金】 総計にはA欄の「計」とB欄の「計」の合計を記入します。そして、列と行の総計（（ロ）（ニ）（ホ））が合えば、計算に間違いがないので、【❿】に記載された方法で、原則の平均賃金と最低保障平均賃金を計算し、多い方が最低賃金（銭未満の端数は切り捨て）になります。

通常はここまでになりますが、通勤災害や私傷病で欠勤し賃金が支払われなかった日があるときは、裏面「②業務外の傷病の療養のために休業した期間及びその期間中の賃金の内訳」に欠勤控除されなかった賃金^(*)を記入します。そして、（リ）と（チ）を算定し、それを表面①欄【⓫】に転記して計算します。

平均賃金、最低保障平均賃金として算定した額（❿）、⓫で計算した額があるとときはこれも含めて、最も多いものが平均賃金（銭未満の端数は切り捨て）になります。

休業補償給付・複数事業労働者休業給付支給請求書（様式8号）「裏面」、㉞平均賃金（算定内訳別紙1のとおり）に記入します（⓬）。

＊ ⓫で、賃金総額と総日数から、傷病や通勤災害で欠勤した期間の賃金及びその期間の日数を控除して最低賃金を計算しています。

（注） 通勤災害の場合は、休業給付支給請求書（様式16号の6）裏面」、「㉞平均賃金（算定内訳別紙1のとおり）」に記入します。

● 裏面の記入方法

【業務外の傷病の療養等のために休業した期間及びその期間中の賃金内訳】 平均賃金の算定期間中に通勤災害や私傷病により欠勤し賃金が支払われなかった日があるときに記入します（有給休暇を取得したときは該当しない）。

・賃金計算期間は、表面の○で囲んだ日数がある算定期間を転記します。

・業務外の傷病の療養等のために休業した日数は、表面の○で囲んだ日数を記入します（❾）。

・業務外の傷病の療養等のために休業した期間中の賃金は、休業した日に対して支払われた金額を記入します。

　　例示：基本給…欠勤控除あり、通勤手当・技術手当は欠勤控除されなかったとき

　　　　　通勤手当の場合、25,000円÷30日（総日数）×7日（休業した日数）＝5,833円

・横に集計して、（チ）（リ）を計算し、表面①欄へ転記します（❶）。

【休業の事由】　通勤災害又は傷病欠勤であることを記入します。

【③特別給与額】　年金特別支給金の支給に際して算定基礎日額を算定するための欄です。この先、死亡もしくは治癒後に障害が残ると考えられるような重大な事故のときに、記入しておきます（遺族補償年金・障害補償年金等の請求の際に届け出ることも可能）。

　負傷又は発病の日以前2年間（雇入後2年に満たないときは、雇入後の期間）に支払われた3か月を超える期間ごとに支払われる賞与（支給回数が年3回以下のもの）を記入します。

　ただし、特別給与の支払時期の臨時的変更等の理由により負傷又は発病の日以前1年間に支払われた特別給与の総額を特別支給金の算定基礎とすることが適当でないと認められる場合以外は、負傷又は発病の日以前1年間に支払われた特別給与の総額で記入しても差し支えありません。

4 休業補償給付支給請求書 別紙 2

休業した期間内に一部労働したとき

様式第8号 （別紙2）

労 働 保 険 番 号					氏　　名	災害発生年月日
府県	所掌 管轄	基 幹 番 号	枝番号		海野　賢治	令和XX年 8月23日
2 7	1 0 1	6 0 1 1 0 X	0 0 0			

① 療養のため労働できなかつた期間

　令和XX年___8月___23日から___XX年___9月__30__日まで___39日間

② ①のうち賃金を受けなかつた日の日数　　　　　　　　　　　　___37_日

③ ②の日数の内訳	全部休業日	___37_日
	一部休業日	___2__日

④ 一部休業日の年月日及び当該労働者に対し支払われる賃金の額	年　　月　　日	賃 金 の 額	備　　　　考
	XX年 9月 27日	5,000 円	
	XX年 9月 29日	5,000 円	

〔注意〕

1　「全部休業日」とは、業務上の負傷又は疾病による療養のため労働することができないために賃金を受けない日であって、一部休業日に該当しないものをいうものであること。

2　該当欄に記載することができない場合には、別紙を付して記載すること。

259

療養のため労働できなかった期間の内、一部労働したときに添付します。

(注) 様式第8号別紙1（休業補償給付・複数事業労働者休業給付支給請求書）と様式第16号の6（休業給付支給請求書）別紙2は、一部の文言が異なりますが、記入する内容は同じです。この例は、様式第8号別紙2です。

● 記入方法

【労働保険番号、氏名・災害発生年月日】 労働保険番号、被災従業員の氏名、災害発生の年月日を記入します（「3 休業補償給付支給請求書 別紙1」参照）。

【①療養のためできなかった期間、② ①のうち賃金を受けなかった日の日数】 様式8号表面（「2 休業補償給付支給請求書・複数事業労働者休業給付支給請求書」参照）・16号の6表面（「7 休業給付支給請求書」参照）の❺に記入した期間を記入します。具体的には、⑲療養のため労働できなかった期間と歴日数を【b-1】に記入し、【b-2】には、【b-1】の日数から出勤し賃金が支払われた日数（一部労働した日を含む）を控除した日数を記入します。

(注) 請求期間のすべての日について全部休業しており、賃金の支払いがないときは、別紙2の提出は不要です。ただし、複数事業労働者が被災した事業所以外で、休業補償給付又は休業給付の支給申請をするときには、必ず添付が必要です。

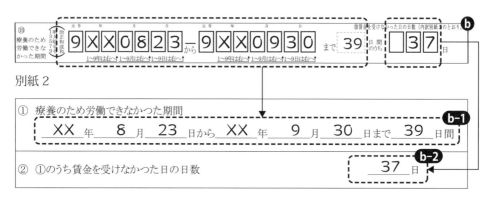

【③ ②の日数の内訳】 全部休業した日数と一部休業（一部労働）した日数を記入します。合計すると【b-1】の日数になります。

【④一部休業日の年月日及び当該労働者に対し支払われる賃金の額】 一部休業した年月日とその日に労働して得た賃金額を記入します。特別な事情などがあれば、備考欄に記入します。

(注) 休業補償給付等の支給は、原則として全部労務不能であることが前提ですが、午前中通院し治療を受け、午後から就労したような場合が一部休業した日になります。

労働者死傷病報告

様式第23号（第97条関係）（表面）

労働保険番号（建設業の工事に従事する下請人の労働者が被災した場合、元請人の労働保険番号を記入すること。）

Ⓐ 事業の種類

```
8 1 0 0 1   2 7 1 0 1 6 0 1 1 0 X 0 0 0
都道府県 所掌 管轄  基幹番号        枝番号   統一事業場番号
```

建設業

事業場の名称（建設業にあつては工事名を併記のこと。）

カナ カ ブ シ キ ガ イ シ ャ　キ タ シ ナ ガ ワ コ ウ ム テ ン

漢字 株 式 会 社　北 品 川 工 務 店

工事名 中 山 邸 リ フ ォ ー ム 工 事

職員記入欄
派遣先の事業の
労働保険番号

```
都道府県 所掌 管轄  基幹番号  枝番号  統一事業場番号
```
派遣労働者が被災した場合は、派遣先の事業場の郵便番号

事業場の所在地

Ⓔ 大阪市北区西天満 X-X-X 電話 06（3XXX）XXXX

□内下請事業の場合は親事業場の名称、
建設業の場合は元方事業場の名称

派遣労働者が被災した場合
は、派遣元の事業場の名称

提出事
業者の
区分 派遣先 派遣元

郵便番号

```
5 3 0 - 0 0 4 7
```

労働者数

```
2 5 人
```

発生日時（時間は24時間表記とすること。）

7：平成
9：令和

```
9 X X 0 8 2 3 1 4 1 5
元号 年  月  日  時 分
```
Ⓒ

被災労働者の氏名（姓と名の間は1文字空けること。）

カナ ウ ミ ノ　ケ ン ジ

漢字 海 野　賢 治

生年月日

```
1：明 治和成和
3：大昭平
5：昭平
7：平
9：令和
```

```
7 X X 0 6 0 8 （29）歳
元号 年  月  日
```

性別

O

男 女
（いずれかに○）

職種 大工 Ⓓ

経験期間

```
9 0
年 月
```

休業見込期間又は死亡日時（死亡の場合は死亡欄に○）

休業見込 （いずれかに○） 1 O □□
月 週 日

死亡 死亡日時

傷病名 圧迫骨折

傷病部位 第12胸椎

被災地の場所 和泉市

災害発生状況及び原因

①どのような場所で ②どのような作業をしているときに ③どのような物又は環境に ④どのような
不安全な又は有害な状態があって ⑤どのような災害が発生したかを詳細に記入すること。

中山邸リフォーム工事現場で、脚立2台の
間に板を渡して、その上で天井板の張替え作
業をしていたところ、バランスを崩して転落
し、負傷した。
なお、板の高さは約90cm、幅は
45cmであった。
【原因】天井に気を取られて足元がお
ろそかになったため。

略図（発生時の状況を図示すること。）

労働者が外国人である場合のみ記入すること。

国籍・地域

在留資格

職員記入欄

国籍・地域コード □□ 在留資格コード □□

起因物 □□□ 店社コード □□□ 業種分類 □□□□

事故の型 □□ 発注者種類 □ 事業場等区分 □ 業務上疾病 □
1：該当
2：非該当

自由設定項目
(1) □□ (2) □□ (3) □□

報告書作成者
職 氏名 店社安全衛生管理者　品川　丈

年　　　月　　　日

事業者職氏名

労働基準監督署長殿

株式会社　北品川工務店
代表取締役　品川　大輔

受付印

（注）ⒶⒸⒹⒺは、「療養補償給付及び複数事業労働者療養給付たる療養の給付請求書（様式第5号）」
の項目と同じです。

261

事業所内又は建設業の現場等で、休業4日以上の負傷、もしくは死亡した場合に提出します。

（注）　業務上災害によらない場合（私傷病）によるものでも、事業場内で死亡したときは当該死傷病報
　　　　告の提出は必要です。

● 記入方法

　労働保険番号、事業所の所在地、災害発生状況及び原因、略図の項目は、療養補償・複数事
業労働者療養給付たる療養の給付請求書と同様に記入します。

【Ⓐ】　労働保険番号・事業の種類欄　　被災した労働者が所属する事業所の労働保険番号と事
業の種類を記入します。建設業の工事に従事する下請会社の従業員が被災したときは、元請負
人（元請事業者）の労働保険番号を記入します。

【事業場の名称】　漢字とフリガナで事業所の名称を、記入します。建設業の工事の場合は、【工
事名】を併記します。

　　例示：　カタカナで記入するときは、濁点、半濁点は同一枠に記入します。(ガ、パと記入)。

【Ⓔ】　被災した労働者が所属する事業所の住所を記入します（建設業の場合は、元請請負人）。

【郵便番号、労働者の数、発生日時、被災労働者の氏名】　事業場（所）の）郵便番号、労働者
の数、災害の発生年月日及び時刻、被災労働者の氏名（カナ・漢字）、生年月日、職種を記入し
ます。

（注1）　構内下請け作業の場合（業務請負など）の場合は親事業場の名称、建設業の場合は元方事業場
　　　　（元請負人など）の名称を記入します。

（注2）　派遣労働者が被災したときは派遣先事業所の名称と、区分（該当する区分に○印を付ける）を
　　　　記入します。
　　　　　派遣労働者の死傷病報告は、派遣元と派遣先の両方に提出義務があります。提出の流れは、派
　　　　遣元事業主が最初に提出し、派遣先事業所では自社の死傷病報告に、派遣元事業主が提出し労働
　　　　基準監督署で受理された死傷病報告のコピーを添えて、派遣先を管轄する労働基準監督署に提出
　　　　します。

【性別】　該当する項目の枠内に○印を記入します。

【経験期間】　Ⓓ欄に記入した職種について1年以上経験がある場合にはその経験年数を、1年
未満の場合にはその月数を記入し、該当する項目（年又は月）に○印を付けます。

　　例示では、経験期間は「9年」です。

【休業の見込期間又は死亡日時】　療養計画など医師の意見を聞き、月、週、又は日単位で休業
の見込期間を記入し、該当する項目（月、週又は日）に○印を記入します。また、死亡の場合
は、「死亡」の項目に○印と死亡日時を記入します。

例示：休業の見込みが、1か月の場合

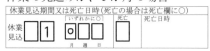

【傷病名、傷病部位、被災地の場所】　傷病名、傷病部位、被災地の場所を記入します。

　　被災地の場所とは、社内の場合は工場内、通路等の場所を、社外であればその場所（住所）
になります。

【**災害の発生状況及び原因**】　療養補償給付及び複数事業労働者療養給付たる療養の給付請求書（様式5号）表面⑲欄に記入した内容及び原因を記入します。略図には、発生の状況を図示又は写真等を用い、わかりやすく説明します。

【**国籍・地域、在留資格**】　外国人労働者が被災したときに記入します。

【**報告書作成者職氏名、事業者職名**】　死傷病報告書を作成した人の氏名及び事業者（事業主）を記入して、提出します。

6 療養給付たる療養の給付請求書（通勤災害用）

標 準 字 体	0	1	2	3	4	5	6	7	8	9	゛	゜	－
ア	イ	ウ	エ	オ	カ	キ	ク	ケ	コ	サ	シ	ス	セ	ソ	タ	チ	ツ	テ	ト	ナ	ニ	ヌ
ネ	ノ	ハ	ヒ	フ	ヘ	ホ	マ	ミ	ム	メ	モ	ヤ	ユ	ヨ	ラ	リ	ル	レ	ロ	ワ	ン	丶

■ 様式第16号の3(表面) 労働者災害補償保険

通勤災害用
療養給付たる療養の給付請求書

裏面に記載してある注意事項をよく読んだ上で、記入してください。

標準字体で記入してください。

※帳票種別 **34590**

①管轄局署 ②業通別 **3** 1業通 3業通 ⑤保留 **1** 1全レセ 3全部付 ⑥処理区分 ④受付年月日 ※ 元号 年 月 日

⑤労働保険番号 府県 所掌 管轄 基幹番号 枝番号
2 7 1 0 2 2 4 5 6 8 X 0 0 0 Ⓐ
Ⓑ

㉓兼業 ※ ⑦支給・不支給決定年月日 元号 年 月 日

⑧性別 **3** 1男 3女 ⑨労働者の生年月日 3大正 5昭和 7平成 **3 5 X X 1 0 1 4** ⑩負傷又は発病年月日 **9 X X 0 2 0 8** Ⓒ

⑪再発年月日 ※ 元号 年 月 日

⑫労働者の シメイ(カタカナ):姓と名の間は1文字あけて記入してください。濁点・半濁点は1文字として記入してください。
ス キ タ フ ミ コ

⑬三者 1日 3他 5他 ⑭特疾 ⑮特別加入者 3その他
このスペースに文字を記入しないでください。

氏名 **杉田 芙美子** (40歳)

⑯郵便番号 フリガナ オオサカシ ニシク カワグチ
550-0021 **大阪市西区川口2-6-X**

住所

⑰第三者行為災害
該当する (該当しない)

職種 **営業事務** Ⓓ

⑱通勤災害に関する事項 　裏面のとおり

⑳指定病院等の 名称／所在地　労災指定病院等で記入　電話( ) － 〒 －

㉑傷病の部位及び状態

⑫の者については、⑩及び裏面の(ロ)、(ハ)、(ニ)、(ホ)、(ト)、(チ)、(リ)(通常の通勤の経路及び方法に限る。)及び(ヲ)に記載したとおりであることを証明します。 　年 月 日

事業の名称 **三崎口機械株式会社** 電話(06)6XXX-XXXX Ⓔ
事業場の所在地 **大阪市西区立売堀3-4-X** 〒 550 - 0012
事業主の氏名 **代表取締役 三崎 肇**
(法人その他の団体であるときはその名称及び代表者の氏名)

労働者の所属事業場の名称・所在地 電話( ) － Ⓕ

(注意) 1 事業主は、裏面の(ロ)、(ハ)及び(リ)については、知り得なかった場合には証明する必要がないので、知り得なかった事項の符号を消してください。
2 労働者の所属事業場の名称・所在地については、労働者が直接所属する事業場が一括適用の取扱いを受けている場合に、労働者が直接所属する支店、工事現場等を記載してください。
3 派遣労働者について、療養給付のみの請求がなされる場合にあっては、派遣先事業主は、派遣元事業主が証明する事項の記載内容が事実と相違ない旨裏面に記載してください。

上記により療養給付たる療養の給付を請求します。 　年 月 日

労働基準監督署長 殿
病院
診療所
薬局　経由
訪問看護事業者
請求人の

〒 550 - 0021 電話(090)XXXX-XXXX Ⓖ
住所 **大阪市西区川口2-6-X** (方)
氏名 **杉田 芙美子**

	署 長	副署長	課 長	係 長	係	決定年月日	・ ・
支不給決定決議書						不支給の理由	
調査年月日	・ ・						
復命書番号	第 号	第 号	第 号				

※印の欄は記入しないでください。(職員が記入します。)

折り曲げる場合には◀の所を谷に折りさらに2つ折りにしてください。

(この欄は記入しないでください。)

(注) Ⓐ〜Ⓗは休業給付支給請求書(☞○ページ)で記入すべき内容が共通する分です。

264

(イ)	災害時の通勤の種別 （該当する記号を記入）	**イ**	イ．住居から就業の場所への移動　　　　　ロ．就業の場所から住居への移動 ハ．就業の場所から他の就業の場所への移動 ニ．イに先行する住居間の移動　　　　　　ホ．ロに接続する住居間の移動		
(ロ)	負傷又は発病の年月日及び時刻		XX 年　2 月　8 日	午 前 後	8 時　0 分頃
(ハ)	災害発生の場所	大阪市西区立売堀３丁目 大渉橋橋梁上	(ニ)	就　業　の　場　所 （災害時の通勤の種別がハに該当する場合は移動 の終点たる就業の場所）	大阪市西区立売堀 3-4-X 三崎口機械株式会社
(ホ)	就業開始の予定年月日及び時刻 （災害時の通勤の種別がイ、ハ又はニに該当する場合は記載すること）		XX 年　2 月　8 日	午 前 後	8 時30 分頃
(ヘ)	住居を離れた年月日及び時刻 （災害時の通勤の種別がイ、ニ又はホに該当する場合は記載すること）		XX 年　2 月　8 日	午 前 後	7 時45 分頃
(ト)	就業終了の年月日及び時刻 （災害時の通勤の種別がロ、ハ又はホに該当する場合は記載すること）		年　　月　　日	午 前 後	時　　分頃
(チ)	就業の場所を離れた年月日及び時刻 （災害時の通勤の種別がロ又はハに該当する場合は記載すること）		年　　月　　日	午 前 後	時　　分頃
(リ)	災害時の通勤の種別に関する移動の通常の経路、方法及び所要時間並びに災害発生の日に住居又は就業の場所から災害発生の場所に至った経路、方法、所要時間その他の状況	自転車で移動 〔通常の通勤所要時間　0 時間　30 分〕			
(ヌ)	災害の原因及び発生状況 （あ）どのような場所を （い）どのような方法で移動している際に （う）どのような物で又はどのような状況において （え）どのようにして災害が発生したか （お）⑳との初診日が異なる場合はその理由を簡明に記載すること	上記地図上の通勤経路において、自転車で移動している際に、災害現場の大渉橋橋梁上で路面が凍結しており、それに気づかず通行したところで転倒し、右足首を捻挫し歩けなくなった。			
(ル)	現認者の　　住　所	総務課課長			
	氏　名	坂上　貴司　　　　　　　　　　　　　　　　　電話(06)6XXX－XXXX			
(ヲ)	転任の事実の有無 （災害時の通勤の種別がニ又はホに該当する場合）	有・(無)	(ワ)	転任直前の住居に係る住所	

⑱健康保険日雇特例被保険者手帳の記号及び番号			●H

㉒その他就業先の有無			
(有) 無	有の場合のその数 （ただし表面の事業場を含まない） 1 社	有の場合でいずれかの事業で特別加入している場合の特別加入状況（ただし表面の事業を含まない） 労働保険事務組合又は特別加入団体の名称	
労働保険番号（特別加入）		加入年月日 　　　　　　　　　　　　　　年　　　　月　　　　日	

［項目記入に当たっての注意事項］

1　記入すべき事項のない欄又は記入枠は空欄のままとし、事項を選択する場合には当該事項を○で囲んでください。（ただし、⑧欄並びに⑨及び⑩欄の元号については該当番号を記入枠に記入してください。）

2　傷病年金の受給権者が当該傷病にかかる療養の給付を請求する場合には、⑤労働保険番号欄に左詰で年金証書番号を記入してください。また、⑨及び⑩は記入しないでください。

3　⑱は、請求人が健康保険の日雇特例被保険者でない場合には記載する必要はありません。

4　(ホ)は、災害時の通勤の種別がハの場合には、移動の終たる就業の場所における就業開始の予定時刻を、ニの場合には、後続するイの移動の終点たる就業の場所における就業開始の予定の年月日及び時刻を記載してください。

5　(ト)は、災害時の通勤の種別がハの場合には、移動の起点たる就業の場所における就業終了の年月日及び時刻を、ホの場合には、先行するロの移動の起点たる就業の場所における就業終了の年月日及び時刻を記載してください。

6　(チ)は、災害時の通勤の種別がハの場合には、移動の起点たる就業の場所を離れた年月日及び時刻を記載してください。

7　(リ)は、通常の通勤の経路を図示し、災害発生の場所及び災害発生の日に住居又は就業の場所から災害発生の場所に至った経路を朱線等を用いて分かりやすく記載するとともに、その他の事項についてもできるだけ詳細に記載してください。

［標準字体記入にあたっての注意事項］

　　□□□　で表示された記入枠に記入する文字は、光学式文字読取装置(OCR)で直接読取りを行いますので、以下の注意事項に従って、表面の右上に示す標準字体で記入してください。

1　筆記用具は黒ボールペンを使用し、記入枠からはみださないように書いてください。

2　「促音」「よう音」などは大きく書き、濁点、半濁点は1文字として書いてください。

（例）キッテ → キ ツ テ　　　キョ → キ ヨ　　　バ → ハ ゜

3　シ ツ ソ ン　は斜の弧を書き始めるとき、小さくカギを付けてください。

4　I　はカギを付けないで垂直に、4　の2本の縦線は上で閉じないで書いてください。

	派遣元事業主が証明する事項（表面の⑩並びに(ロ)、(ハ)、(ニ)、(ホ)、(ト)、(チ)、(リ)（通常の通勤の経路及び方法に限る。）及び(ヲ)）の記載内容について事実と相違ないことを証明します。	●H
派遣先事業主証明欄	事業の名称　　　　　　　　　　　　　　　　電話( )　　－ 　　　年　月　日　　　事業場の所在地　　　　　　　　　　　　　〒　　－ 　　　　　　　　　　　事業主の氏名 　　　　　　　　　　　（法人その他の団体であるときはその名称及び代表者の氏名）	

社会保険労務士記載欄	作成年月日・提出代行者・事務代理者の表示	氏　　　　名	電　話　番　号
			( )　　－

265

通勤災害が発生し、労災指定病院等で治療を受けるときに、その医療機関へ提出します。

● 表面の記入方法

　様式番号・請求書名は保険給付ごとに、「業務上災害・複数業務要因災害用」と「通勤災害用」の２種類ありますので、請求の際は間違えないようにしてください（この様式は、「通勤災害用」です）。

【🅐〜🅗】　療養補償給付及び複数事業労働者療養給付たる療養の給付請求書（様式５号）と同じです。

【⑩負傷又は発病年月日】　災害が発生した年月日記入します。なお、負傷又は発病年月日及び時刻は裏面通勤災害に関する事項欄(ロ)に記入します。

【⑰第三者行為災害】　交通事故のように第三者の加害行為によって受傷したときは「該当する」その他は「該当しない」を○で囲みます。なお、該当する場合は、第三者行為災害届を添付します。

● 裏面（通勤災害に関する事項）の記入方法

【(イ)】　次の移動（──→）に該当する記号（イ〜ホ）を記入します。

イ	住居から就業の場所への移動 （職場に向かうとき）	住居 ──→ 就業の場所
ロ	就業の場所から住居への移動 （職場から帰るとき）	就業の場所 ──→ 住居
ハ	就業の場所から他の就業の場所への移動 （１の職場から２の職場に向かうとき）	就業の場所 ──→ 就業の場所
ニ	イに先行する住居間の移動 （帰省先住居から赴任地の住居へ向かうとき）	住居 ──→ 住居（イ）‥‥▶ 就業の場所
ホ	ロに接続する住居間の移動 （赴任地の住居から帰省先住居へ向かうとき）	就業の場所（ロ）‥‥▶ 住居 ──→ 住居

（注）　単身赴任などしている場合に、おおむね月１回、帰省先住居（実家）との往復があれば、そこも住居として認められます。そして、帰省先住居と就業の場所の間の直行・直帰で移動する場合、「イ」又は「ロ」になります。

　また、「ニ」や「ホ」の移動は、労災保険法施行規則で定められている、単身赴任しなければならないという理由があれば認められます。

> **複数事業労働者の事業主の証明**
>
> 　複数事業労働者（複数の会社を掛け持ちで働いている人）の通勤災害が発生した際の、向かう先の会社の（帰宅時は最後の会社）の労災保険で保険給付を受けることになります。

> 　例えば、A社からB社への移動中に通勤災害が発生したときは、「療養給付たる療養の給付請求書（様式16号の3）」の証明は、B社で受けることになります。

また、治療を受けるため、休業した際の「休業給付支給請求書（様式 16 号の 6）」もＢ社で証明します。ただし、複数事業労働者の場合、その働いているすべての会社の事故前 3 か月の賃金額を基準に給付基礎日額を算定しますから、様式 16 号 6 別紙 1、別紙 2、別紙 3 をＢ社以外の事業所（例示ではＡ社）で証明を受けて、Ｂ社の「休業給付支給請求書」と一緒に、Ｂ社を管轄する労働基準監督署に提出します。

【（ロ）】　災害が発生した年月日及び時刻を正確に記入します。

【（ハ）】　例えば、「○○駅○番ホーム」など具体的に記入します。もし、路上で被災した場合は、事故現場の地番（「○○町○番○号先路上」等）を記入します。

【（ニ）及び（ホ）～（チ）】　（ニ）就業の場所及び（ホ）～（チ）欄は次のように記入します。

　（ニ）　就業の場所：就業の場所に向かう際に被災したときは、これから向かう就業の場所を記入します。

　　（ホ）　就業開始の予定年月日及び時刻：当日の始業時刻

　　（ヘ）　住居を離れたの年月日及び時刻：当日住居を出た時刻

　（ニ）　就業の場所：住居に向かう際に被災したときは、最後の就業の場所を記入します。

　　（ト）　就業終了の年月日及び時刻　　　　：当日の就業時刻

　　（チ）　就業の場所を離れた年月日及び時刻：当日の就業の場所を出た時刻

（注 1）　帰り道に商品を納品して、そこから住居に向かう場合は、納品する場所が「就業の場所」になります。

（注 2）　通勤の種類が「ハ」（就業の場所から他の就業の場所への移動）の場合は、（ホ）には次の就労の場所の始業時刻を、（チ）には直前の就労の場所の終業時刻を記入します（（ヘ）と（チ）は記入しない）。
　　通勤の種類が「ニ」（イに先行する居住間の移動）の場合は、イの経路で移動する就業の場所の始業の年月日及び時刻を記入します。通勤の種類が「ホ」のときは、ロの経路で移動する就業の場所の就業の年月日及び時刻を記入します。

（注 3）　住居等を出た時刻に、（リ）欄の通常の所要時間を加えた時刻が始業開始の時刻、就業の時刻と就業の場所を離れた時刻がかけ離れている場合には、通勤として認められない場合があります。かけ離れていることについて合理的な理由がある場合は、（リ）欄にその理由を記入します。

【（リ）】　通常の通勤の経路を図示し、災害発生の場所及び災害発生の日に住居又は就業の場所から災害発生の場所に至った経路を赤線等をでわかりやすく記入し、その他の事項についてもできるだけ詳細に記載します。

移動の通常の経路等の記入

　経路については、次のように記入します。地図を貼付してそれに書き入れることや、適宜別紙に記載してあわせて提出することも可能です。

① 公共交通機関を使っている場合…一般的に住居から住居最寄り駅、就業の場所最寄り駅から就業の場所までの地図と、公共交通機関を利用中は「乗車駅～乗換駅～降車駅」と路線名を記入します。

② 自家用車や自動車などを利用している場合…全ルートを地図に書き表します。

③ 通常の通勤ルートと異なる場合…①ないし②の地図に加え、今回事故が起こった際に使用したルートを記入し、余白に、通常の通勤ルートと異なるルート利用した理由を余白に記入します。そのうえで、事故が発生した場所に×印を付けるなど、して、どこで事故が発生したのか、住居

と就業の場所との所要時間を記入します。

(注) 別紙を作成する際は、労働者氏名、生年月日、労働保険番号、労働者の職種、災害発生年月日及び日時、災害発生の場所、(リ)欄の地図を貼付し、その経路（赤線を用いて示し）及び事故発生現場を明示、(ヌ)欄の災害の原因及び発生状況を1枚の紙にまとめて記入します。

【(ヌ)】 次の(あ)〜(お)をわかりやすく記入します。

(あ) どのような場所を

(い) どのような方法で移動している際に

(う) どのような物で又はどのような状況において

(え) どのようにして災害が発生したか

(お) 表面⑩負傷又は発病年月日（裏面(ロ)も同じ）と、初診日が異なる場合はその理由

【(ル)】 災害発生の事実を確認した人の氏名・住所を記入します。ただし、該当者がいない場合は、その事業所内で最初に災害発生の報告を受けた人の職名、氏名を記入します。

【派遣先事業主証明】 派遣労働者について、療養給付のみの請求がなされる場合には、派遣先事業主は派遣元事業主が証明する事項の記載内容が事実と相違ない旨証明します。

■ 様式第16号の6（表面）
【通勤災害用】

労働者災害補償保険
休業給付支給請求書
休業特別支給金支給申請書（同一傷病分）

第 全 回

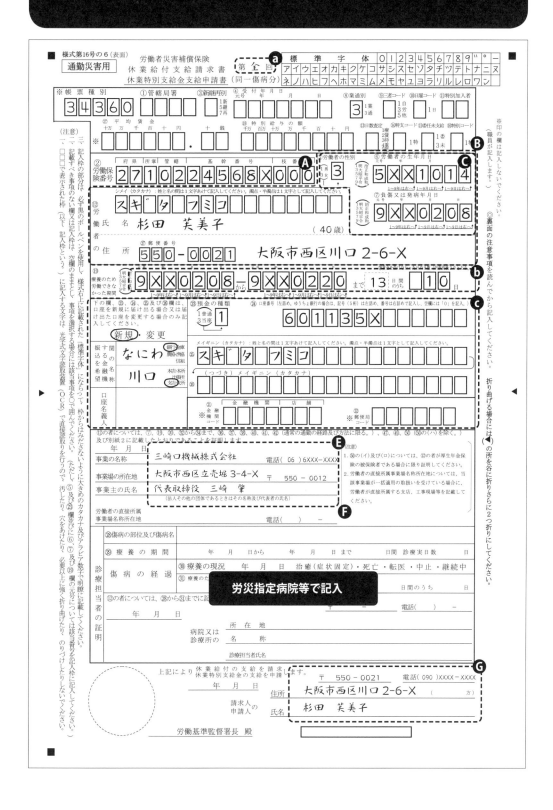

| 標 準 字 体 | 0 | 1 | 2 | 3 | 4 | 5 | 6 | 7 | 8 | 9 | ゛ | ゜ | ー |

ア イ ウ エ オ カ キ ク ケ コ サ シ ス セ ソ タ チ ツ テ ト ナ ニ ヌ
ネ ノ ハ ヒ フ ヘ ホ マ ミ ム メ モ ヤ ユ ヨ ラ リ ル レ ロ ワ ン

※帳票種別 `3 4 3 6 0`
①管轄局署
③新継再別
元号 ⑤受付年月日 月 日
⑧業通別 `3`
⑨三者コード
⑩日曜コード
⑪特別加入者

⑰平均賃金 十万 万 千 百 十 円 銭
⑱特別給与の額 千百十万 万 千 百 十 円
⑬日数区分
⑭特支コード
⑮任未支給
⑯特別コード

②労働保険番号 府県 所掌 管轄 基幹番号 枝番号 `2 7 1 0 2 2 4 5 6 8 X 0 0 0` A
⑤労働者の性別 `3` B
⑥労働者の生年月日 `5 X X 1 0 1 4` C
⑦負傷又は発病年月日 `9 X X 0 2 0 8`

⑫労働者の氏名 シイ（カタカナ）`スギタ フミコ`
杉田 芙美子 （40歳）

⑫労働者の住所 ⑰郵便番号 `550-0021` 大阪市西区川口 2-6-X

⑬療養のため労働できなかった期間 `9 X X 0 2 0 8` から `9 X X 0 2 2 0` まで 13 日間 のうち `1 0` 日 b

㉓預金の種類 `1` 普通 ㉔口座番号 `6 0 1 1 3 5 X` c
新規・変更
振込を希望する金融機関の名称 なにわ 川口
㉕メイギニン（カタカナ）`スギタ フミコ`
㉖（つづき）メイギニン（カタカナ）
口座名義人
⑳金融機関コード ㉒郵便局コード

事業の名称 三崎口機械株式会社 電話（06）6XXX-XXXX E
事業場の所在地 大阪市西区立売堀 3-4-X 〒 550 - 0012
事業主の氏名 代表取締役 三崎 肇 F
（法人その他の団体であるときはその名称及び代表者の氏名）

労働者の直接所属事業場名称所在地 電話（ ）-

㉘傷病の部位及び傷病名
㉙療養の期間 年 月 日から 年 月 日まで 日間 診療実日数 日
㉚療養の現況 年 月 日 治癒（症状固定）・死亡・転医・中止・継続中
傷病の経過
㉛療養のた
労災指定病院等で記入
日間のうち 日
〒 - 電話 -
年 月 日
病院又は診療所の 所在地 名称 診療担当者氏名

上記により 休業給付 の支給を請求 します。
休業特別支給金の支給を申請
年 月 日
請求人の申請人の 住所 〒 550 - 0021 電話（090）XXXX-XXXX
大阪市西区川口 2-6-X （ 方）
氏名 杉田 芙美子 G

労働基準監督署長 殿

〔注　意〕

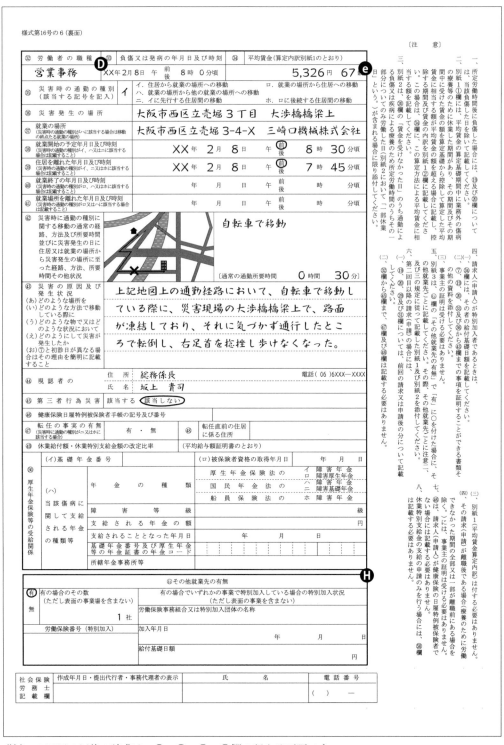

㉜ 労働者の職種	**D**	㉝ 負傷又は発病の年月日及び時刻	㉞ 平均賃金（算定内訳別紙1のとおり）

㉜ **営業事務**　㉝ XX年2月8日　午前・午後　8時 0分頃　㉞ 5,326円 67 **e**

㉟ 災害時の通勤の種別 （該当する記号を記入）　イ	イ．住居から就業の場所への移動 ハ．就業の場所から他の就業の場所への移動 ニ．イに先行する住居間の移動	ロ．就業の場所から住居への移動 ホ．ロに後続する住居間の移動

㊱ 災害発生の場所	大阪市西区立売堀３丁目　大渉橋橋梁上
㊲ 就業の場所 （災害時の通勤の種別がハに該当する場合は移動の終点たる就業の場所）	大阪市西区立売堀 3-4-X　三崎口機械株式会社
㊳ 就業開始の予定年月日及び時刻 （災害時の通勤の種別がイ、ハ又はニに該当する場合に記載すること）	XX年 2月 8日　午前・午後　8時 30分頃
㊴ 住居を離れた年月日及び時刻 （災害時の通勤の種別がイ、又はニに該当する場合に記載すること）	XX年 2月 8日　午前・午後　7時 45分頃
㊵ 就業終了の年月日及び時刻 （災害時の通勤の種別がロ、ハ又はホに該当する場合に記載すること）	年　月　日　午前・午後　時　分頃
㊶ 就業場所を離れた年月日及び時刻 （災害時の通勤の種別がロ又はホに該当する場合は記載すること）	年　月　日　午前・午後　時　分頃

㊷ 災害時に通勤の種別に関する移動の通常の経路、方法及び所要時間並びに災害発生の日に住居又は就業の場所から災害発生の場所に至った経路、方法、所要時間その他状況	自転車で移動 〔通常の通勤所要時間〕 0時間 30分

㊸ 災害の原因及び発生状況 （あ）どのような場所で （い）どのような方法で移動している際に （う）どのような物で又はどのような状況において （え）どのようにして災害が発生したか （お）⑦と初診日が異なる場合はその理由を簡明に記載すること	上記地図上の通勤経路において、自転車で移動している際に、災害現場の大渉橋橋梁上で、路面が凍結しており、それに気づかず通行したところで転倒し、右足首を捻挫し歩けなくなった。

㊹ 現認者の	住所　総務係長	電話（ 06 ）6XXX－XXXX
	氏名　坂上　貴司	

㊺ 第三者行為災害	該当する・該当しない
㊻ 健康保険日雇特例被保険者手帳の記号及び番号	
㊼ 転任の事実の有無 （災害時に通勤の種別がニ又はホに該当する場合）	有・無	㊽ 転任直前の住居に係る住所	
㊾ 休業給付額・休業特別支給金額の改定比率	（平均給与額証明書のとおり）

㊿ 厚生年金保険等の受給関係	（イ）基礎年金番号		（ロ）被保険者資格の取得年月日		年　月　日
	（ハ）当該傷病に関して支給される年金の種類等	年金の種類	厚生年金保険法の	イ 障害年金 ロ 障害厚生年金	
			国民年金法の	ハ 障害年金 ニ 障害基礎年金	
			船員保険法の	ホ 障害年金	
		障害等級			級
		支給される年金の額			円
		支給されることとなった年月日		年　月　日	
		基礎年金番号及び厚生年金等の年金証書の年金コード			
		所轄年金事務所等			

㊿ その他就業先の有無	**H**

有の場合のその数 （ただし表面の事業場を含まない）	有の場合でいずれかの事業で特別加入している場合の特別加入状況 （ただし表面の事業を含まない）
無	労働保険事務組合又は特別加入団体の名称
1社	
労働保険番号（特別加入）	加入年月日 　　　年　月　日
	給付基礎日額 　　　円

社会保険労務士記載欄	作成年月日・提出代行者・事務代理者の表示	氏　名	電話番号 （　　）　　－

（注）　２回目の以後の請求は、㉜～㊺、㊼、㊽欄の記入は不要です。

270

通勤災害が発生し、労働者が療養のため4日以上休業し、その間の賃金の支払いがないときに請求できます。

● 記入方法

【Ａ～Ｈ】 療養補償給付及び複数事業労働者療養給付たる療養の給付請求書（様式5号）と同じです。

【ⓐ～ⓔ】 休業補償給付支給請求書・複数事業労働者休業給付支給請求書（様式8号）と同じです。

【通勤に関する事項（㉒～㊽）】 療養給付たる療養の給付請求書（様式16号の3）と同じです。

（注） ただし、通勤災害ですから死傷病報告の提出義務はありませんので、【ⓓ】の記入欄はありません。

● 表面の記入方法

【⑲療養のため労働できなかった期間】 通勤災害では、事業主の災害補償責任はありませんので、待期3日間は有給休暇を取得しても問題はありません。例示では、⑲賃金を受けなかった日の日数は、13日間あり、そのうち最初の3日間（待期期間）は有給休暇を取得したため、賃金の支払いのない日が「13日のうち10日」になります（ⓑ）。

● 裏面の記入方法

【㊺第三者行為災害】 交通事故のように第三者によって、受傷したときは「該当する」その他は「該当しない」を○で囲みます。この場合は、第三者行為災害届も用意します。

【㊿厚生年金保険等の受給関係】 同一の事由により厚生年金保険等の年金を支給される場合に記入します。

● 休業給付支給申請書 様式16号の6（別紙1/別紙2）

【平均賃金算定内訳】 休業給付支給請求書 様式16号の6の別紙1、2は、休業補償給付・複数事業労働者休業給付支給請求書 様式8号別紙1、別紙2と一部文言は変わりますが、記入する内容は同じのため、記載例は省略します。

（注） 別紙1の記載例は、「3 休業補償給付支給請求書 別紙1」を参照してください。

ダブルワーカーが被災した事業所以外の事業所で休業に係る請求をするとき

様式第16号の6（別紙3）

複数事業労働者用

① 労働保険番号（請求書に記載した事業場以外の就労先労働保険番号）

都道府県	所掌	管轄	基幹番号	枝番号
2 7	1	0 2	4 8 9 8 9 X	0 0 0

② 労働者の氏名・性別・生年月日・住所

（フリガナ氏名） スギタ フミコ	男	生年月日	
（漢字氏名） 杉田 芙美子	⊛女	⊛昭和 平成・令和	XX 年 10 月 14 日

〒 550 - 0021

（フリガナ住所） オオサカシ ニシク カワグチ

（漢字住所） 大阪市西区川口 2-6-X

③ 平均賃金（内訳は別紙1のとおり）

4653 円 48 銭

④ 雇入期間

（昭和・平成・令和） XX 年 2 月 23 日 から ——現在 年 月 日 まで——

⑤ 療養のため労働できなかった期間

令和 XX年 2月 8日 から XX年 2月20日 まで 13 日間のうち

⑥ 賃金を受けなかった日数（内訳は別紙2のとおり） 13 日

⑦ 厚生年金保険等の受給関係

（イ）基礎年金番号＿＿＿＿＿＿＿ （ロ）被保険者資格の取得年月日 年 月 日

（ハ）当該傷病に関して支給される年金の種類等

年金の種類 厚生年金保険法の イ 障害年金 ロ 障害厚生年金

国民年金法の ハ 障害年金 ニ 障害基礎年金

船員保険法の ホ 障害年金

障害等級＿＿＿＿級 支給されることとなった年月日 年 月 日

基礎年金番号及び厚生年金等の年金証書の年金コード ☐☐☐☐☐☐☐☐☐☐

所轄年金事務所等＿＿＿＿＿＿＿＿＿＿

上記②の者について、③から⑦までに記載されたとおりであることを証明します。

年 月 日

事業の名称 天空橋にこにこ書店 電話（ 06 ）2XXX－XXXX Ⓐ

事業場の所在地 大阪市西区九条 3-8-X

事業主の氏名 逸見 徹

労働基準監督署長 殿

社会保険労務士記載欄	作成年月日・提出代行者・事務代理者の表示	氏 名	電話番号
			（ ）－

複数事業労働者（ダブルワーカー）が、他の事業所の災害で休業したときに、休業に係る請求書の別紙1〜3に記入し、当該複数事業労働者に渡します。

この事例は、複数事業労働者である杉田芙美子さんが、三崎口機械株式会社の通勤災害で休業しました。同時に掛け持ちで働いている、天空橋にこにこ書店も休業したため、この書店での手続になります。

（注） 業務上災害、複数業務要因災害は様式第8号別紙2・3を、通勤災害は様式第16号の3別紙2・3を用いますが、一部の文言が異なりますが、どちらも記入すべき内容は同じものです。この例は様式16号の6別紙3です。

● 別紙3の記入方法

【①労働保険番号】 被災した事業所以外の事業場（自社Ⓐ）の労働保険番号を記入します。

【②欄】 被災労働者の氏名、性別、生年月日、住所を記入します。

【③平均賃金】 事故発生日の直前の賃金締切日を起算に、平均賃金を計算し記入します。そして、算定内訳である別紙1を添付します（別紙1の記載例は、「3 休業補償給付支給請求書 別紙1)」参照）。

【④雇入期間】 雇入れた日から、退職していればその日までを記入します。ただし、現在も雇用している場合は、取消線で消して「現在」と記入します。

【⑤療養のため労働できなかった期間】 自社（Ⓐ）の事業場で療養のため労働ができなかった期間の日数と、そのうちで賃金を支払わなかった日数を記入します。また、この期間の賃金の支払状況を別紙2へ記入し、添付します（別紙2の記載例は、「4 休業補償給付支給請求書 別紙2」参照）。

【⑦厚生年金保険の受給関係】 同一の傷病で厚生年金保険等の年金を受給している場合にのみ記入します。

【Ⓐ】 事業所の名称・所在地・代表者氏名を記入し、③〜⑦の項目について証明します。

● 様式8号及び16号別紙まとめ

様式8号は業務上災害・複数業務要因災害、様式16号の6は通勤災害が発生した事業所で作成（証明）し提出します。そのときの別紙の添付について整理すると、次のとおりです。

事業所	様式8号 様式16号の6	添付		
		別紙1	別紙2	別紙3
災害発生事業所	毎回	初回請求のみ	一部労働したとき	不要
その他の事業所	不要	初回請求のみ	毎回必ず	毎回必ず

（注） 被災した労働者が、ダブルワーカー（複数事業労働者）でないときは、災害発生事業所の書類のみ、ダブルワーカーであれば、被災した事業で支給請求する際に、その他の事業所の別紙2、3を添付します。

《著者略歴》

佐々木　昌司 （ささき　しょうじ）

特定社会保険労務士

昭和32年大阪府生まれ。近畿大学理工学部卒。株式会社佐々木合金鋳造所入社後、代表取締役として企業経営を行うとともに、中小企業における労務管理に興味を抱いたことがきっかけで、社会保険労務士となる。以後、中小企業の実情を知りつくした社会保険労務士として製造業など中小企業の経営指導を行う異色のコンサルタントとして活躍中。

〈主な著書〉

「おきらく社労士の特定社労士受験ノート」（住宅新報社）

「おきらく社労士の特定社労士重要判例集」（住宅新報社）

「社会保険・労働保険の事務百科」（編集協力）

逆引き 社会保険・労働保険 様式書き方のポイント

2023年 7 月14日　発行

著　者　　佐々木 昌司 ⓒ

発行者　　小泉 定裕

発行所　　株式会社 清文社

東京都文京区小石川 1 丁目3−25（小石川大国ビル）
〒112-0002　電話 03(4332)1375　FAX 03(4332)1376
大阪市北区天神橋 2 丁目北2−6（大和南森町ビル）
〒530-0041　電話 06(6135)4050　FAX 06(6135)4059
URL https://www.skattsei.co.jp/

印刷：亜細亜印刷㈱

ISBN978-4-433-75733-5